人类文明读看点100种学说

刘乐土◎编著

华夏出版社

图书在版编目（CIP）数据

人类文明读看点——100种学说/刘乐土编著.－北京：华夏出版社，2012.1
（完美人生读书计划）
ISBN 978-7-5080-6079-8

Ⅰ.①人… Ⅱ.①刘… Ⅲ.①世界史：文化史－通俗读物 Ⅳ.① K103－49

中国版本图书馆 CIP 数据核字（2011）第 165947 号

人类文明看观点——100种学说

编　　著：	刘乐土
策　　划：	景　立　浩典图书
责任编辑：	赵　楠　刘晓冰　李春燕
责任印制：	刘　洋
装帧设计：	浩　典／道·光
出版发行：	华夏出版社
社　　址：	北京市东直门外香河园北里4号
邮政编码：	100028
经　　销：	新华书店
印　　刷：	三河市李旗庄少明印装厂
装　　订：	三河市李旗庄少明印装厂
开　　本：	720×1030　1/16开
印　　张：	23.75
字　　数：	420千字
版　　次：	2012年1月北京第1版
印　　次：	2012年1月北京第1次印刷
书　　号：	ISBN 978-7-5080-6079-8
定　　价：	30.00元

本版图书凡印刷、装订错误，可及时向我社发行部调换

目录

前言 / 1

讲述中国古代养生知识的阴阳五行学说 / 2

烁古震今的《周易》阴阳八卦学说 / 7

开启中国人智慧之路的老子道家学说 / 11

揭示人类艺术起源的模仿说、游戏说、表现说与巫术说 / 15

集中体现东方文化魅力的孔孟儒家学说 / 19

堪称"军事学之圣典"的孙武兵家学说 / 23

集道家思想之大成的庄子道家学说 / 26

奠定中国传统医药理论基础的《黄帝内经》经络学说 / 29

开启西方哲学思想之源的柏拉图"理念"学说体系 / 32

集古代欧洲文明之大成的亚里士多德思想体系 / 36

以"以法治国"为主要特色的韩非子法家学说 / 40

为君权神授奠定理论基础的"天人感应"学说 / 43

挑战神学权威的王充朴素唯物学说 / 47

影响欧洲一千多年的托勒密"地心说" / 51

摧毁"神不灭"论的范缜无神论学说 / 54

推崇自然之道的《文心雕龙》美学思想 / 58

为封建专制统治代言的宋明理学学说 / 61

摆脱中世纪束缚的达·芬奇和但丁的文艺学说 / 65

最先描绘社会主义宏伟蓝图的"乌托邦"学说 / 70

为近代天文学奠定基础的哥白尼"日心说" / 73

奠定经典天文学基础的开普勒三大定律 / 76

标志着西方近代哲学兴起的笛卡尔的哲学和方法论 / 79

掀起西欧重商主义思潮的托马斯·曼重商主义学说 / 82

揭开近代实验科学新篇章的伽利略实验科学思想 / 86

打开近代社会契约说启蒙之门的霍布斯契约理论 / 89

确立中国古典哲学最高成就的王夫之唯物思想体系 / 92

公元前500年

肇始现代政治经济学的威廉·配第价值论和分配论 / 96
奠定资产阶级国家思想基石的洛克"立法"与"分权"学说 / 100
集17世纪自然科学之大成的牛顿天体力学 / 103
开创古典政治经济学新时代的布阿吉尔贝尔经济学思想 / 106
终结英国经验哲学的休谟不可知论学说 / 109
为资产阶级宪法树立楷模的孟德斯鸠三权分立学说 / 113
代表重农学派理论成就的魁奈"自然秩序"和"经济表" / 116
给人类灵魂以震撼的卢梭"天赋人权"思想 / 120
奠定西方市场经济理论基础的亚当·斯密经济学说 / 124
为批判哲学奠定理论基础的康德认识论学说 / 127
夺地质学"灾变论"假说之先声的居维叶"灾变论" / 131
开创现代地质学思想的赫登"地球理论" / 134
集欧洲古典哲学之大成的黑格尔哲学体系 / 138
标志着现代人口理论开端的马尔萨斯人口原理 / 142
树立化学发展史里程碑的道尔顿原子学说 / 145
解析资本主义经济危机根源的西斯蒙第经济危机学说 / 148
开生物进化论之先河的拉马克早期进化学说 / 152
为分子物理学做出杰出贡献的阿佛加德罗分子学说 / 155
奠定西方军事学基础的克劳塞维茨军事学说 / 159
代表古典经济学价值理论的李嘉图劳动价值理论 / 163
对德国经济发展理论有重大影响的李斯特经济学体系 / 167
标志着现代哲学大转型的孔德实证主义学说 / 171
开创西方非理性哲学的叔本华生命意志主义 / 175
代表"将今论古"的现实主义方法的赖尔渐变论学说 / 179
夺美国经济学派之先声的凯里经济学说 / 183
创立生命科学新学科的施莱登和施旺的细胞学说 / 187
创立人本学唯物主义的费尔巴哈人本学 / 191

公元1690年

公元1788年

公元1846年

扛起冲击古典美学壁垒大旗的立普斯审美"移情说" / 195
为无产阶级解放斗争提供指导纲领的科学社会主义学说 / 199
开功利社会学学科研究之先河的斯宾塞社会学说 / 203
揭开生物遗传之谜的孟德尔遗传因子学说 / 206
堪称"无产阶级的经济圣经"的马克思经济学说 / 209
揭示伟大的运动基本规律的能量守恒定律 / 213
引发自然科学界大革命的达尔文生物进化学说 / 217
奠定有机结构理论基础的凯库勒苯分子结构学说 / 221
确立小资产阶级社会主义的普鲁东经济学说 / 225
树立唯心主义超人哲学的尼采权力意志主义 / 228
揭开现代经济学序幕的门格尔边际效用学说 / 232
高举新古典经济学开创旗帜的马歇尔经济学说 / 236
透视资本主义精神的马克斯·韦伯的学术精髓 / 240
破解高级神经活动奥秘的巴甫洛夫条件反射学说 / 244
标志着现代心理学开端的詹姆斯的机能学派理论 / 248
为美国海军军事理论奠定基石的马汉海军军事学说 / 251
开垦社会学"自己的园地"的涂尔干理论尝试 / 255
开创美国经济学史新天地的克拉克经济学说 / 259
标志着美国特色实用主义发端的詹姆士经验主义学说 / 263
揭开斯芬克斯谜底的弗洛伊德精神分析学说 / 266
开启现象学研究新纪元的胡塞尔哲学反思学说 / 270
标志着地缘政治学学说重要成就的"心脏陆地"学说 / 274
开现代科学研究之先声的爱因斯坦的相对论学说 / 277
指导中国近代革命行动的孙中山三民主义学说 / 281
开现代语言学理论之先河的索绪尔语言学学说 / 285
为历史研究开创新思路的汤因比"文化形态史观" / 289
不断追问生命起源奥秘的纵观生命起源说 / 293

公元1859年　　公元1867年　　公元1895年　　公元1905年

标志着地质学进入新纪元的魏格纳大陆漂移学说 / 298
彻底突破经典物理学说的玻尔原子结构学说 / 301
堪称"现代行政管理学始祖"的费尧行政管理学说 / 305
对马克思经典学说进行有益发展的列宁国家学说 / 309
奠定现代空军军事理论的杜黑空军军事思想 / 313
开启现代管理艺术之门的梅奥人际关系学说 / 317
标志着存在主义发端的海德格尔存在主义哲学 / 321
堪称农民革命运动军事理论宝库的毛泽东军事思想 / 325
将历史的概念扩大到人类全部活动的历史学年鉴学派 / 330
标志着人道主义进入新阶段的弗洛姆人本主义学说 / 334
"西方马克思主义"法兰克福学派的批判社会理论 / 338
开创现代西方经济学之先河的凯恩斯经济学说 / 342
堪称"法国存在主义旗帜"的萨特存在主义学说 / 346
发起人本主义心理学研究的马斯洛需要层次理论 / 349
标志着现代社会学开端的结构功能主义学派 / 353
奠定现代电子计算机技术基础的冯·诺依曼计算机结构 / 357
标志着横断科学兴起的维纳控制论学说 / 360
推演宇宙演化标准模型的伽莫夫大爆炸宇宙假说 / 364
堪称"分子生物学最杰出贡献"的DNA双螺旋结构 / 368
对人类未来做出的科学预测托夫勒未来学说 / 371

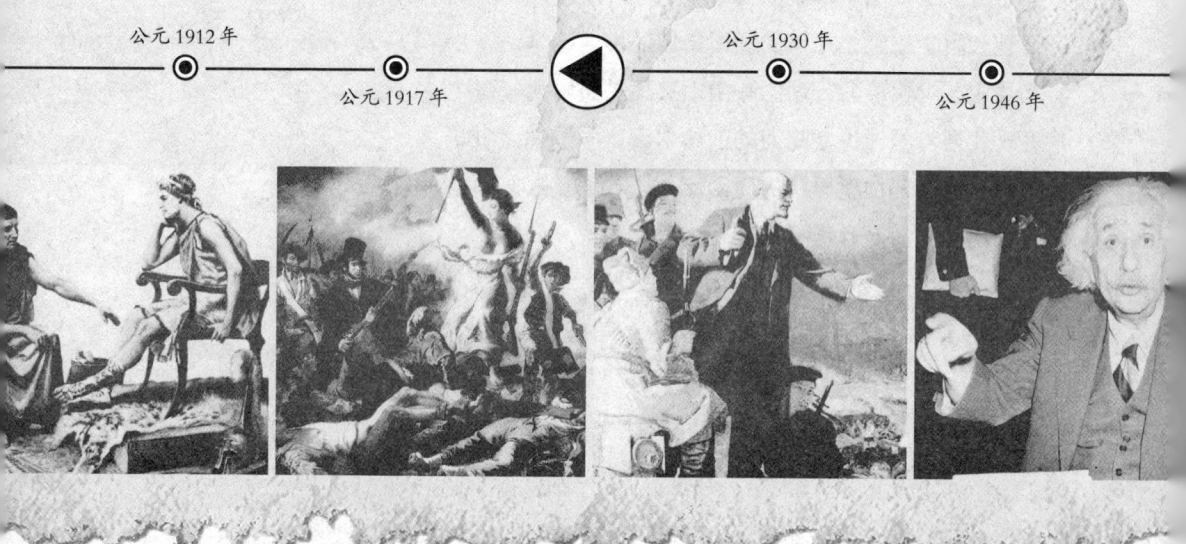

公元1912年

公元1917年

公元1930年

公元1946年

P 前 言
REFACE

  安静的阅读能带来头脑的充实、心境的平和以及性格的完美，但在现代社会匆忙的生活节奏中，你每天可以有多少时间去阅读？很少？甚至没有？让我们在匆忙的物质生活中抬起头来，去精神的世界里遨游一番。阅读能带来心灵的洗涤和精神的震撼，用知识装满头脑，你的人生才能够逐步完美。去安静地阅读吧！你获得的将不只是知识，还有受益匪浅的完美人生！

  在悠悠的历史长河中，我们的先辈给我们留下了丰厚的文化遗产。在历史进程中，数以万计的灵魂人物涌现出来。他们是历史这辆火车的轨道铺路人，也是这辆火车的操纵者。可能这些在厚重的历史面前只能算沧海一粟，但我们却可以借助它们去了解历史，了解世界。卷帙浩繁，完美人生的阅读从何处开始呢？

  《完美人生读书计划》丛书将人类历史中最具有代表性的名书、名人、名址、名文、建筑、学说、大事、战争一一分类收录，各自成册，方便读者阅读。本套丛书内容丰富，种类齐全，使读者可以全面而精简得当地了解完备的知识，进而完成完美人生的读书计划。

  从古至今，文明的发展从来都是留下印记的，无论他是享誉中外的学说大家，还是不为时代和当时社会所认可的学说持有者，大都通过自己的方式宣扬着自己的理论主张。这也就是为什么我们这个时代能够有如此丰富和灿烂的文明，无论它是本土的还是外来的，都或多或少的对我们产生着影响，影响着我们的工作、生活，甚至思维方式。

学说发起人	学说发起时间	推荐理由
无	约形成于夏朝	阴阳和五行学说是中国古人智慧的结晶，概括了古人对自然界万事万物发展变化规律的认识，并早在约两千年前就被引用于医学领域，成为中医的一种独特理论。

讲述中国古代养生知识的阴阳五行学说

背景搜索

　　阴阳学说是我国古代的一种哲学思想，早在殷周时期就已初具雏形，到了春秋战国时期日益成熟。阴阳学说认为，阴阳是代表互相对立又互相统一的两面，是一切事物和现象正反双方的概括。阴阳既有对立性，又有统一性，它们以对方作为自己存在的依据，并且互为消长、相互转化。中医用这种正反两面的阴阳观点来说明人体和疾病现象的属性，一般来讲，凡是具有热的、动的、兴奋的、强壮的、在上的、在外的、向上的、增长的等等特性者都属于阳，与此相反的则属阴。

　　五行学说也是我国古代的一种哲学学说，它认为天地万物都存在着金、木、土、水、火五种属性，称之为五行。五行之间相生相克，相生即木生火、火生土、土生金、金生水、水生木，循环往复，形成了相关、微妙、复杂、有序的关系；五行相克即木克土、土克水、水克火、火克金、金克木，循环往复，也形成相关、微妙、复杂、有序的关系。

　　事物之间相生相克，才能维持事物的稳定与和谐，生态平衡的维持与发展就是相阴阳五行学说对中国哲学和医学均产生了重要影响。图为唐朝时期的石药碾。

生相克、和谐的结果,这是中国古人总结出来的宇宙万物生态关系的经验。中国医学便借用五行学说来说明人体内部以及人体与外界环境之间的相互关系,用以补充阴阳学说。

学说内容

中医认为,阴阳相对平衡,方能进行正常的生理活动。若人体遭受某些致病因素的破坏,体内阴阳任何一方偏盛或偏衰都可发生疾病,即"阴阳失调",所以中医学认为疾病发生的基本原理就是"阴阳失调"。例如,根据阴阳消长的道理,阴盛之病症常常引起阳衰,出现怕冷、手足凉、面色苍白、脉弱等阳气不足之症状,而阴虚的病症往往引起阳亢,出现烦躁、失眠、口干等病状。根据阴阳互根的道理,当阴阳任何一方有明显虚损时,常会导致另一方的虚衰,即"阳损及阴"。

《黄帝内经》中曾说:"善诊者,察色按脉,先别阴阳。"中医临床诊断,首先要辨别"阴阳",这是辨症的根本。

在治疗和用药方面,根据阴阳偏盛或偏衰的情况确立治疗原则,如阴不足要滋阴,阳不足要温阳。中医还认为,"阳盛则热、阴盛则寒",所以阳偏盛则清热,阴偏盛要祛寒,以此来调整阴阳的相互关系,恢复阴阳的平衡,达到治疗疾病的目的。

除此之外,中医还将药物的气味、性能也分别归纳为阴、阳两种属性,以此作为处方选药的依据之一,如以药性的寒、热、温、凉四气来分,寒、凉属阴,温、热属阳;以药物的辛、甘、酸、苦、咸五味来分,辛、甘为阳,酸、苦、咸为阴;以药物的升、降、浮、沉来分,升、浮为阳,沉、降为阴等等。临床上就是利用药物的阴、阳属性来调整机体阴阳的偏胜或偏衰，以达到治疗的目的的。

中国医学的五行说，是将人体各部分归属成木、火、土、金、水五大类，并用五行的不同属性来分析人的生理病理现象。中医理论认为，人体即是一个小天地，天地之五行即人身体的五行。人身之五脏五行相对应，即肺与金、心与火、肝与木、肾与水、脾与土——相对，人体五行即为人体五脏之能的五种活动现象。

一、土——脾、胃，黄色，主肌肉、口唇

土位中央，是一切之根本。中医有"后天之本在于脾胃"的说法，这是因为，脾胃主管饮食的消化、吸收，是维持人体生命活动的重要器官，调理脾胃是中医治疗的重要环节。

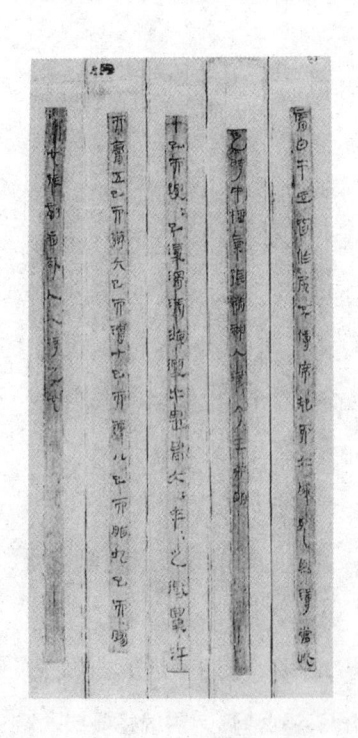

此为西汉初的《养生方》竹简，是世界上最早的药物养生专著。

土质不良，即营养吸收不足，将无法供应各个器官应有之营养。其颜色为黄色（一般常称为黄土），主肌肉，我们常说的"面黄肌瘦"就是这个道理。脾气健运，则营养充足，肌肉丰满，四肢温暖而活动轻健有力，口唇红润而光泽。

脾脏对水有调节作用，土生金，所以土质不良将无法生金，就是无法产生健康的、有光泽的皮肤，也容易长青春痘。

此为汉代干支五行骨筹，共十二枚。骨筹上有十二干支与五行的名称，并将十二干支与五行相配

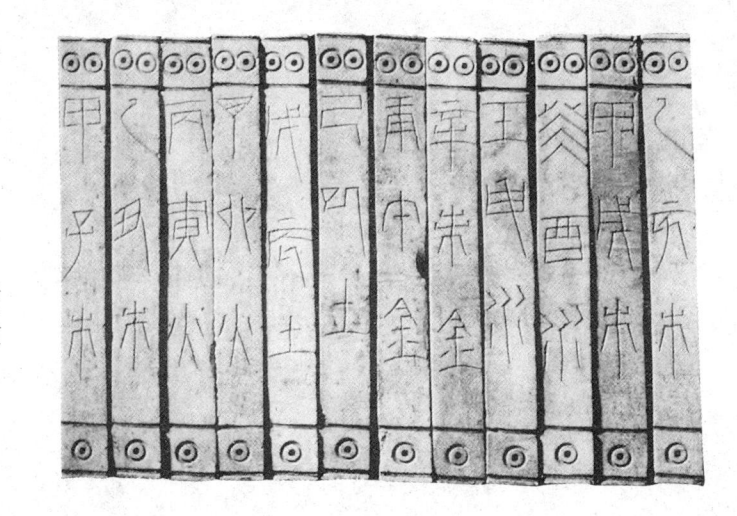

二、木——肝、胆，青色，主筋、眼睛

肝为解毒器官，当人体吸收或食入有毒物质，如药物、酒精时，肝脏分解毒素后再经由肾脏排出，长期使用药物及酗酒将造成肝脏及肾脏的负担。

肝脏功能异常可以在日常生活中查知，因其主管筋的活动，从而支配全身肌肉关节的屈伸，而筋又依赖于肝血的濡养。肝血不足则筋失所养，出现肢体屈伸不利、麻木、痉挛、拘急等症状。"爪（指指甲）为筋之余"，肝血不足则指甲变形，色泽枯槁。

眼与肝有着密切的关系：肝血不足，两眼失去养分，就会出现两眼干涩的现象，导致视力模糊或夜盲；肝火上炎，则两眼红赤。

因水生木，如水不足或木之吸水性过强（肝火旺盛）都将造成木之枯萎（肝脏运转不良），又木克土将造成脾、胃功能之障碍。

三、水——肾脏、膀胱，黑色，主骨髓、耳朵

人的身体，先天之本在于肾。肾是主宰人体生长发育、生殖及维持水液代谢平衡的重要脏器。肾脏先天之精禀受于父母秉赋的强弱，与先天肾精是否充盛有密切关系。肾脏为排毒器官，主水，主骨髓，与骨骼的生长、发育、坚软有关。

人体毛发生长脱落的过程反映了肾气的盛衰：肾气盛的人毛发茂密光泽，而肾气衰的人毛发易于脱落，枯槁发白。肾又与耳朵有关，肾气充足，则听力正常；肾虚时则出现耳鸣、耳聋等症，所以老人们听力衰退即与肾脏功能退化有关。另外，腰酸背痛、大小便的排泄、性机能活动均可从肾治。

因水生木，故肾脏功能不健全或退化时，将影响肝脏的正常运作，又土克水，所以也将会导致脾、胃功能之障碍。

四、火——心脏、小肠，红色，主血脉、舌

心是人体生命活动的主宰，统管机体各部，使之协调活动，在脏腑中居于首要地位，所以"五脏六腑，心为之主"。心不仅主神志，还主血脉：血液之所以在脉管内循环不息，营养全身，主要是靠心气的推动作用。脉与心相连，是血液运行的通道，心气的强弱，心血的盛衰直接影响血液的运行，这些都可从脉搏上反映出来。中医认为，心气通于舌，因此，又有"心开窍于舌"及"舌为心之苗"的说法。

因水克火，两者间若无法达到平衡对身体将会造成危害，我们常说的火气过大即是一例。

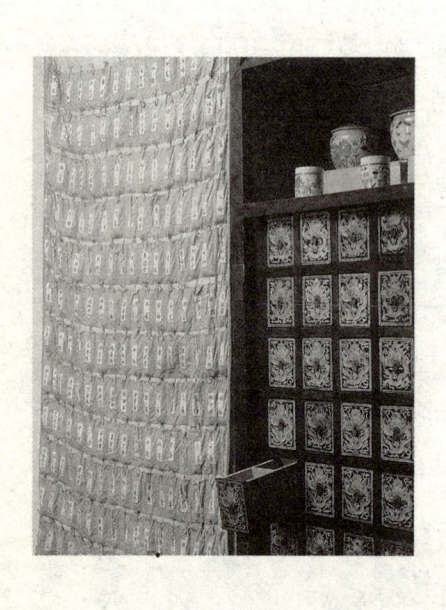

图为中药店中的药柜与药袋。

五、金——肺脏、大肠，白色，主皮肤、鼻子

肺主气，即通过肺的呼吸作用，吸进自然界的氧气，呼出二氧化碳。正常情况下，气道通畅，呼吸均匀；如因病邪所伤致使气机不畅，肺气壅塞引起呼吸功能不调时，则有咳嗽、气喘、呼吸不利等症状。肺气虚时可发生体倦无力、气短懒言、盗汗等气虚的症状。

因土生金，故脾、胃功能无法正常运作时，肺脏也相对会受到影响。而肺脏与皮肤、鼻子有关联，故皮肤健康与否，与肺脏有直接关联性，而现今空气之严重污染造成大多数人患有鼻病，其治本之道须由肺部调理。

学说发起人	学说发起时间	推荐理由
周文王、周公	殷末周初	《周易》是一部史书，是我国最早的经典著作之一，位列"五经"之首，对中国乃至世界都产生了巨大的影响。

烁古震今的《周易》阴阳八卦学说

背景搜索

　　春秋时，就有"周易"的提法。在《春秋左传》这部史书当中，曾多次提到"周易"，从当时人们运用的"周易"看，包括了六十四卦的卦画（符号）卦爻辞。战国时，以解释《周易》为宗旨的《易传》成书。《周易》、《易传》并称为《易》。西汉以来，汉武帝为了加强中央集权，采纳了董仲舒"独尊儒术"的建议，把儒家著作称为"经"，《周易》和《易传》被称为《易经》，或直接称为《易》。自此以后，《周易》、《易经》、《易》常常混用，其实它们的含义是一致的，都是指六十四卦及《易传》。有的学者为了区分《周易》经传之不同，称六十四卦及卦爻辞为《周易古经》，称注释《周易古经》的十篇著作为《周易大传》。

　　现在我们一般认为，《周易》六十四卦及卦爻辞成书于殷末周初，反映了殷末周初文王与纣之事，其重卦出自文王之手，而卦爻辞是周公所作。《易传》是孔子后来的学者根据孔子讲《易》时的记录加以整理、补充、润色而成的，体现了孔子的精神，反映了儒家的思想。

《周易》阴阳八卦学中的八卦图。

学说内容

《周易》古经分为上、下两篇，上篇三十卦，下篇三十四卦，共六十四卦，每一卦六爻，共三百八十四爻。

《周易》每一卦有六爻，即六个符号，六个符号由两部分组成，即上卦和下卦，上卦和下卦分别取八卦中的某一卦。所谓八卦，即乾、坤、震、巽、坎、离、艮、兑，它象征着八种自然物：天、地、雷、风、山、泽、水、火。

八卦符号两两相重，构成了《周易》六十四卦卦画。为了区分八卦之卦和六十四卦之卦，古人称八卦为"经卦"，称六十四卦为"别卦"。

《周易》中每一卦除了卦画（符号）外，还有卦名（对卦画最简要的说明，它是这个卦的主题）、卦辞（对一卦六爻总的说明）、爻辞（一卦六爻，每爻都有一个意思，表达这个意思的文辞叫做爻辞）。

《易传》是现存最早、最系统的注释《周易》的著作，它从抽象意义上对《周易》做了注释，即将《周易》六十四卦三百八十四爻上升到理论高度进行概括说明和解释。从整体上对《周易》六十四卦加以排列和解说，揭示了卦与卦之间、卦象与卦辞之间、爻象与爻辞之间、卦与爻之间的内在联系，使《周易》六十四卦由原来的散乱不堪变成了一个有机的、具有一定逻辑性的、相互联系的统一体。《易传》发挥了儒家伦理传统，从社会、人生道德的角度注释《周易》，使《周易》成为一部有关道德修养的书。《易传》对《易》的体例（如卦象、爻象、爻位等）做了详细说明，而且还保留了中国古代原始的古筮方法——大衍法，对我们研究《周易》的体例、筮法的起源有很大意义。

《易传》共有十章，包括《彖》上、下篇，《象》上、下篇，《系辞》上、下篇，《文言》，《说卦》，《序卦》，《杂卦》。

一、《周易》的唯物论观点

《周易》把人们在自然中经常接触的天、地、雷、风、水、火、山、泽等八种物质，作为产生世界万物的根本，即八卦。八卦是对宇宙间事物的一种简单说明和概括，是对客观世界的一种朴素的认识，只不过是借用符号的形式将这种认识表达出来。八卦之中又以天、地为最根本，其他六种是由天、地产生的。

用物质性的东西来说明万物生成，这说明了《周易》含有朴素的唯物主义观点。

二、《周易》的辩证法思想

中国具有非常深远的善于辩证思维的传统，而《周易》正是其最初的源头。八卦是由"－"和"——"两个具有对立性质的符号排列组合而成的，这表明《易经》试图用两个对立性质的符号以及它们之间的排列组合来概括自然界和人类社会的种种现象，说明天地万物由阴、阳两个矛盾对立面而生出无穷的变化。所谓"易有太极，是生两仪"、"有天地然后万物生焉"，正是以理论的思维方式来掌握世界的开始，这个开始包含着朴素的辩证思维。

《周易》用变化来观察不同事物之间的相反相成，并认为某一事物发展到一定程度，又会过渡到"物极必反"的对立中去。《周易》认为，天地间一切事物都是变化的，"穷则变，变则通，通则久"。"穷"就是事物发展到顶点，"变"就是由顶点向反面变化，"通"就是变为反面之后又开始新的发展，"久"就是说明有这些变化过程之后才

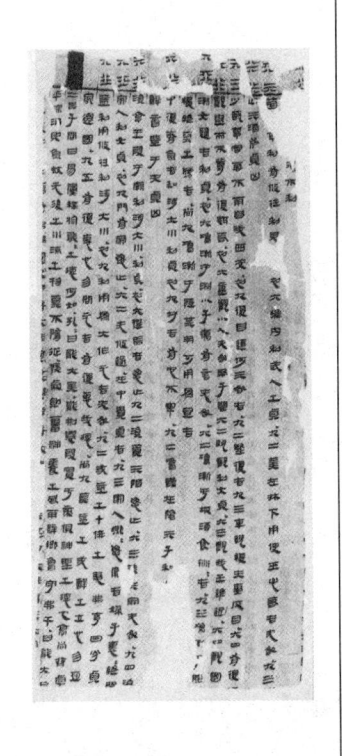

图为西汉初年写于帛上的墨笔隶书《周易》。

能长期存在下去。这也体现出了朴素的辩证法思想。

此外,《周易》朴素的辩证法思想还可以从它的基本哲学范畴里得到体现。

阴阳是我国古代哲学的重要范畴之一,也是《易传》中最基本的哲学范畴,是易学哲学的核心。《易传·系辞》指出"一阴一阳之谓道",从而把阴阳提到"道"的高度上。

《易传》认为,无论是社会生活,还是自然现象,都存在着对立面,而这个对立面就是阴阳。当然,对立着的这些事物并不是静止不动的,而是运动变化的,如"刚柔相推而生变化","一阖一辟谓之变,往来不穷谓之通"等等。

三、《周易》的道论

《周易》提出了"道",但没有展开对"道"的充分阐述。总的来讲,《周易》之道包含了天、地、人三道,并进一步把这三道的内容概括为"一阴一阳之谓道"的更高的命题,在这个命题中,已经超越了天、地、人三才之道的分别,而是对包括人类在内的整个宇宙的最高统一性的把握。

《系辞传》中说:"一阴一阳之谓道。继之者善也,成之者性也。仁者见之谓之仁,知者见之谓之知,百姓日用而不知,故君子之道鲜矣。显诸仁,藏诸用,鼓万物而不与圣人同忧。"这样,阴阳的对立统一被概括为最高的"道"的内容,把天地之道和人道统一起来了。

《易传·系辞》讲"是故形而上者谓之道,形而下者谓之器",为中国古代哲学对道器问题的讨论奠定了基础。《周易》的道器之辨体现在三个方面:一是作为天地起源的道及其相应之器,如"一阴一阳之谓道"。这个"道"是无形的,由它滋生、派生出有形的万事万物则是有形之器,它们都是具体实在的东西。二是规律法则之道及相应之器,如"乾道成男,坤道成女","《易》与天地准,故能弥天地之道"……这些道指的是天地、阴阳交换、运行的法则与规律,也是无形之道。与之相对应的器也是一些具体的事物,如天、地、雷、雨、风等万物。这些规律与法则是寓于万物之中的,即所谓的"道在器中"。三是道德之道及相应之器。这类道指的是伦理道德,是当时统治阶级所必需的伦理规范,包括仁、德、义、礼、顺、信等。同道德之道相对应的器指的就是当时的社会制度与社会关系。

《易传》虽然并没有对道器问题展开更深层面的讨论,但是,它指出的道器范畴成为了历代哲学家讨论的热门话题,从而使中国古代关于道器的问题先后出现了"器体道用"、"道体器用"、"道器统一"等重要观点。

学说发起人	学说发起时间	推荐理由
老子	春秋战国时期	以老子、庄子为代表的道家思想是中国古代一个重要的思想，与儒家思想、佛教思想一起构成了中国传统文化的基石。

开启中国人智慧之路的老子道家学说

背景搜索

　　道的本义只是道路，到春秋以后，"道"字被附上了玄学的意味，因而产出许多解释。道最初的解释是宇宙运行的规则，凡宇宙间一切现象都是道的具体体现。造化是道的异名。道的威力非常大，万物如果顺应它便是有造化，就是说，万物生灭的程序不乱，各依着应该经历的程序，该生的时候生，该灭的时候灭，彼此该发生关系的时候发生关系，该互相拒绝的时候互相拒绝。天灾人患便是没造化，不当病而病，不应老而老，不该死而死，便是没造化，便是无道。

　　道家与儒家所讲的道的不同处在于，前者所注重的是阴阳柔刚之道，后者是仁义之道。仁与不仁，义与不义，是对于道的顺或逆的行为，儒家所注重的只在这一点上，所以只讲人道。《论语》里所讲的道多半是属于人的。我们也可以说儒的所谓道多从规则方面看，道家则多从理性方面看。虽然如此，道、儒二家都承认顺应天道为善，好像天道是有意志或能感应的存在，简单地说，也可以称它为天或天地。

道家在出现的时间上比儒家略晚。春秋时代，世风日下，时局混乱。儒家见周室衰微，礼乐崩废，期望把它们复兴起来。而道家以为礼乐崩废不是坏事，最要紧的当是顺应自然之道。儒家称尧舜，道家便假托黄帝。司马迁在《史记·自序》里引司马谈谈论道家的话，说："其为术也，因阴阳之大顺，采儒墨之善，撮名法之要。"可以看出，道家是后于儒家出现的。

学说内容

　　老子是中国春秋时期伟大的哲学家、思想家、道家学派的创始人。关于老子其人，《史记》中引用了三种不同的说法，一说他是周王朝的"守藏室之史"，姓李名耳，字聃，年代稍早于孔子，据说孔子曾向他请教过关于"礼"的问题；一说老子可能就是楚国的老莱子，与孔子同时；一说战国中期周室有位太史名儋，有人认为他就是老子。

　　老子所处的时代，正是列强争霸、民不聊生、社会动荡的春秋战国时期，他厌恶所谓的仁义礼制，认为这是束缚人性的枷锁。他对周朝的政治制度也很是不满，对功利及复杂的人际关系感到厌烦和绝望，于是他试图摆脱人世的功名利禄，追求与世隔绝的"自然无名"的生活和精神境界。同时，老子以深邃的思考和批判意识审视人生、社会、天地之道，形成了以"道"为核心内容的哲学体系，后世也称之为"老学"。

　　《老子》一书的形成年代也众说纷纭，有人认为它应当早于《论语》或大致与之同时，也有人认为它甚至迟于《庄子》。在我们看来，老子很可能是古代一位具有传说色彩的贤哲，并一直有些关于他的故事和言论流传，这些言论，可能就是《老子》一书的雏形，其年代大约与《论语》相近；大约在战国中期，又有人对这部书加以增补，形成了今传的《老子》，故其中包含反映战国时代社会特征的内容。该书由韵文写成，用韵规则与楚辞相近，它的作者应当是楚国人。

　　《老子》是一部以政治为中心的哲理著作，也牵涉了个人立身处世的准则。但书中把两者和自然性的宇宙本质——"道"联系起来，所以"形而上"的特征很强。在政治方面,《老子》主张"虚静无为",即反对以人为的手段——包括种种文化礼仪——干涉社会生活,应尊重生活的"自然"状态;关于人生态度,《老子》也主虚静、退让、柔弱,但这并不像后人所理解的那样消极,因为《老子》所推重的"阴柔",实是一种长久之道和致胜之道。

一、老子的道论

《老子》的道论是全部思想的根据。道可以从两方面看,一是宇宙生成的解析,二是万物本性的说明。宇宙的生成是从道而来。第四十章说:"天下万物生于有,有生于无。"第四十二章说:"道生一,一生二,二生三,三生万物。"道是万物的混沌状态,一是成了形质的最初元,二是阴阳,三是阴阳开展的最初状态,从此以后,便成为繁复的世间万物。

《老子》只说明了生的现象,却没说明怎样生法。大概作者认为道乃宇宙本体,一切不能离开它,它是一切事物的理法和准则。所以第六十章说:"以道莅天下,其鬼不神。"第八章又说:"上善若水。水善利万物而不争,处众人之所恶,故几于道。"人生当以这种自然存在的道为准则,然后方能得安宁。

在这里,不能不把道的本性指出来。第三十七章说:"道常无为,而无不为。"第十章说:"生而不有,为而不恃,长而不宰,是为玄德。"第十六章说:"致虚极,守静笃,万物并作,吾以观复。夫物芸芸,各复归其根。归根回静,是谓复命。"看来,万物的本性是不有、不恃、不宰、致虚、守静。总而言之,它是有生的进程却没有生的欲望,有养育的德却不居其功。第三十四章中说:"大道泛兮,其可左右。万物恃之以生而不辞,功成不名有,衣养万物而不为主。常无欲,可名于小。万物归焉而不为主,可名为大。以其终不自为大,故能成其大。"

◀ 中国道家学说的创立者老子。

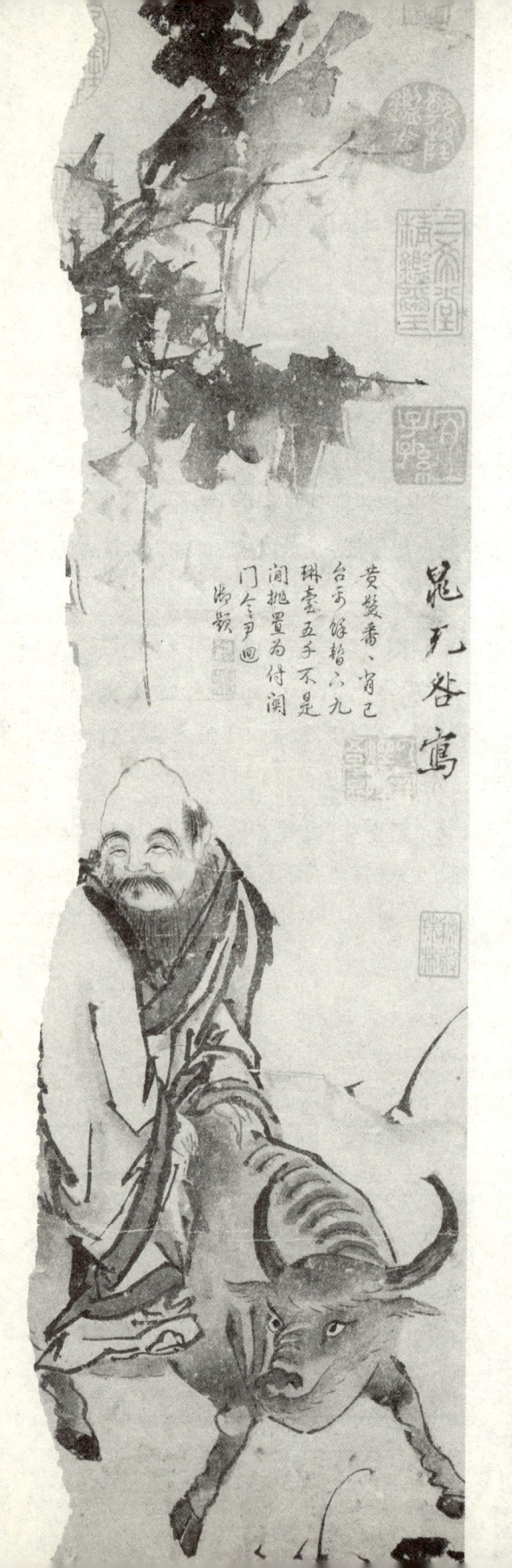

在《老子》里也有几处说到天道。天在中国是支配人生的尊体，是宗教崇拜的最高对象。天命是超乎人间能力所能左右的命运，宇宙间之所以有秩序，便是因为有了它。人的存在应该遵从天命，"人法地，地法天，天法道，道法自然"（第二十一章），也是指明一切都是取法自然的意思。

二、老子的人生观

《老子》的人生观是依据道的本性来说明的。这也可以从两方面来理解：一是人生的归宿，一是生活的方术。

人生的归宿属于历史哲学范围。《老子》所主张的是一种尚古主义，要从纷乱不安的生活走向虚静的道。人间的文明从道的观点说来，是越进展越离开道的本性的。第十八章说："大道废，有仁义；智慧出，有大伪；六亲不和，有孝慈；国家昏乱，有忠臣。"所谓仁义、智慧、忠孝等，都是大道废弃之后的发展。古代大道流行，人生没有大过大善、大智大愚、大孝大慈等等名目，却有其实；现在空有其名，却是离实很远，所以要"绝圣弃智"，使"民利百倍"。

◀ 宋人晁补之绘《老子骑牛图》。

学说发起人	学说发起时间	推荐理由
德谟克利特、席勒、克罗齐、泰勒等	始于公元前5世纪	艺术的起源问题一直被学术界称为"斯芬克斯之谜",但许多学者还是进行了不懈的探索,从不同的角度提出了各种关于艺术起源的学说。

揭示人类艺术起源的模仿说、游戏说、表现说与巫术说

背景搜索

德谟克利特(Demokritos,约公元前460年至公元前370年),古希腊唯物主义哲学家。

德谟克利特在哲学上最重要的贡献是继承并发展了他的老师——爱奥尼亚学派的留基伯的原子学说,认为原子和虚空是万物的本原。他的原子论后来又被伊壁鸠鲁和克莱修所继承,再后来被道尔顿所发展,从而形成了近代的科学原子论。

席勒(Johann Christoph Friedrichvon Schiller,公元1759年至公元1805年)德国诗人、戏剧家、文学理论家,与莱辛和歌德并驾齐驱,同为德国古典文学的创始人。著有历史剧《华伦斯坦》三部曲、《唐·卡洛斯》、《奥里昂的姑娘》、《威廉·退尔》等,主要诗作有《欢乐颂》、《希腊的神》、《钟之歌》等。

席勒的艺术理论受到康德的影响,曾写出《论悲剧艺术》、《论秀美与庄严》、《美育书简》、《论素朴的诗与感伤的诗》等美学论文,认为通过审美教育能使人获得精神上的解放,从而使社会得到改造。

图为席勒在魏玛为奥古斯特公爵朗诵其狂飙突进式文学作品时的情景。

贝奈戴托·克罗齐（Benedtto Croce，公元1866年至公元1952年）意大利历史学家、美学家、政治家，新黑格尔主义的重要人物，也是20世纪以来对西方影响最大的哲学家之一。

他最主要的哲学著作为四卷本《精神哲学》（或译《心灵哲学》），其中包括《美学》、《逻辑学》、《实践哲学》、《史学》。

爱德华·泰勒（Edward Burnett Tylor，公元1832年至公元1917年）英国著名人类学家，原始宗教研究学者。

泰勒因研究原始人灵魂观念的起源，率先提出"万物有灵"的理论，而成为西方宗教学开创阶段的重要人物。

在《人类学——人及其文化研究》中，他将文化定义为"包括知识、信仰、道德、法律、习俗以及包括作为社会成员的个人而获得的其他任何能力、习惯在内的一种综合体。"这个概念被人类学家们沿用至今。

学说内容

历代哲学家和文艺理论家对艺术起源的原因和过程在理论上进行了种种探索，形成了许多不同的解释，产生了很多体系，影响较大的主要有以下几种：

一、艺术起源于"模仿"

这可能是关于艺术起源问题的最古老的理论,始于古希腊哲学家德谟克利特。他说:"从蜘蛛身上我们学会了织布和缝补;从燕子身上学会了造房子;从天鹅和黄莺等歌唱的鸟身上学会了唱歌。"

亚里士多德认为模仿是人的本能,所有的文艺都是模仿,不管是何种样式和种类的艺术。他认为,由于"模仿所用的媒介不同",所以会有不同种类的艺术,如画家和雕刻家是用颜色和线条来模仿,诗人、戏剧演员和歌唱家则是用声音来模仿;由于模仿"所取的对象不同",因而形成了悲剧和喜剧——喜剧总是模仿比我们今天的人坏的人,悲剧总是模仿比我们今天的人好的人;由于模仿"所采用的方式不同",才出现了史诗、抒情诗和戏剧的差别。

"巫术说"认为艺术来源于原始的巫术活动,认为史前洞穴壁画即是源于原始人类的巫术活动。图为阿尔塔米拉洞窟顶部的野牛。

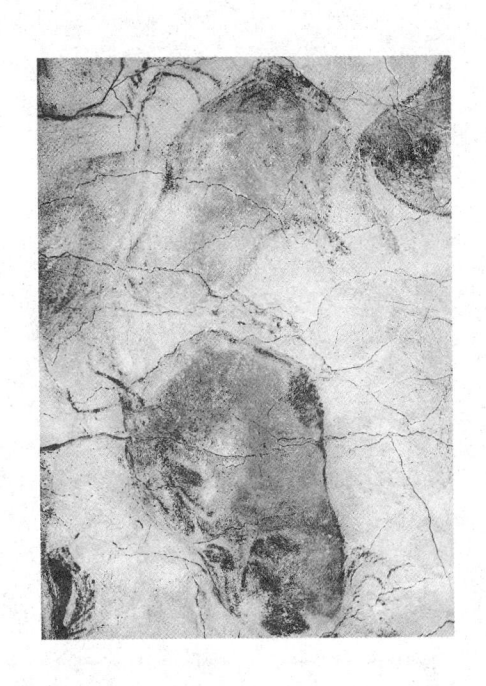

二、艺术起源于"游戏"

这种学说是艺术发生理论中较有影响的一种理论,因其代表人物是18世纪德国美学家席勒和19世纪英国哲学家斯宾塞,故被艺术史家称为"席勒-斯宾塞理论"。这种说法认为,艺术活动或审美活动起源于人类所具有的游戏本能,它表现在两个方面,一方面是人类具有过剩的精力,另一方面是人将这种过剩的精力运用到没有实际效用、没有功利目的的活动中,体现为一种自由的"游戏"。

三、艺术起源于"表现"

这种学说认为艺术起源于人类表现和交流情感的需要，情感表现是艺术最主要的功能，也是艺术发生的主要动因。西方现代主义文艺思潮的主要理论基础，就是强调艺术应当"表现自我"，显示出这种说法的巨大影响力。

系统地以理论方式提出这种说法的应当首推意大利美学家克罗齐，其美学思想的核心是"直觉即艺术"说。克罗齐认为艺术的本质是直觉，直觉的来源是情感，直觉即表现，因此艺术归根到底是情感的表现，尤其是抒情的表现。

英国史学家科林伍德对克罗齐的论说作了进一步的详尽发挥，认为艺术不是再现和模仿，更不是单纯的游戏，只有表现情感的艺术才是所谓"真正的艺术"。所谓艺术，就是艺术家的主观想象和情感的表现。

美国当代美学家苏珊·朗格从符号学美学出发，进一步认为艺术是人类情感的符号形式的创造，艺术活动的实质就在于创造表现人类情感、生命的符号形式。

四、艺术起源于"巫术"

此种学说的代表人物是英国著名人类学家爱德华·泰勒。他在直接研究原始艺术作品与原始宗教巫术活动之间关系的基础上，在《原始文化》一书中最早提出艺术起源于"巫术"的理论主张。他认为，原始人思维的方式同现代人有很大的不同，对原始人来说，周围的世界异常陌生和神秘，令人敬畏。原始人思维的最主要特点是万物有灵。山川草木、鸟兽虫鱼，在原始人看来都是有灵的，并且都可以与人交感。

"巫术说"用实用性来解释艺术的起源，认为在原始人心目中，最初的艺术有着极大的实用功利价值。按照这种理论，在原始人所描绘的史前洞穴的壁画中，虽然有许多在我们今天看来是美丽的动物形象，但他们当时却是出于一种与审美无关的动机，即巫术的动机去描绘的。如许多旧石器时代晚期的洞穴壁画和雕刻，往往是处在洞穴最黑暗和难以接近的地方，它们显然不是为了给人欣赏而制作的，而是史前人类企图以巫术为手段来保证涉猎的成功。还有些动物身上画有或刻有被长矛或棍棒刺中和打击过的痕迹，按照巫术说的观点，这是因为原始部落有一种交感巫术的存在，原始人认为任何事物的形象与实际都有一种实在的联系，如果对事物的形象施加影响，实际上也就是对这个事物施加影响，在动物身上画上伤痕也就意味着他们在实际的涉猎当中可以顺利地打到猎物。原始社会的壁画中这些身上有被刺中或击伤痕迹的动物形象，成为了支持艺术产生于巫术学说的有力证据。

学说发起人	学说发起时间	推荐理由
孔子、孟子	始于春秋战国时期	儒家学说是中华民族传统文化的核心内容,是支撑中华民族长期延续发展的精神支柱,它对我们整个中华民族心理素质、文化素养与民族性格的形成起过极为重大的作用。

集中体现东方文化魅力的孔孟儒家学说

背景搜索

孔子(公元前551年至公元前479年),姓孔,名丘,字仲尼,鲁国陬邑(今山东曲阜东南)人,中国古代著名的思想家和教育家,儒家学派的创始人。他终生倡导的中国儒家学说成为中华文化的主流,作为中国人的指导思想逾两千余年。

孟子,名轲,字子舆,邹国(今山东邹县一带)人。战国中期著名的思想家、政治家和教育家。

孟子生于中国奴隶制向封建制转变的时代,是继承和发展由孔子创立的儒家学说的新儒家代表,是儒家第二代宗师,后世尊号"亚圣",声名仅次于孔子。

东晋时开始有人把孟子与孔子并称为"孔孟",元朝文宗皇帝封孟子为"邹国亚圣公"。从此,以孔子、孟子为代表的儒家思想与政治路线,便被称为"孔孟之道"。在明、清两代,官方以八股文取士,于是,《孟子》也就成了明、清两代士子们的必读书目。

那么,儒家思想缘何有如此大的思想魅力呢?

学说内容

儒家所建构的理论体系可以说非常复杂又非常简单,说复杂是因为这个体系包容极为宽广,它覆盖了自然、社会和人的内心世界,思想内涵极为丰富、深邃,从而万古长青,经久不衰;说简单是因为这个体系可以简化到只用一个字来概括,那就是"仁"。孔孟所代表的先秦儒家学说的思想体系,就完全建立在这个"仁"字的基础之上。

一、孔子的儒家学说——儒家的开山始祖
(一)"礼坏乐崩"的时代背景——儒学起源
用孔子的话来说,他所生活的时代是一个"礼坏乐崩"的时代。
孔子生活在春秋中晚期,当时,在夏、商、周的社会发展中逐渐形成的一套完整的礼制已经丧失了。
(二)"礼""仁"学说——孔子的政治主张
孔子的政治主张是"礼"和"仁"的学说。
孔子生活于春秋这个大变革的时代,那时战乱纷飞,诸侯争霸,他反对以政治高压、残酷刑法来强迫人民服从。他所说的"礼"是一种政治秩序,他所说的"仁"是最高的道德规范。当然,在当时的阶级社会中,这种仁和礼是有上下、尊卑、贵贱、等级之分的。
孔子所谓的"礼",其核心是"正名"。在孔子看来,周礼最重要的原则是尊尊与亲亲。所以,孔子提出"君君,臣臣,父父,子子"(《论语·颜渊》)作为"正名"的具体内容。就是说,为君者要使自己符合于君道,为臣者要符合于臣道,为父者要符合于父道,为子者要符合于子道。
"仁",可以说是儒家学说的核心。
从总体精神上来把握的话,《论语》一书关于仁的本质意义的解释可以归纳为四种:一是"仁者爱人",对"仁"原有意义进行确认与继承;二是"克己复礼为仁",对"仁"这个概念进行了扩展与提升,提出"仁爱之心必须从爱亲人开始培养",这就是做人的根本道理;三是"泛爱众而亲仁",要把对家庭的亲情、血缘之爱扩展为对朋友的友爱,对全社会的博爱;四是"博施于民而能济众",为人民大众谋福利,能为他们带来实际的利益和好处。这是"仁"的最高境界,也称"圣"的境界。
(三)"因材施教"——孔子的教育思想

图为《退修诗书》，反映了孔子收徒授书、修著诗书的情景。

　　博学多能的孔子不仅是个大思想家，还是个大教育家。

　　孔子晚年专心从事古代文献的整理与传播，致力于教育工作，他改编出的"六书"（《诗》、《书》、《礼》、《乐》、《易》、《春秋》）是中国第一套完整的教科书，在中国两千多年的封建社会里一直是官学和私学的基本教材。

　　孔子确定的教学内容是六艺，即：礼、乐、射、御、书、数等六门课程。"礼"用于维护各种人伦和道德规范；"乐"是通过音乐、舞蹈、诗歌等艺术手段使学生从情感上接受道德的熏陶，通过这两项来共同完成德育任务；"射"是射箭；"御"是指驾驭战车的技术，这两项属军事技能；"书"包括识字和自然博物常识，相当于现代的文化科学知识；"数"的教学不仅指一般的数学知识，还包括记日、记月、记年的历法，甚至"八卦"也属于教的内容。

　　由六艺可见，孔子的教学内容已包括道德教育、科学文化教育和技能训练三部分。因此我们可以说，孔子在2500年前已明确提出了教学内容应包括德、智、体、美四个方面，并且应以德育为基础，把德育放在首位，这种教育思想至今仍有重要的现实指导意义。

　　孔子是中国第一个主张"因材施教"的教育家。他认为一个教师必须掌握学生在学习上常犯的四种心理表现，即广泛而不精、知识面过窄、把学习看得太容易和有畏难情绪。只有了解学生的心理特点，才能给予帮助、补救。这种教学思想，在中国教育史上有较大的影响。

　　孔子还是第一个将学思结合、知行统一的观点纳入教学过程的教育家。孔子明确提出教学过程应划分为学、思、习、行等四个阶段。前两个阶段是学习知识的过程，后两个阶段则是知识外化的过程。他要求学生将所学知识应用于实践，要"躬行践履"。

清代康涛绘《孟母断机教子图》。

二、孟子的儒家学说——孔子儒学的继承和发展

（一）"民为贵，君为轻"——孟子的仁政学说

作为儒家学派的"亚圣"，孟子主要继承并发展的是孔子"仁"的思想，他力主统治者应该对人民施行"仁政"，而反对施行"暴政"；提出了"民为贵，君为轻"的重要思想。孟子主要从以下方面表达了他的"仁政"学说：

经济上，提倡"省刑罚、薄税敛、行井田、正经界"、"不违农时"等主张。

政治上，主张尚贤禅让，重视修养，提倡为臣的要以仁义规劝君主，反对阿谀奉承。

军事上，孟子反对国家分裂，反对争霸和兼并战争，主张统一，倡导天下要"定于一"。

哲学思想上，孟子提出了著名的"性善"论，这也是他"仁政"学说的基础。孟子认为人都具有怜悯同情之心、羞耻憎恶之心、恭敬辞让之心和是非之心，即"仁、义、礼、智"这四种道德观念的萌芽。在这四种心中，怜悯同情心最重要，"人之初，性本善"，应发扬人的善性，推行仁政，争取民心，才能国治家齐。

就孟子的整体思想而言，性善说是它的核心。性善说的真正根据，是人的普遍心理。它的实质，是贯穿在其政治主张中的实践原则和实践目的。依仁而行，就是尽心，就是知性，就是知天顺天命，这都重在一个"行"上。人人依仁而行，则人人可以知性知天，人人可以为君子，人人可以为尧舜。

（二）"我善养吾浩然之气"——孟子的修养观

孟子很重视一个人的"养心"，即主观修养，其最高境界即是使自己的道德达于正义感，这样就可以理直气壮，一身充满了"浩然之气"。孟子极力提倡"浩然正气"，他认为这是一种天地间的正气，即"富贵不能淫，贫贱不能移，威武不能屈"。一个人只有具备这股正气，才能担当起治天下的大任来，才不负时代的期望。

为此，孟子主张在义和利之间，要取义舍利；尽力地做到"寡欲"，克制自己的欲念，追求真理，一个人要有"恻隐之心"、"羞恶之心"和"辞让之心"，从而做到行事仁义，待人以礼，这种崇高的义利观已成为中华民族的美德。

学说发起人	学说发起时间	推荐理由
孙武	春秋战国时期	《孙子兵法》是从战国时期起就风靡流传的军事著作，是世界性的兵法著作。其中论述的基本理论和思想还被运用到了现代经营决策和社会管理方面。

堪称"军事学之圣典"的孙武兵家学说

背景搜索

关于这部著作的作者学术界议论纷纷，直到1972年4月，在山东临沂银雀山发掘的两座汉代墓葬中同时发现了用竹简写成的《孙子兵法》和《孙膑兵法》，《孙子兵法》的作者才被确认为春秋时期吴国的将军孙武。

孙武，字长卿，被后人尊称为孙子、孙武子。他出生于公元前535年左右的齐国乐安（今山东惠民），具体的生卒年、月、日不可考。

由于贵族家庭提供了优越的学习环境，孙武阅读了古代军事典籍《军政》，了解了黄帝战胜四帝的作战经验以及伊尹、姜太公、管仲的用兵史实，加上当时战乱频繁，兼并激烈，他的祖父、父亲都是善于带兵作战的将领，他从小也耳濡目染了一些战争，这对培养少年孙武军事方面的才能是非常重要的。

当时南方的吴国联晋伐楚，国势强盛，很有新兴气象。孙武认定吴国是他理想的施展才能和实现抱负的地方。大约在齐景公三十一年（公元前517年）左右，孙武正值18岁的青春年华，他毅然离开乐安，告别齐国，长途跋涉，投奔吴国而来，孙武一生事业就在吴国展开，死后亦葬在吴国，因此《吴越春秋·阖闾内传》就把孙武称为"吴人"。

学说内容

这十三篇兵法，讲的全部都是如何克敌制胜的战略战术，全书构成了一个严密的体系。

第一篇为计篇，论述怎样在开战之前和战争中实行谋划的问题，并论述谋划在战争中的重要意义。决定战争胜负的基本条件有五项，就是"道"（道义）、"天"（天时）、"地"（地利）、"将"（将帅）、"法"（法制）。对这些条件比较清楚了，就可以判断战争的胜负。孙武认为，谋划周密就可能在战争中获胜，谋划不周难于获胜，根本不进行谋划是肯定要失败的。

第二篇为作战篇，论述速战速胜的重要性。从速胜的思想出发，孙武反对以当时简陋的作战武器去攻克坚固的城寨，也反对在国内一再征集兵员和调运军用物资，而主张在敌国就地解决粮草，主张用财货厚赏士兵，主张优待俘虏，主张用缴获的物资来补充壮大自己。他认为这样做，才能迅速战胜敌人。

第三篇为谋攻篇，论述用计谋征服敌人的问题。孙武认为"不战而屈人之兵"是"善中之善者"，"全国"、"全军"、"全旅"、"全卒"、"全伍"地强迫敌人屈服投降是最理想的作战方案，"破国"、"破军"、"破旅"、"破卒"、"破伍"地用武力击破敌人则次一等，"非善之善者"。

怎样才能做到"不战而屈人之兵"呢？孙武认为上策是"伐谋"，其次是"伐交"，再次是"伐兵"，即主张通过政治攻势、外交手段和武装力量来征服敌人。孙武在此篇中提出

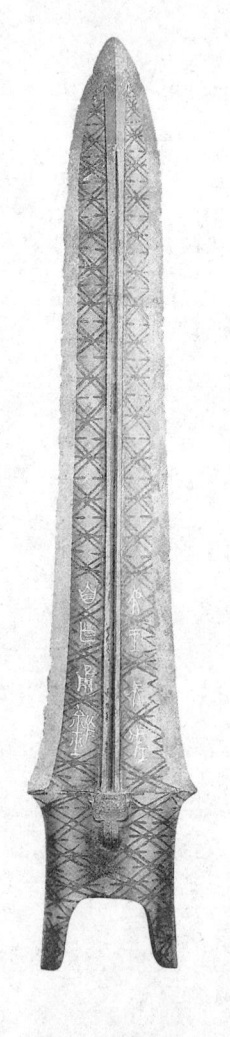

吴王夫差矛。

了"知彼知己，百战不殆"的光辉思想，认为谋略必须建立在了解敌我双方情况的基础上。

第四篇为形篇，论述用兵作战要先为自己创造不被敌人战胜的条件，以等待敌人可以被我战胜的时机，使自己"立于不败之地"。

第五篇为势篇，论述用兵作战要造成一种可以压倒敌人的迅猛之势，并要善于利用这种迅猛之势。

第六篇为虚实篇，论述用兵作战须采用"避实而击虚"的方针。

怎样才能做到避实击虚呢？第一，要使我方处于主动地位，使敌方处于被动地位，把战争的主动权掌握在自己手里。第二，要出其不意，攻其不备，打击敌人兵力空虚之处。第三，要集中自己的兵力，并设法分散敌人的兵力，造成战术上的我众敌寡。

第七篇为军争篇，论述如何争夺制胜的有利条件，使自己掌握作战主动权的问题。

第八篇为九变篇，论述将帅指挥作战时应根据各种具体情况灵活机动地处置问题，不要因机械死板而招致失败，并对将帅提出了要求。

第九篇为行军篇，论述行军作战中安置军队和判断敌情的问题，还论述了军队在山地、江河、盐碱沼泽地、平原等四种地形上的不同处置办法，还论述了军队遇到绝涧、天井、天牢、等特殊地形的处置办法。孙武在本篇中还提出了"令之以文，齐之以武"的文武兼用的治军原则，即要用道义来教育士兵，又要用法纪来统一步调，这样的军队打起仗来一定能取得胜利。

第十篇为地形篇，论述用兵作战中利用地形的问题，着重论述深入敌国作战的好处。

第十一篇为九地篇，该篇主要论述了在九种不同的作战区域的用兵原则，并强调了"兵之情主速"、"并敌一向，千里杀将"等问题。

第十二篇为火攻篇，论述在战争中使用火攻的办法、条件和原则等问题。

第十三篇为间篇，论述使用间谍侦察敌情在作战中的重要意义，并论述了间谍的种类和使用间谍的方法。孙武十分重视间谍的作用，认为军队依靠间谍提供的情报而采取行动是作战取胜的一个关键。

孙武的兵法十三篇，各有侧重，波澜起伏，分析透彻，见解独到，实用性强。为了使吴王能够任用他，他在兵法开头就说："吴王听我所陈之计而用兵则必胜，我就留在这儿，如不听我计而用兵则必败，我也就要再到别的国家去。"为了使吴王读兵法感到亲切，他在兵法中经常运用当时吴、越两国冲突的战例，进行有针对性的阐述。他在兵法中自比商朝开国大臣伊尹和周朝开国大臣姜太公，希望辅佐吴王统一天下。

学说发起人	学说发起时间	推荐理由
庄周	春秋战国	《庄子》这部哲学著作,既充满了唯物主义思想的光辉,又充满了浓厚的文学色彩。在文学意义上,它代表了先秦散文的最高成就。

集道家思想之大成的庄子道家学说

背景搜索

庄周(约公元前369年至公元前约286年),宋国蒙(今河南商丘县东北)人,做过地位卑微的漆园吏。据《庄子》中记载,他生活贫困,住在穷闾陋巷,困窘时织履为生。据说楚王派人迎他到楚国去做国相,他却拒绝了。庄子对当时黑暗的现实非常痛恨,抱有一种极为激愤的心情。他对社会有非常清醒的认识,感到它已经不可救药了,为此,他悲观失望,隐居出世,主张回到古朴的的先民生活时代去。

《庄子》一书,汉代著录为五十二篇,现存三十三篇。其中《内篇》七篇,通常认为是庄子本人所著;《外篇》十五篇,《杂篇》十一篇,为庄周门人及后来道家的作品。

学说内容

一、"至人无己,神人无功,圣人无名"

《庄子》书影。《庄子》一书虽然记载的是庄子的哲学思想，但也代表了那一时期文学上的最高成就。

庄子在哲学上也和老子一样强调"天道自然无为"，"道"既是宇宙万物的本源，也是宇宙万物内在的自然规律。对"道"的理解，庄子却和老子不完全相同。

庄子认为"道"就是"无有"，"物物者非物，物出不得先物也"（《知北游》）。又说，"昭昭生于冥冥，有伦生于无形，精神生于道，形本生于精，而万物以形相生。"可见，"道"是一种精神的"无有"、"非物"的东西，这和老子所谓"惚兮恍兮，其中有象。恍兮惚兮，其中有物"，显然不一致。

尽管对"道"的内容理解不同，但庄子与老子都认为一切事物都是"道"的体现，"道"有它不能以人为力量去改变的自然规律。所以，庄子明确提出要"无以人灭天，无以故灭命"（《秋水》）。这里，"天"即是自然，"命"则是自然规律。庄子强调要尊重事物客观存在的内在规律，而不应当以人的主观意志去任意违背它，然而，他又把这一点绝对化了，否认人可以掌握自然规律，能动地改造自然，得出了人只能消极地顺应自然、完全无所作为的结论，提出了"绝圣弃智"的主张，认为人对知识和技能的掌握，会破坏事物的自然规律，并妨害自己去认识和掌握"道"，所以庄子在《逍遥游》里提出"至人无己，神人无功，圣人无名"的结论。这样一来，也就否定了人的智慧和创造性，使人的个性、人的情和欲都得不到自由的发展，从这个角度讲，庄子的思想和儒家的"以道制欲"、"以礼节情"论，对人性发展来说，都有以共性束缚个性的特点。但是庄子的"无情"、"无欲"论主要在否定人为的"情"和"欲"，而主张"情"和"欲"要完全顺乎天然，因此也反对儒家的"以道制欲"、"以礼节情"论，认为这也是人为的东西。

二、消极避世的人生哲学

庄周的思想，是以老子为依归，但《老子》的中心是阐述自然无为的政治哲学，《庄子》的中心则是探求个人在沉重黑暗的社会中，如何实现自我解脱和自我保全的方法。

图为元代刘贯道绘《梦蝶图》,反映了庄子逍遥的心境。

在庄子看来,最理想的社会是上古的混沌状态,一切人为的制度和文化措施都违逆人的天性,因而是毫无价值的。对于个人人生,《庄子》强调"全性保真",舍弃任何世俗的知识和名誉地位,以追求与宇宙的抽象本质——"道"化为一体,从而达到绝对的和完美的精神自由。

《庄子》对现实有深刻的认识并进行了尖锐的批判,不同于其他人只是从统治者的残暴来看问题,庄子还更为透彻地指出,一切社会的礼法制度、道德准则,本质上只是维护统治的工具。《胠箧》说,常人为防盗,总把箱子锁得很牢,遇上大盗,连箱子一起偷了。"圣知仁义"就是锁牢箱子的手段,大盗窃国,"并其圣知仁义而窃之"。所以,"窃钩者诛,窃国者侯。诸侯之门,而仁义焉存",极是痛快淋漓。但作者并不主张以积极的行为来改变现实,而是对现实人生持悲观厌世的态度。庄子甚至认为,一切世间的是非、美丑、大小之对立,只是人的认识上的对立,而并非万物自身的性质。

庄子的思想是社会大变动时期,即由奴隶社会向封建社会转化时期找不到出路的广大群众的情绪体现。他们希望凭借自己的聪明才智,过一种不受他人奴役、压迫的生活,自由自在,有一个不受侵犯、绝对自由的环境。他们在现实中找不到这一切,只有把希望寄托于回到浑浑噩噩的初民生活时代。他们对人间的种种明争暗斗、尔虞我诈、贪婪掠夺、攻伐杀戮等痛恨到了极点,认为只有回归自然才能摆脱这一切。所以庄子的思想里对"人为"的一切均持否定态度,而对"天然"的事物则给予了最大的肯定和赞扬。

学说发起人	学说发起时间	推荐理由
非一人一时之作	主要形成于战国时期	《黄帝内经》全面总结了秦汉以前中国的医学成就，是中华传统医药学现存最早的一部理论经典，是一本对人类生命科学发展产生过重大影响的伟大著作。

奠定中国传统医药理论基础的《黄帝内经》经络学说

背景搜索

《黄帝内经》是早期中国医学的理论典籍，世人简称之为《内经》。宋朝之后，《素问》、《灵枢》成为《黄帝内经》组成的两大部分。

《内经》虽冠以黄帝名，但并非真为黄帝之作。综观历代学者，在《内经》成书的时代约有以下几种观点，如有成书于战国者，有成书于战国末至秦汉之际者，有成书于西汉者，或谓更为晚出者等等，现仍为学者争论最为激烈的问题之一。在这个争论之中，有一点则为大家所公认，即明代医学家吕复之所论："乃观其旨意，殆非一时之言。其所撰述，亦非一人之手。"

《汉书·艺文志》有黄帝内、外经，还有扁鹊内、外经等。如何区分内经、外经，就像《易经》有内、外卦，《春秋》有内、外传一样，医学上分为黄帝内经、外经等，大概只有次第名而并非有何深意。今天，《黄帝外经》早已失传，只有《黄帝内经》留传下来。

《黄帝内经》内容十分丰富：《素问》偏重人体生理、病理、疾病治疗原则以及人与自然等基本理论，《灵枢》则偏重于人体解剖、脏腑经络、腧穴针灸等等。两者的共同点都是有关问题的理论论述，但并不涉及或基本上不涉及疾病治疗的具体方药与技术。因此，它成为中国医学发展的理论渊薮，是历代医学家论述疾病与健康的理论依据，尽管医学家的学说各异且有很多争论，但极少有背离其原则者。现代人学习研究中医，也必须首先攻读《内经》，因为，如果没有基本掌握《内经》的要旨，将对中医学各个临床科疾病的认识、诊断、治疗原则、选药处方等等无从理解和实施。

学说内容

《黄帝内经》作为中国早期的一部医学论文总集，较全面地阐述了人与自然、人与解剖、生理、病理、诊断、治疗及疾病预防、养生等方面的内容，内容极其丰富，具有朴素的唯物主义观点。

《内经》认为，五脏六腑是维系人体生命的重要器官。它所说的脏腑不仅仅有解剖学的概念，更重要的是有功能系统的概念。所谓五脏六腑，是指人体各内脏的总称，心、肝、脾、肺、肾叫五脏，小肠、胆、胃、大肠、膀胱、三焦叫六腑。其中心是人体生命活动的主宰，肝有贮藏血液和调节器血量的功能，脾有营养物质的消化、吸收和运输的功能，肺"管呼吸，主气"，肾有"藏精"、"生髓"、"主骨"的功能。小肠的主要功能是接受食物后分别清浊；胆分泌胆汁，有助于消化食物；胃受纳食物，再经脾将营养输出，以供养全身；大肠的功能是传导糟粕之物，通过肛门排出体外；膀胱主要是贮藏和排泄尿液；三焦不是一个独立的脏器主体，而是按脏腑部位和功能分为三个部位——心、肺为上焦，脾、胃为中焦，肝、肾、大小肠、膀胱为下焦。脏腑各有其功能，各司其职，互相配合，特别是五脏，有主宰生命和精神活动的作用。

经络学说是研究人体经络系统功能及其与脏腑互相关系的理论。经是经络系统的主干，叫经脉，多循行于人体深部；络是经脉的分支，象网络一样联系人的周身，循行于人体浅部。经脉的组成有：正经（手太阴肺经、手阳明大肠经、足阳明胃经、足太阴脾经、手少阴心经、手太阳小肠经、足太阳膀胱经、足少阴肾经、手厥阴心包经、手少阳三焦经、足少阳胆经、足厥阴肝经），奇经八脉（督脉、任脉、冲脉、带脉、阴跷脉、阳跷脉、阴维脉、阳维脉）以及络脉、十二经别、十二筋经等，其中十二正经和奇经八脉是经络的重要组成部分。《内经》记载了十二经脉的循行路线、所联络的脏腑及主病、诊治等内容。它图为东汉时期的扁鹊针刺画像石。

认为，经络在人体生理上是运行气血，以沟通脏腑、内外组织器官的通路，同时也是病理上传导病邪，治疗上发挥药物性能和感受针灸的通路。

除了经络学说外，《黄帝内经》还十分注重整体观念。既强调人体本身是一个整体，又强调人与自然环境密切相关。人要保持健康不生病，就必须顺应自然，适应四时气候和昼夜规律，以保持人体内外协调，反之就会生病。四季气候是按时变化的，人们一定要注意四季变化，注意生活起居，否则就有可能生病。中国人口众多，地域广阔，不同地区气候不同，因而有不同的地区性疾病，北方多有咳嗽、气喘一类疾病；东南气候温和，地卑多湿，因而多有肢节酸痛等湿症。还有，一般疾病大都在清晨清爽些，白天比较平静，黄昏时加重些，夜晚可能更为厉害，这几乎是规律性的，所以中医治病既要掌握病情的发生与发展，还要注意自然环境等外界因素对病人的影响。

另外，《黄帝内经》还十分强调精神与社会因素对人体及疾病的影响，十分反对迷信鬼神。《内经》认为五脏精气是产生情与活动的物质基础，如果五脏有病，就会有异常的情志出现，因此它十分强调精神因素对人体健康的影响，如果情感和思虑过度，失去调节，亦将损害身体健康，因而《内经》强调医生诊病时一定要把社会因素与精神因素考虑进去。在治疗上，除用药物、针灸疗法外，还提倡采用心理疗法。《内经》十分重视疾病的预防，提倡个体的养生方法，要求医生"治未病"，要防患于未然。中国医学自古就十分重视促进人体健康以预防疾病的思想，追其原则始于《内经》。例如：反复强调的"虚邪贼风（指致病因素），避之有时"；又如，强调一位高明的医学家应当治未病之病，而不是治疗已得的病，如果等到病已发而后才给予药物治疗，就犹如渴而穿井、战乱已成才去制造兵器的道理一样，不是太晚了吗？又如：一位高明的医学家，治疗疾病必须"救其萌芽"。《内经》还批评了医学家中对一些久病轻易做出"不可治"的结论，指出"疾虽久，犹可毕也（是可以治愈的），言不可治者，未得其本也"。其思想都是很先进的。

学说发起人	学说发起时间	推荐理由
柏拉图	约公元前387年	柏拉图是古希腊哲学家中第一个留有大量著作的人。他把古希腊唯心主义哲学发展到了高峰，他的哲学体系，对以后的各种唯心主义都具有深远的影响。

开启西方哲学思想之源的柏拉图"理念"学说体系

背景搜索

柏拉图（Plato，公元前427年至公元前347年），希腊著名哲学家、思想家、法学家，出身于雅典一个贵族家庭。父亲阿里斯顿据说是阿提刻最后一个王的后裔，母亲是雅典奴隶主民主制的创始人梭伦的后代。

柏拉图幼年时受过良好的教育，最初对诗艺感兴趣，后来从事哲学研究，并想在政治上有所建树。二十岁时，柏拉图结识了著名的哲学家苏格拉底，自此，苏格拉底成了他的良师益友。公元前399年，苏格拉底因为反对民主政体，被判处死刑。

苏格拉底死后不久，柏拉图离开雅典，在随后的十到十二年之间一直四处漫游。约在公元前387年，他返回雅典，在那里创办了一所学校——柏拉图学园，免费收徒，吸引了希腊各地很多学者。该园连续开办了九百多年。柏拉图余下四十年的大部分时光都是在雅典度过的，传授哲学学说和写作哲学论著。他最著名的弟子是亚里士多德。亚里士多德17岁来到学园时，柏拉图已经60岁了。柏拉图于公元前347年去世，享年80岁。

学说内容

哲学就是寻找事物的本质，求得万事万物的一个根本。希腊哲学家很早就开始不断地探索事物的本原。早期哲学家如泰利斯和德谟克利特都是在物质世界中寻求事物的稳定本质，而苏格拉底和柏拉图改变了这一研究方向。柏拉图在物质世界以外寻求事物的本原，建立了以理念论为核心的客观唯心主义哲学体系。

一、真实世界之外的理念——柏拉图的理念论

在《国家篇》第五卷的后半部至第七卷的末尾，柏拉图阐明了自己的理念论。他认为在特殊的道德以外还有一种一般的道德。这种一般的东西本身是绝对的、不变的、永恒的，但当它们出现在时间和空间中时，就是具体的、变动的、有生有灭的。柏拉图把这种一般的东西称作理念，认为只有理念才是真实的存在，因为它独立于事物和人们的认识之外，构成了一个客观独立存在的理念世界，例如善的本身、美的本身、正义的本身等。至于我们感官所接触的具体、变动的世界，则是一个不真实的世界。

柏拉图用"分有"来解释一般概念与个别事物、理念世界与现实世界之间的关系。他认为个别事物之所以存在，是因为它们分享了理念，我们日常所见的物体都是理念或形式的不完善的模本或影子。

柏拉图认为，各类事物都有自己的理念，因此理念是多，不是一。最高级的理念就是"善"，善不仅是一个道德范畴，也是认识

古希腊理念学说的创始人柏拉图。

德国安泽尔姆·费尔巴哈绘的《柏拉图的宴会》。

论和本体论的范畴,善是认识和真理的源泉,善使我们洞察到理念,它还管辖着各种理念,使它们构成一个有秩序的真实世界。理念是各种具体事物所要追求的目的,其他的理念都以善的理念为目的,善是宇宙的最高目的,众理念组成了一个目的论的宇宙体系。这是西方哲学最早的目的论学说。柏拉图认为,哲学的任务就是用逻辑思维来把握理念世界的本质和内在秩序。

二、从知识论到辩证法

柏拉图提出,人的知识(理念的知识)是先天固有的,并不需要从实践中获得。他认为,人的灵魂是不朽的,它可以不断投生。人在降生以前,他的灵魂在理念世界是自由而有知的。一旦转世为人,灵魂进入了肉体,便同时失去了自由,把本来知道的东西也遗忘了。要想重新获得知识就得回忆。因此,认识的过程就是回忆的过程,真知即是回忆,是不朽的灵魂对理念世界的回忆,这就是柏拉图所谓的"回忆说"、"灵魂不朽说",它们结合在一起,成为一个神秘的、带有原始性的唯心主义体系。

在古希腊文献中,柏拉图的对话第一次运用到"辩证法"这一概念,并将它提到哲学的高度。他把"真正的知识"称为辩证法,认为它是最高等级的知识,即关于善的知识,它指导着人的伦理行为。

在柏拉图的著作中,处处闪烁着思辩和推理的色彩。在他的哲学体系中,处处体现着感性和理性、"意见"和"真理"、物质和精神、肉体和灵魂、个别和一般、"多"和"一"等一系列对立统一的矛盾关系。尤其到了后期,更是讨论到"存在"和"非存在"、"动"和"静"、"同"和"异"等范畴的联系,与他前期绝对"理念"的说法相比,更是向辩证法前进了一步。

三、想象中的"理想国"

《国家篇》是柏拉图最重要的一篇对话,也是柏拉图政治哲学的最好表达。在这本著作里,柏拉图书写出了一个美丽的乌托邦,一个自己的"理想国",而这也是历史上最早的乌托邦。

他认为,在理想社会中,应该包括三个自由民等级:供养者(从事工农商的普通匠人)、卫国者(武士)和统治者。三个等级的划分有道德上的必然性,对应着三种美德,供养者特有节制的美德,卫国者特有勇敢的美德,同时也有节制的美德,统治者特有智慧的美德,三种美德构成了国家道德上的善。此外还有第四种美德——正义,它与前三者相结合,意味着一种和谐的秩序。而统治者的聪明不是天生的,需要后天的教育和训练。他们20岁前学习音乐和体育,30岁前学习科学,35岁前学习哲学,参加社会事务15年,50岁时成为社会统治者。

在柏拉图的心目中,最好的政体是贵族政体。他提倡的并不是世袭的贵族政体,也不是君主政体,而是一种实行选贤任能的贵族政体——即由国中最优秀、最聪明的人来统治。这样的人并不是通过公民投票来选举,而是通过选拔任命产生的,而最好的管理者就是"哲学王"。

此时的柏拉图认为,哲学家的决策比法律更高明,有"贤人而无需法律",到了后来,他开始修正自己的这种想法,在坚持哲学家是国王的前提下,柏拉图也承认了法律的作用,主张人治与法治相结合,甚至认为"无法之国家必覆灭。"可以说是一个不小的进步。

学说发起人	学说发起时间	推荐理由
亚里士多德	公元前335年	亚里士多德生活于希腊城邦奴隶制逐步从危机走向解体的时期，他吸收了前人的思想成果，批判地形成了自己一套独特的哲学体系。

集古代欧洲文明之大成的亚里士多德思想体系

背景搜索

亚里士多德（公元前384年至公元前322年），出身于一个宫廷医生家庭，与王室关系密切。十七岁时，亚里士多德来到雅典，跟随柏拉图学习达二十年之久，随后到各地游历讲学，一度担任马其顿王太子亚里山大的教师。公元前335年，亚里士多德在雅典创办了一所学校，从事教学活动十几年。他常常在林荫道上一边散步一边给随行的学生们授课，以至于被称作"逍遥学派"。

学说内容

亚里士多德是欧洲第一个百科全书式的学者，他的研究领域十分广泛，涉及物理学、天文学、生物学、心理学、哲学、逻辑学、伦理学、政治学、美学等各个方面。他的著作众多，流传下来的有六大类：第一类是逻辑学著作，史称《工具论》。第二类是自然科学著作，有《物理学》、《论天》、《论产生和毁灭》、《气象学》、《动物志》、《动物分类学》、《动物的起源》等。第三类是心理学著作，有《论灵魂》和《自然短论》。第四类是哲学著作，后人将他在不同时期的演讲汇编成书，共十四卷，并命名为《形而上学》（也称《物理学后篇》）。第五类是政治、伦理学方面的著作，有《尼各马可伦理学》（十卷，亚里士多德死后由他儿子编辑而成）、《犹德穆伦理学》、《大伦理学》、《政治学》、《雅典政制》。第六类是文学理论著作，有《修辞学》、《诗论》等。

亚里士多德从中等奴隶主的利益出发，在概括当时自然科学成果的基础之上，既批判继承了德谟克利特的唯物主义，也批判地吸取了柏拉图的唯心主义，并对之前的哲学思想进行了系统总结，创立了内容丰富、独树一帜的哲学体系。

一、第一哲学

亚里士多德认为，第一哲学专门研究存在本身以及它本身所具有的各种属性，也就是说，哲学研究客观自然界中一切事物的产生、灭亡、运动、变化的最根本和最原始的原因，他称之为"第一因"。第一哲学包含了关于实体的学说、四因说、形式质料说以及潜能和现实的学说。

亚里士多德认为，实体是一切东西的主体或基础，也就是说，实体的首要特征在于它是独立存在的，不依赖于任何其他东西。从逻辑关系上说，实体是主词，别的范畴概念都是宾词，实体在任何意义上都是第一的。

在早期的《范畴篇》中，亚里士多德区分了第一实体和第二实体。第一实体指客观存在的个别事物，即某一个体；第二实体指这种个别事物所属于的种或者属。亚里士多德对这两种实体进行了比较和分析，他说，一切实体都有一个共同的性质，即它们都不能存在于一个主体里面。但相对而言，第一实体是最为真实存在的东西，第二实体的实体性不如个别事物，因为它们可以被用来表达个体，成为判断的宾词。

亚里士多德批判了柏拉图的理念论，认为要说明事物的存在，必须在现实事物之内寻找原因。质料因、形式因、动力因、目的因，这是事物产生、变化、发展的四个基本原因。归根结底，四因最后又可以归结为质料因和形式因，因为事物变化的动力在于它们追求一定的目的，而这个目的就是要获得确定的形式，所以动力因和目的因最终也是形式因。亚里士多德认为，形式和质料不能分离，两者的区别只是相对的。

他又指出，形式和质料的关系又可以看成是潜能与现实的关系。质料形式化，就是从潜在的东西发展成为现实的东西的过程，质料是变化的起点，形式是变化的终点。从潜能成为现实，就是事物的完成，或是达到了它自身的目的。他把潜能到现实的过渡称为运动，认为事物的生成变化不是从无到有，而是从潜在到实在的过程。

亚里士多德认为，潜能和现实很好地解决了自古以来关于运动变化问题的争论。亚里士多德关于第一推动者的学说对中世纪和欧洲文艺复兴产生了很大的影响。

亚里士多德接受马其顿国王腓力二世的邀请，担任了亚历山大王子的老师。这是他在给亚历山大讲课。

二、自然哲学

亚里士多德关于自然哲学的一个根本观点是目的论，即认为整个世界就是一场质料趋向形式的运动，由于形式包含目的，所以自然界的每一个体都包含目的，世界就是一种趋向目的的运动过程。

他认为物体永远处在运动变化之中。运动分为四类：本质上的运动、数量上的运动、性质上的运动和位置上的运动，其中，位置运动最为重要。

亚里士多德还把宇宙分成地球和天体两大部分，它们分别由不同质料组成。地球上的东西由土、水、火、气四种基本元素按照不同的比例构成，每种元素都有两种基本特性，例如：土，冷而干；水，冷而湿；气，热而湿；火，热而干。

亚里士多德还认为，宇宙是一个有着共同中心的天体的体系，地球是宇宙的中心，其他天体依次排列于地球的外层，月亮离地球最近，然后是太阳、金星、水星、火星、木星、土星，最外面是恒星，它们组成了一个以地球为中心的同心球层。亚里士多德地心说后来被托勒密接受并进一步系统化，成为基督教认可的正统学说，统治科学领域达千年之久，直到文艺复兴时期才被哥白尼的日心说推翻。

亚里士多德在生物学领域也有独特的贡献。他观察了五百多种动物的生活情况，首次做了动物分类的尝试，他还解剖过几十种动物，研究它们的生理结构。亚里士多德否认生物的进化，认为物种是不变的——这些观点曾经长期窒息了科学的发展。

三、逻辑学和认识论

亚里士多德认为，逻辑是获取真正可靠的知识的方法和工具，在此意义上，逻辑可以说是哲学的导论。西方哲学史历来认为逻辑与哲学是同一的，而其雏形的开创者正是亚里士多德。

亚里士多德对形式逻辑做了系统研究，他确定了形式逻辑的基本内容、范围和原则，使之系统地成为一门科学，所以，亚里士多德被誉为"形式逻辑之父"。他提出了形式逻辑的三大规律，即同一律、矛盾律和排中律。具体地说，同一律指思想的内容必须确定，矛盾律指思想内容不能自相矛盾，排中律则是指思想不能模棱两可。

亚里士多德的认识论与他的第一哲学、自然哲学关系密切。他肯定认识的对象是客观世界的事物，这些客观存在的事物是认识的源泉。

亚里士多德还把知识分成不同的等级：首先是纯技术的知识，只有实用价值；然后是理论知识，具有理论价值；最高级的知识是哲学，哲学的目的不是求实用，而是为了求知而求知。只有哲学才是自由自主的科学，它只倚靠能动的理性和纯粹的思维，哲学知识是最高尚和最神圣的知识。

四、政治伦理观

亚里士多德创立了较为系统的社会政治学说。他强调人的社会性，认为人作为政治动物是不能单独存在的，人总是处在一定的家庭、部落、国家之中，社会生活是人类生存的目的。亚里士多德重视国家的作用，拥护奴隶社会的等级制度，认为人生来就是不平等的，有些人生来注定要服从，有些人则注定成为统治者。

在伦理学方面，亚里士多德认为人们的一切行为都是为了追求一个目的，即善和至善。善也就是美德，所以美德就是人生目的的实现。他把人分成政治动物和理性动物，作为政治动物的人，美德就是行德；作为理性动物的人，美德就是知德。

学说发起人	学说发起时间	推荐理由
韩非子	始于春秋战国末期	早期法家人才辈出，而集大成者，非韩非子莫属，韩非子的法家学说构成了法家思想的核心。

以"以法治国"为主要特色的韩非子法家学说

背景搜索

韩非（约公元前280年至公元前233年），是中国战国末期的思想家、哲学家，法家学派的主要代表人物，法家思想的集大成者。他出身于韩国贵族，是荀况的学生。他曾建议韩国变法，不为韩王采纳，后为秦王政重视，被邀赴秦，不久因李斯等人陷害，被治罪下狱，毒杀于狱中。

学说内容

一、早期法家的积淀

法家的法的定义即借用商品等价交换的术语，例如慎到说："有权衡者不可欺以轻重，有尺寸者不可差以长短，有法度者不可巧以诈伪。"由此看来，法的平均观念是商品等价交换关系在权利义务关系上的反映。

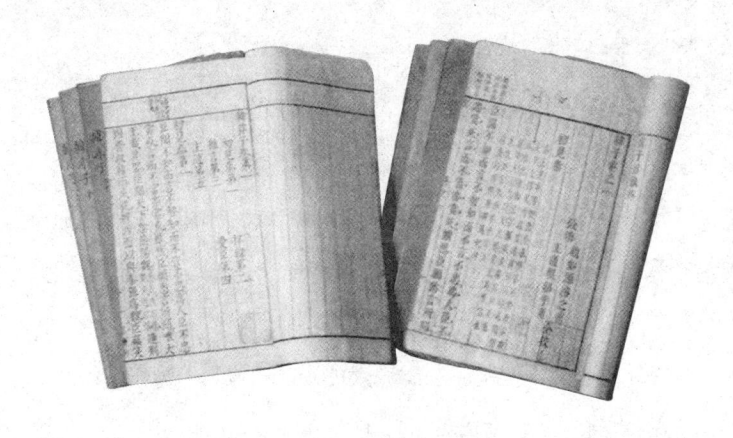

《韩非子》是韩非法家思想的集中体现，也是法家学派的思想结晶。图为《韩非子》书影。

早期法家的代表人物主要有李悝、吴起、商鞅、申不害和慎到，其中对韩非子影响最深的是商鞅、申不害和慎到。

商鞅的政策主要有：提倡农耕，奖励军功，明确封建尊卑等级观念，废除原有奴隶主阶层的特权，积极开拓边疆等等。这些政策表现出奴隶社会的发展，同时也显露出封建所有制的萌芽。

申不害因为"术"不离"势"，故荀子批评他说："申子蔽于势而不知知（智）。""刑赏必于民心，赏存乎慎法，而罚加乎奸令者也，此人臣之所师也。君无术则蔽于上，臣无法则乱于下，此不可一无，皆帝王之具也。"

慎到主张"定赏分财必由法"，即以法定"分"，而承认私有财产权。

总而言之，早期法家的思想有以下几个共同点：

首先，特别强调法的作用。他们认为必须以法治国，并努力付诸于实践，积极领导变法，以便使法与时代的需要相结合。

其次，法家主张在执法上必须赏罚分明，不得徇私，甚至主张苛刑峻法。

第三，法家倡导耕战。他们认为，若要富国强兵，就必须奖励耕战。

法家强化专制独裁的君主统治，把中央集权专制主义思想推到了顶峰。实现中央集权的君主专制国家，也可以说是法家思想的最高宗旨。

二、统一"法"、"术"、"势"，集法家之大成

韩非子的基本思想是：用暴力手段实现新兴地主阶级统治者的意志；对内实行暴力镇压，发展经济和军事实力；对外进行武力兼并，借以巩固和扩大封建统治，乃至统一天下；

用严厉的现实主义眼光观察一切，不择手段地谋取封建统治者的最大权力。

韩非子注意吸取法家不同学派的长处，提出了"法"、"术"、"势"相结合的法治理论。他认为"法"是根本，即新兴地主阶级的政策，法令是社会的准则，要大张旗鼓地宣传，使之深入人心。"术"是政治斗争的策略手段，包括按照人的才能来派定官职，对群臣暗中考察。"势"是指君王的地位和权力。韩非子认为只有将这三者结合起来，才能建立起中央集权的封建国家。

韩非子"法"、"术"、"势"相结合的理论，达到了先秦法家理论的最高峰，为秦统一六国提供了理论武器，同时也为以后的封建专制制度提供了理论根据。

三、《韩非子》的理论渊源

韩非子的思想不仅源于法家，而且源于墨子、老子与荀子的思想。源于老子者，主要是自然天道观和先王的否定论。在韩非子那里，老子的"无为而治"，转而成为"中主守法而治"；老子的"去私抱朴"，转而成为"去私""抱法"；老子的非仁义的思想，转而成为"言先王之仁义无益于治，明吾法度，必吾赏罚"；老子的对立物同一的观念，转而成为"执一以静"。总之，老子玄学的方法论，韩非子都倒转来用在明功求利的耕战方面。最妙的是，他把老子所谓"国之利器不可以示人"，转用之以颂扬利器，所谓"势重者，人主之渊也"，"权势不可以借人"（《内储说》）。

韩非子的思想源于墨子者，不仅在于名理之承继（如墨子名理之法仪与法家法度之法术，就有类似点），更重要的是，韩非子接受了墨家所具有的贵族的阶级意识。墨子"兴利除害"与"富国利民"的学说，其中心论点在于非命强力，贵贱无常。然而墨子对此只是教义的宣传，而到了法家手里便发展成为实际运用的政策，例如韩非子说："力多则人朝，力寡则朝于人，故明君务力。"（《显学》）

韩非子的思想源于荀子者，不仅在于韩非子是他的直接弟子，而且更在于荀子的唯物论思想影响了韩非子。韩非子归本黄、老而超出老、庄，实非偶然。

韩非子所谓的"无参验而必之者愚也，弗能必而据之者诬也"，显然是继承了荀子学说的传统，但韩非子也倒过来反讲"先王不羞贫贱，不左亲族，贵在明法，借以为'重言'"（庄子语）。

其次，荀子的性恶论和积习说已与功利主义相接近，韩非子狭隘的功利思想正是对荀子传统观念的发展。

学说发起人	学说发起时间	推荐理由
董仲舒	公元前134年	董仲舒的"天人感应论",对当时社会所提出的一系列哲学、政治、社会、历史问题,给予了较为系统的回答。

为君权神授奠定理论基础的"天人感应"学说

背景搜索

东周几百年,礼崩乐坏,周天子的权力日渐衰落,诸侯趁机逐鹿中原,上演了一场血雨腥风、云谲波诡的政治游戏。到了西汉中期,战乱频仍的诸侯王国割据局面基本结束,生产得到了恢复与发展,中央集权得到了巩固与加强,出现了经济繁荣和政治大一统的局面。为了适应统一的中央集权的需要,董仲舒的神学唯心哲学思想也就应运而生了,主要反映在他所著的《春秋繁露》中。

董仲舒,广川(今河北枣强县广川镇)人,约生于汉文帝前元元年(公元前179年),约卒于汉武帝太初元年(公元前104年)。董仲舒是西汉著名的儒家学者、哲学家、经学家、"春秋公羊学"大师,也是汉代著名的思想家和政治家。景帝时任博士,讲授《公羊春秋》。汉武帝元光元年(公元前134年),董仲舒在著名的《举贤良对策》中,提出了他哲学体系的基本要点,并建议"罢黜百家,独尊儒术",为汉武帝所采纳。其后,他任江都易王刘非的国相十年;元朔四年(公元前125年),又改任胶西王刘端的国相,四年后辞职回家。此后,董仲舒居家著书，朝廷每有大议，均令使者及廷尉就其家而问之，可见，他仍受武帝尊重。

董仲舒潜心钻研《公羊春秋》，学识渊博，故时人称其为"汉代孔子"，《春秋繁露》也是一部推崇公羊学的著作。

学说内容

中国古代哲学认为，人的活动会从"天"得到某些反映，这种神秘的学说被称之为"天人感应论"，它的理论基础是"天人合一"。

在董仲舒的哲学体系中，"天"是最高的哲学概念，主要指神灵之天，是有意志和知觉、能够主宰人世命运的人格神。董仲舒把道德属性赋予天，使其神秘化、伦理化，使自然现象成为了神有意识、有目的的活动，甚至日月星辰、雨露风霜也成了天的情感和意识的体现。同时，董仲舒吸收阴阳五行的思想，建立了一个以阴阳五行为基础的宇宙图式。他认为阴阳四时、五行变化都是由气分化产生的，天的雷、电、风、霹、雨、露、霜、雪的变化，都是阴阳二气相互作用的结果。董仲舒又把天体运行说成是一种道德意识和目的的体现，认为天任阳、不任阴，好德不好刑。

一、人性论

根据天人感应论，《春秋繁露》提出了先验主义的人性论、性三品说。董仲舒认为人是宇宙的缩影，是天的副本；认为人是宇宙的中心，天按照自己的意志创造人，人的性情禀受于天。他说："天两，有阴阳之施，身亦两，有贪仁之性。"他还指出，人与禽兽不同，具有先天的善质，但这种善质是潜在的，要经过教育才能转化为人道之善。

董仲舒把人性分为三个品级：圣人之性，中民之性，斗筲之性。圣人之性为纯粹的仁和善，圣人不用教化，是可以教化万民的。斗筲之性是只有贪和恶的广大劳动人民，这些人即使经过圣人的教化也不会成为性善者，对他们只能加以严格防范。中民之性具有善的素质，经过君主的教化

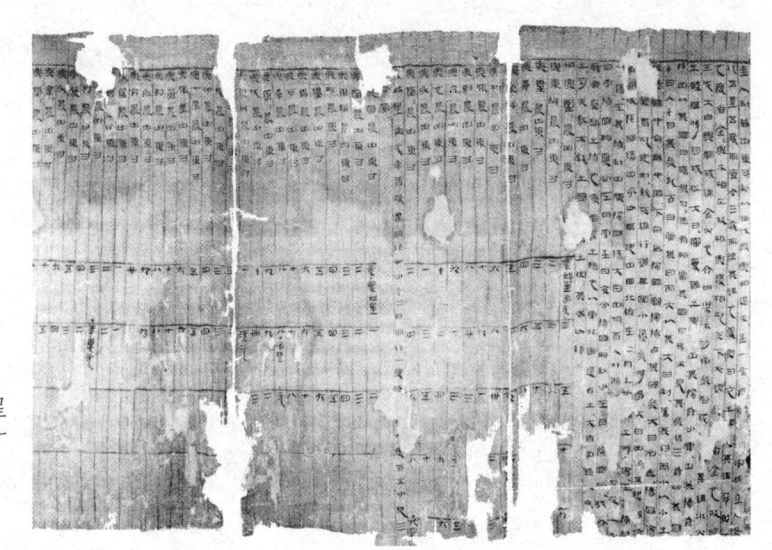

此为西汉初年的《五星占》帛书，共有一百四十六行，约八千字。

便可以达到善。这三个品级的人性，都是天所赋予的。这一套性三品的人性论，是孔子"惟上智与下愚不移"（《论语·阳货》）人性论的发展。

二、历史观和社会政治思想

董仲舒认为，历史是按照赤黑白三统不断循环的。每一新王受命，必须根据赤黑白三统，改正朔，易服色，这叫新王必改制，但是"大纲人伦，道理、政治、教化、习俗、文义尽如故"，即封建社会的根本原则是不能改变的。"王者有改制之名，无易道之实"反映了董仲舒"天不变、道亦不变"的形而上学思想。所谓"道"，是根据天意建立起来的统治制度和方法，《春秋繁露》用形而上学的观点加以分析判断，认为这个道是永恒的、绝对的。所以，"三统"、"三正"也是董仲舒借天意之名宣扬"天不变、道亦不变"的理论武器，目的是长期维护封建统治。董仲舒"天不变、道亦不变"的历史观，以后成为封建社会纲常名教万古不灭的僵死教条。

三、封建伦理道德观

董仲舒对先秦儒家伦理思想进行了理论概括和神学改造，形成了一套以"三纲"、"五常"为核心，以天人感应和阴阳五行说为理论基础的系统化、理论化的伦理思想体系。《春秋繁露》大力宣扬"三纲"、"五常"的封建道德观，是在为封建等级制度和伦常关系的合法性制造舆论。"三纲"以君为臣纲为主，父为子纲、夫为妻纲是从属于君为臣纲的，最根本的是要维护君权的统治，维护"君权神授"。

董仲舒在答汉武帝的策问时曾提出"仁义礼智信"五常之道，在《春秋繁露》中又进行了详尽的论证："仁者，爱人之名也。""立义以明尊卑之分。""礼者……序尊卑贵贱大小之位，而差内外、远近、新旧之级者也。""不智而辨慧狷给，则迷而乘良马也。"（《必仁且智》）"竭愚写情，不饰其过，所以为信也。"

"三纲五常"的伦理观是汉王朝封建大一统政治的需要，也是中央专制集权制的反映，它在当时维护国家统一和封建制度方面，起过积极的作用。但随着整个地主阶级的历史地位日益向保守、反动转化，它便成了麻痹和奴役劳动人民的精神枷锁。由于它高度集中地反映了整个地主阶级的根本利益，所以深受统治阶级垂青，成了延续几千年的封建社会的道德伦理规范，影响不可谓不深远。

刻在石头上汉画像《苍龙星座图》拓片。

董仲舒的"三纲五常"说对后世有极其巨大且有害的影响，但是还有很多正面的作用值得称道：他的"天人感应"理论，固然有宣扬"君权"的一面，但还有限制君主滥用权力的一面。董仲舒还借"奉天法古"、革除秦朝弊政为理由，提出了一系列在当时条件下值得肯定的主张，如：限制土地兼并，取消盐铁官营，解放奴婢，"薄赋敛，省徭役，以宽民力"等等。作为一名立志革除弊政的政治家，董仲舒无疑是很有建树的。

学说发起人	学说发起时间	推荐理由
王充	东汉	《论衡》一书是王充朴素唯物学说的代表作，它针对东汉时期儒术和神秘主义的谶纬说进行了批判，是古代一部不朽的唯物主义哲学文献。

挑战神学权威的王充朴素唯物学说

背景搜索

两汉时代，儒家思想在意识形态领域里占支配地位，但与春秋战国时期所不同的是，儒家学说被披上了神秘主义的色彩，掺进了谶纬学说，使儒学变成了"儒术"，而其集大成者并作为"国宪"和经典的，是皇帝钦定的《白虎通义》。东汉前期思想界的荒诞迷信，较西汉后期更为严重。不但有经术家专谈天人感应、阴阳灾异，而且由于光武帝的倡导，专门伪造神秘预言的图谶之学也特别风行。中国文化中原有的理性精神，几乎完全窒息了。

王充（约公元27年至公元97年），字仲任，会稽上虞（今属浙江）人。王充自幼聪明好学，青年时期曾到京师洛阳人太学，拜班彪为师。"家贫无书，常游洛阳市肆，阅所卖书，一见辄能诵忆，逐博通众流百家之言"。王充一生在政治上很不得志，只做过郡县的属吏，又与上司同侪不合。由于他嫉恨俗恶的社会风气，每次进仕都为期极短。王充家境贫寒，甚至"贫无供养"，但是他毕生都埋头于著书立说，居贫贱而不移。他一生撰写了《论衡》、《讥俗节蚁》、《政务》和《养性》四部著作，其中《论衡》一书流传至今，全书85篇，现今实存84篇。

◀ 东汉时期达官贵人使用过的碧玉璧。

因为《论衡》一书"诋訾孔子","厚辱其先",反叛于汉代的儒家正统思想,故遭到当时以及后来的历代封建统治阶级的冷遇、攻击和禁锢,将它视之为"异书"。

学说内容

《论衡》写作于明帝永平末至章帝建初末的十余年间。正是在章帝年间,皇帝亲临白虎观,大会经师,钦定经义,并命班固把会议的内容编纂成《白虎通义》,郑重其事地把一套谶纬迷信和天人感应的学说制定为"国宪",也就是宗教化了的国家意识形态。其核心是"天人感应"说,由此生发出对其他一切事物的神秘主义的解释和看法。"天人感应"的要旨就是"天帝"有意识地创造了人,为人降下"五谷万物",并有意识地生下帝王来统治万民,立下统治的"秩序"。

一、《论衡》的宇宙观

《论衡》一书从宇宙观上反对这种见解,并针锋相对地提出:天地万物(包括人在内)都由"气"构成,"气"是一种统一的物质元素。"气"有"阴气"和"阳气",有有形和无形,人、物的生都是"元气"的凝结,死灭则复归元气,这是个自然发生的过程。由"气"这个物质性的元素出发,《论衡》指出:"天乃玉石之类"的物质的东西,万物的生长是"自然之化"。天地、万物和人都是由同一的充塞于宇宙中的"气"形成,而且是在运动的过程中形成的,所以,"外若有为,内实自然"。而人与天地、万物不同的是"知饥知寒","见五谷可食,取而食之;见丝麻可衣,取而衣之"。所以,人和五谷不是上天有意创造出来的,而是"气"的"自然之化"。

《论衡》一书首先从宇宙观上否定了"天人感应"的"天",还原了世界的物质性面貌。不过,《论衡》中所描述的宇宙观是一种自然主义的宇宙观:"天地合气,物偶自生也","及其成与不熟,偶自然也"(《论衡·物势》)。所以,这种宇宙观认为人虽然能利用自然,辅助"自然之化",但终究不得不听命于自然力的支配。这是古代唯物主义的最大缺陷。

"天人感应"的"天"既造出了人,那么第二点就要降下帝王来统治人,因此就要把君权神化。他们提出了一种"符瑞"说,即把一些想象的和自然的事物,如龙、麒麟、凤凰、雨露、嘉禾、芝草等等,称之为帝王的"受命之符"。如:夏的祖先是其母吃了一种叫做"薏苡"的草生下的,汉高帝刘邦是其母在野地里和龙交合而生,东汉光武帝刘秀生而室内有光等等。《论衡》中针对这种荒唐之言指出:"薏苡"根本不能生人,龙与人也不是同类,"不相与合者,异类故也"。"天地之间,异类之物相与交接,未之有也","何则?异类殊性,情欲不相得也"(《论衡·奇怪》)。所以,要同类的东西才能交合。人都是由父

图为战国时期的《人物御龙图》。

母生的,帝王亦不例外,所谓"圣人更禀气于天"乃是"虚妄之言",不足相信。既然天、人、物三者不是同类,不能相合,那么与"符瑞"也就毫不相干了。

《论衡》书中关于物种交合和生产的说法虽然谈不上是科学的知识,只是一种直观的自然描述,但这种直观的观察是很真切的。而且,这种见解需要极大的理论胆识,因为他把帝王赤裸裸地搬到了地上,这是"非圣无法"、"诽谤圣朝"之罪,是要遭杀身灭门之祸的。所以,王充及其《论衡》一书的伟大之处也在这里。

二、《论衡》的社会历史观

汉儒的"天人感应"说,在社会历史观上就是"天人合一"的"道统"观。如果统治者取得了这个"道统",即奉天受命,并有足够的"德教"力量维护这个"道统",社会就会太平;如果统治者没有足够的"德教"力量维护这个"道统",社会就会变乱,新的统治者就会取而代之,并把这个"道统"重新延续下去。这样,"天不变、道亦不变"的社会观和"一治一乱"的历史循环论便独特地结合到了一起。这种社会历史观的实质就在于"同姓不再王",世界上没有万世一系的帝王,但统治阶级对万民的统治却是万古不变的。《论衡》对这种社会历史观持批判的态度。它认为社会治乱的原因寓于其本身之中,而不在于"人君"的"德"、"道";相反,"人君"的贤与不贤是由社会历史所决定的。"世之治乱,在时不在政;国之安危,在数不在教。贤不贤之君,明不明之政,无能损益"(《论衡·治期》)。而自古而然的"一治一乱"同样是自然的现象,不是取决于"上天"或人的意志。

图为汉画像石《龙虎斗》。

《论衡》一书是从自然主义的唯物论出发来论述社会历史发展的,从其承认客观物质的力量来说明社会历史是个不依人的意志为转移的客观发展过程,否定"天"和"人君"是历史发展的力量,否定"德"和"道"及"天不变、道亦不变",从这方面来说是正确的;但其把社会历史的发展过程归结到"时"和"数"上,认为是一种盲目的自然力量在起作用,否定了一定社会阶级、集团和个人在社会历史发展过程中的作用,这显然是不正确的。所以,《论衡》中的社会历史论述是带有唯物主义因素的自然宿命论的社会历史观。

学说发起人	学说发起时间	推荐理由
托勒密	公元2世纪	托勒密利用前人积累和他自己长期观测得到的数据，出版了《天文学大成》等著作，提出了"地心说"，被基督教神学长期利用，直到哥白尼的日心体系说发表才被推翻。

影响欧洲一千多年的托勒密"地心说"

搜索背景

地心说是长期盛行于古代欧洲的宇宙学说。它最初由古希腊哲学家亚里士多德提出，后经天文学家托勒密进一步发展而逐渐建立和完善起来。

克罗狄斯·托勒密（Claudius Ptolemaeus，约公元90年至公元168年），古希腊天文、地理、地图、数学家。生于埃及，父母都是希腊人。有关他的生平，史书上很少有记载。

公元127年，年轻的托勒密被送到亚历山大城去求学。在那里，他阅读了不少的书籍，并且学会了天文测量和大地测量。他曾长期住在亚历山大城，直到公元151年，是当时那里最重要的人物之一，也是影响人类达一千余年之久的"地心说"理论的集大成者和代表者。

学说内容

托勒密于公元2世纪，提出了自己的宇宙结构学说，即"地心说"。主张地球处于宇宙中心，且静止不动，日、月、行星和恒星均环绕地球运行。

托勒密"地心说"宇宙体系图。

一、上通天文、下通地理的托勒密

除了在天文学方面的造诣，托勒密在地理学上也取得了出色的成就。他认为，地理学的研究对象应为整个地球，主要研究其形状、大小、经纬度的测定以及地图投影的方法等。他制造了测量经纬度用的类似浑天仪的仪器（星盘）和后来驰名欧洲的角距测量仪。通过系统的天文观测，托勒密编出了一千多颗恒星的位置表。

托勒密有《地理学》著作八卷，其中六卷都是用经纬度标明的地点位置表。他的多数地点位置好像都是根据他的本初子午线和用弧度来表现的平纬圈之间的距离来计算的，因为他的经度没有一个是从天文学上测定的，只有少数纬度是这样测定的。

托勒密的主要著作在希腊被称为《大综合论》，阿拉伯人把它取名为《天文学大成》。

《天文学大成》共计十三卷，概括了希腊时代天文学的全部成就，尤其是总结了亚历山大学派天文学家的成就，以及天文学家伊巴谷的发现和阿波罗尼等几何学家的理论体系，是一部古代天文学的百科全书。

《天文学大成》第一卷介绍了托勒密对宇宙结构的基本观点，论述了地球为球形的证据。

第二卷介绍了一些基本定义和初等理论。第三卷讨论了太阳的不规则运动和年的长度。第四卷讨论了月亮运动的理论及他自己的重要发现。第五卷讨论了天文仪器，包括视差测定规、天球仪、象限仪、水时计等等，并且介绍了推算日月距离的方法。第六卷讨论了日、月食计算方法。第七、八卷介绍了1080颗恒星的星表。第九卷至结束介绍了行星运动的理论。

《天文学大成》用了近八十个圆周来解释天体运动，把宇宙体系制成了一幅合乎逻辑的完善的数学图解。他对一些天文现象也做出了解释，能够反映一定的天体运行状况。但是他把地球设想为宇宙的中心，则从根本上歪曲了天体运动的本来面貌，他的理论被后世证明是错误的。然而，无论这个体系存在着怎样的缺点，它还是流行了1300年之久，直到15世纪才被哥白尼推翻。

二、托勒密的宇宙地心体系

托勒密认为，地球处于宇宙中心静止不动。从地球向外，依次有月球、水星、金星、太阳、火星、木星和土星，在各自的圆轨道上绕地球运转。其中，行星的运动要比太阳、月球复杂些：行星在本轮上运动，而本轮又沿均轮绕地运行，在太阳、月球、行星之外，是镶嵌着所有恒星的天球——恒星天，再外面，是推动天体运动的原动天。

地心说最重要的成就是运用数学计算行星的运行，托勒密还第一次提出了"运行轨道"的概念，设计了一个本轮－均轮模型。按照这个模型，人们能够对行星的运动进行定量计算，推测行星所在的位置，这是一个了不起的创造。在一定时期里，依据这个模型可以在一定程度上正确地预测天象，在生产实践中起过一定的作用，并取得了航海上的实用价值，从而被人们广为信奉。

地心说的本轮－均轮模型，毕竟是托勒密根据有限的观测资料拼凑出来的，他是通过人为地规定本轮、均轮的大小及行星运行速度，才使这个模型和实测结果取得一致的。但是，到了中世纪后期，随着观测仪器的不断改进，行星位置和运动的测量越来越精确，观测到的行星实际位置同这个模型计算结果的偏差，就逐渐显露出来了。

但是，信奉地心说的人们并没有认识到这是由于地心说本身的错误造成的，却用增加本轮的办法来补救地心说。起初这种办法还能勉强应付，后来小本轮增加到八十多个，却仍不能满意地计算出行星的准确位置。这不能不使人怀疑地心说的正确性了。到了15世纪，哥白尼在持日心地动观的古希腊先辈和同时代学者的基础上，终于创立了"日心说"。从此，地心说便逐渐被淘汰了。

学说发起人	学说发起时间	推荐理由
范缜	南朝齐梁	《神灭论》的基本思想主要体现在"形神相即"、"形质神用"。范缜关于"形质神用"的一元论体系，是中国古代哲学发展史上一个重要的里程碑。

摧毁"神不灭"论的范缜无神论学说

背景搜索

南北朝时期，南北对立，战争不断，南朝内部赋税、徭役、兵役的加重，官吏的贪污腐化，自然灾害的不断发生，使得人民与统治阶级之间的矛盾日益加剧。这个时期，佛教逐渐盛行开来。

佛教的"神不灭"唯心主义哲学思想，遭到了当时以"神灭论"为代表的唯物主义者的反对。其中最著名的唯物主义代表，也是处在最风口浪尖上的人物是范缜。

范缜（公元450年至公元515年），字子真，南阳舞阴（今河南泌阳）人，历宋、齐、梁三朝，是著名的思想家、无神论者。

范缜自幼饱读诗书，平时穿着朴素，性情刚直，不畏权贵，好发危言高论，先后在齐、梁两朝做官，任尚书中郎、尚书左丞等官。他发展了魏晋以来的无神论思想，对唯心主义哲学思想进行了尖锐的斗争。《神灭论》一书，即是范缜对唯心主义进行尖锐斗争的产物。

学说内容

为了进一步展开论战,范缜以问答的形式写成了《神灭论》,阐明他的观点。《南史·范缜传》有记载:此论一出,朝野震动,萧子良急忙召集名僧和名士王琰等诘难之,但是都无法难倒范缜。于是萧子良心生一计,以中书郎为诱饵,派王融去劝说范缜放弃神灭论,范缜大笑道:"使范缜卖论取官,已至令、仆矣,何但中书郎邪!"这体现了他坚持真理的高尚品德,为了维护他的唯物主义观点,范缜进行了不屈的斗争。

一、"形神相即","形质神用"

《神灭论》的基本思想主要体现在"形神相即"、"形质神用"。

首先在形神关系的问题上,范缜抓住了"即"与"异"的对立。"异"是指"分离",佛教徒讲"形神相异"、"形神非一",称人的灵魂可以脱离形体而独立存在,人死以后形亡而"神游",精神(魂魄)跑到佛国或依附于别的形体,灵魂、精神就成为三世轮回的主体、因果报应的对象。所以,强调形神分离,是佛教徒论证"神不灭"的主要根据。对此,范缜提出了"形神相即",他说:"神即形也,形即神

◀ 明代张灵绘《招仙图卷》。

也。是以形存则神存，形谢则神灭也"。"即"，义谓"接近"，哲学上则有"结合"、"涵蕴"、"渗透"等含意。"形神相即"，就强调了精神与形体不可分离，所谓"形神不二"，形神"名殊而体一"，范缜把形神看成同一实体的两个方面。同时范缜又断言"形存则神存，形谢则神灭"，肯定了精神必依附于形体而存在，随形体灭亡而灭亡，较彻底地克服了形神平行、形神二元的缺陷，坚持了唯物主义的形神一元论。

其次，范缜提出了"形质神用"的命题，用"质用统一"的观点说明形神一元论，进一步深化了对形神关系的考察。范缜认为"形者神之质，神者形之用。是则形称其质，神言其用，形之与神，不得相异也"。这就肯定了形体是物质性的实体，神是由形体派生的作用，认为神之作用是依存于物质性的形体才能发挥出来的。他还用刀刃与锋利的关系阐发"形质神用"的命题。他认为神用之对于形质，犹如锋利之对于刀刃；锋利依附于刀刃而存在，两者异名而体一；同样，神用离不开行质，精神只能依存于形体，而形亡必然神灭。

二、"神不灭论"和"神灭论"的精彩论战

当时论敌提出：木与人既都是质，但是木之质无知也，人之质有知也。人既有如木之质，而有异木之知，岂非木有其一，人有其二邪？活人和死人都有形骸，岂不是死人与活人都有知？也就是说精神可以离开形体而单独存在。范缜解释说：人与木、生人与死人虽然都是质体，但是两者的本质属性不同，觉是人与生人的属性，无知是木和死人的属性，两者不能相提并论。

论敌又提出：既然生人之形有知，那么，"死者之形骸，非生者之形骸邪"？如此，死人也应有知，有灵魂。范缜辩解说："生形之非死形，死形之非生形。区已革矣，安有生人

图为南朝的迦陵频伽画像砖，为泥质青灰色。

北魏莫高窟壁画《释迦像》。

之形骸,而有死人之骨骼哉?"有如"荣木变枯木,枯木之质,宁是荣木之体"?即是说,由生人变死人,荣木变枯木,是一种质变,不能等同。"若枯即是荣,荣即是枯,应荣时凋零,枯时结实也。又荣木不应变为枯木,以荣即枯,无所复变也,荣枯是一,何不先枯后荣?要先荣后枯,何也?""生灭之体,要有其次故也。夫欻而生者必欻而灭,渐而生者必渐而灭。欻而生者,飘骤是也;渐而生者,动植是也。有欻有渐,物之理也。"就是说,人由生到死,树由荣变枯,是自然变化的规律,生与死,荣与枯,两者既不同质,也不能反变和循环。这些有关物质的属性和事物发展规律的解释,进一步发展了当时的唯物主义基本原理。

在"知"(感性)与"虑"(理性)的认识上,论敌们问道:"形即是神者,手等亦是神邪?"范答:"皆是神之分也。"又问:"若皆是神之分,神既虑,手等亦应虑也?"范答:"手等亦应能有痛痒之知,而无是非之虑。""浅则为知,深则为虑。"即是说,认识分为知、虑两个阶段,手等只有痛痒之知,而无是非之虑。他认为"是非之虑,心器所主",而"五脏各有所司,无有能虑者"。由此可见,他发展了认识论。只是由于当时的科学不发达,他把人类思维的器官错误地以为是心。

范缜在《神灭论》最后指责"浮屠害政,桑门蠹俗,风惊雾起,驰荡不休"。由于迷信佛教,"惑以茫昧之言,惧以阿鼻之苦,诱以虚诞之辞,欣以兜率之乐"之故,"家家弃其亲爱,人人绝其嗣续。致使兵挫于行间,吏空于官府,粟罄于惰游,货殚于泥木……惟此之故,其流莫已,其病无限"。

57

学说发起人	学说发起时间	推荐理由
刘勰	约公元500年左右	刘勰的《文心雕龙》是中国古代文学理论批评史上一部最杰出的经典著作。它既是一部文学理论著作,也是一部文章学著作,而且还是一部古典美学著作。

推崇自然之道的《文心雕龙》美学思想

背景搜索

刘勰(约公元465年至公元532年),字彦和,东莞莒(今山东莒县)人,世居京口(今江苏镇江)。刘勰出身贫寒,父亲早丧,一生未娶,曾在定林寺跟随僧佑十余年,博览经籍,精通佛理,曾参加整理佛经的工作,他自己的佛学著作至今尚存两篇,即《灭惑论》和《石像碑》。梁初出仕,做过南康王萧绩的记室,又任太子萧统的通事舍人,深得萧统赏识。晚年,刘勰在定林寺出家为僧,更名慧地,未及一年病故。

刘勰受儒、释、道三家思想的影响都很深,他的《灭惑论》中就清楚地表现了儒、释、道三教合一的思想,和当时梁武帝所提倡的"三教同源"思想如出一辙。《文心雕龙·序志》中说,他在三十多岁时,"梦执丹漆之礼器,随仲尼而南行,旦而寤,乃怡然而喜"。梦见一回孔夫子,便兴奋得不知如何。创作《文心雕龙》,也与他对孔夫子的崇仰有关。《文心雕龙》推崇自然之道,以自然为最高美学原则,这说明他也是深受老庄玄学思想影响的。至于佛教,他自幼和和尚住在一起,最终又决意出家,浸染自深。在《文心雕龙》

中，是以儒家思想为主的，在创作上则受老庄道家思想影响很深，而在论述方法和全书严密的逻辑体系方面则又表现了佛学思想的明显影响。

学说内容

《文心雕龙》创作于南齐之末，大约公元501年至502年间，当时刘勰年逾三十。全书分上篇及下篇两部分，共五十篇：上篇包括五篇总论和二十篇文体论，对文学的基本问题及各种不同文体的历史发展状况做了详细的论述；下篇则是有关文学创作、文学批评、文学的历史发展、作家的才能及修养等综合性理论问题的论述。

刘勰在总论五篇中，阐明了全书的理论基础。他为矫正当时的浮艳文风，大力提倡原道的文学。所谓"道"，就是先天地、日月、山川而存在的绝对观念。刘勰认为，"道"通过圣人的著作而得到阐明，并可解决问题："道沿圣以垂文，圣因文而明道。"由于圣人的作品最能够"明道"，所以他在《征圣》、《宗经》两篇中提出了文学创作应以圣人的著述为楷模的观点。

图为《文心雕龙》书影。

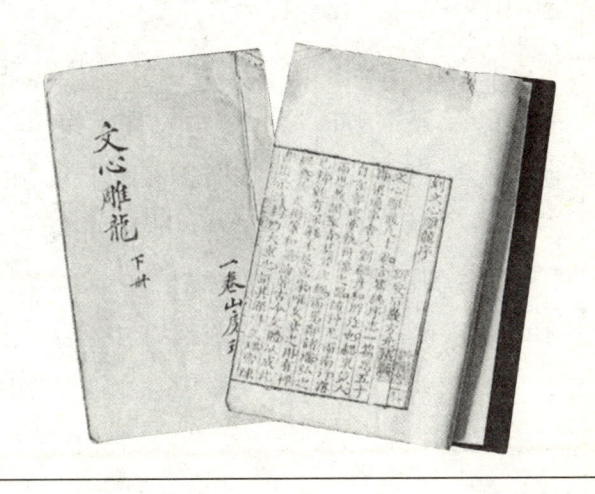

他认为，后人作品合乎"宗经"，则要符合六义："一则情深而不诡，二则风清而不杂，三则事信而不诞，四则义直而不回，五则体约而不芜，六则文丽而不淫。"故此，文章从内容到形式，都要贯彻儒家精神，意欲矫正当时文学艳侈流弊之风。

刘勰在文体论二十篇中，指出了各种体裁的特色、写作方法及其源流，并举出若干作家、作品作一扼要评价。

图为《玉台新咏》明刻本内页，作者为南朝梁后期的徐陵，他的文章文风绮艳，讲究用典，但过于堆砌，显然是《文心雕龙》所批评的文风。

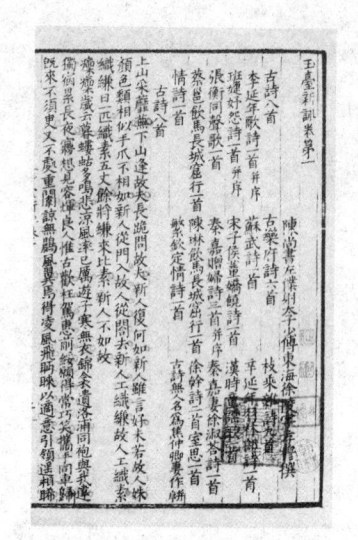

    刘勰的创作论，深受到陆机《文赋》的影响。他为了矫正当时雕琢淫滥的文风，大力提倡自然的文学。他反对用繁缛的辞藻、艰深的典故来写"论说"、"议对"这一类文体，认为"文以辨洁为能，不以繁缛为巧；事以明核为美，不以深隐为奇"。

    刘勰亦谈到很多语言技巧的问题，例如要求文章不可多用偏旁相同的字，把不必要的字句尽可能删去，文章的音节应力求和谐，主张比喻"以切至为贵"，反对空洞无物，主张"夸而有节，饰而不诬"等。总之，刘勰主张以简洁、自然的语言来表现丰富的内容。

    文学批评亦是《文心雕龙》的主要内容。刘勰在论辨文体及讨论创作的问题外，更以许多专篇来评论各家的优劣："才略"中比较了上古至刘宋作家的才华和学识；在"程器"中批评了司马相如、孙楚等人的性行，表扬了屈原、徐干等人的品德；"物色"中则批评了司马相如的作品为"丽淫"等。

    他认为文学批评家的态度要避免主观，"不偏于憎爱"，不能"贵古贱今"，不要"崇己抑人"，务先博观，提高鉴别能力。他又提出了批评的标准有"六观"之法："一观位体，二观置辞，三观通变，四观奇正，五观事义，六观宫商。"这六方面虽然更多是从形式上着眼，但是作者以为只有全面观察的形式才能深入探讨内容。

60

学说发起人	学说发起时间	推荐理由
朱熹等	南宋	宋明理学是宋明时期以研究儒学的义理为特点的义理之学，对宋代以来的中国社会产生了重大、深刻的影响。

为封建专制统治代言的宋明理学学说

搜索背景

理学的产生和形成并不是偶然的，而是有其成熟的历史条件。

首先，它是唐中叶以来复兴儒学的延续。柳宗元以"阴阳元气"为"天道"、以"仁、义"为"人道"，并由此构筑了一个以"道"为核心范畴的合天地自然、社会伦理为一体的理论体系，实开宋明理学之端绪。

其次，理学是北宋初期思想解放的产物。北宋学者大胆抛弃了汉唐学者师古泥古的学风，敢于疑经改经，由"我注六经"走向"六经注我"，注重发挥义理，并敢于发前人所未发。这种独立思考、大胆立论、讲注义理的学风，为理学的产生提供了一个相对宽松的思想环境。

第三，理学是儒、释、道三教长期论争和融合的果实。早在魏晋时，玄学已经将三教的思想进行了一次融合。唐代实行三教并存的文化政策，儒、释、道三教得以各自独立发展，并在独立发展中进一步相互争论，相互融合。在三教的争论和发展中，儒教日益处于

節廉孝忠

朱熹手书"忠孝廉节"。

劣势，明显地感受到来自佛、老二家的压力。理学的产生即是在回应佛、老挑战的同时，积极援佛入儒与援老入儒的成果。

第四，理学适应了唐末以来重建伦理纲常的需要。自汉末以来，国事纷乱，纲常松弛，道德式微。理学的产生，出于儒家学者革除时弊、拯救文化、整顿人心、重树人伦与儒家价值的主观努力。

学说内容

按照各学派在理学中的地位和影响，我们可以分出主流派和非主流派。所谓主流派，是指在理学中居于正统地位的道学一派，以及在南宋和明代影响甚大、与道学相抗衡的心学一派。所谓非主流派，是指在当时影响虽著于一时，但在理学流传发展中未能居于中心地位的其它学派，比如，王荆公的新学、二苏的蜀学、陈龙门和叶水心的功利之学、吕东莱的婺学等。

理学中居于核心地位的主流派，按照历史发展的顺序以及现代的研究惯例，又可以分成道学、心学与气学三派。

儒学如何在当时社会条件下存在与发展，如何确立儒家学说的正统地位和落实儒家思想价值，是道学、心学和气学三派共同所要解决的主要问题。但是，三派哲学的解决方式和侧重点又不尽相同：道学侧重于从哲学上论证儒家伦理纲常的永恒性和至上性，在实践上强调对于儒家伦理纲常价值的认识和内化；心学侧重于说明道德的内在根据与道德主体性，在实践上强调道德的外化和践履；气学的立场则接近于道学，但又有自己的特点。

在理学的发展过程中，周敦颐、邵康节是性理学的开创者，对道学、心学、气学都有影响。在道学的发展过程中，程颐、程灏兄弟是道学的奠基者，朱熹则集道学之大成。程九渊是心学一派的创立者，王守仁则集心学之大成。气学的开创者是北宋的张载，经王廷相、吴廷翰、方以智等人的发展，至明清之际的王夫之而集之大成。下文将重点介绍道学和心学的代表人物朱熹和王守仁。

一、朱熹的客观唯心主义世界观

朱熹，字元晦，后改仲晦，婺源人，生于宋高宗建炎四年（公元1130年），卒于宁宗庆元六年（公元1200年），出身于"婺源著姓"。他的著作很多，最重要的有《晦庵先生文集》、《朱子语类》、《四书章句集注》、《周易本义》、《易学启蒙》、《诗集传》等。

朱熹的"理"有四种意义：

第一，"理"是精神性的。这个"无人身的理性"赋于人身即为人心中的"性"，而"性"与"理"是同一的东西。朱熹说："性只是理，以其在人所禀，故谓之性。"

第二，"理"是最高的毫无具体内涵的抽象，也可以说是"数量的逻辑范畴"。

第三，"理"是先于物质存在的实体，是产生万物的神秘的根源。

第四，"理"是在万物之上的主权者，主宰着万物，而且有能力自由自在地为世界构造各式各样的法规。

在朱熹看来，理是天命的代名词，作为理，当然是善的性。而生之性有善有恶，为什么会有恶的性呢？这是由于人禀的气是浊气，是后天造成的。人生的来源是善的，之所以有恶的行为，是因为有人欲。人之所以有恶的行为，是因为欲望的诱惑。二程甚至把人们生活中最起码的物质要求也看成是人欲，提出了"去人欲，明天理"的主张。后来，朱熹把它发展为"存天理，灭人欲"，成为统治中国数百年的一个中心话题。

二、王守仁的主观唯心主义哲学思想

王守仁，字伯安，别号阳明子，浙江余姚人。生于明宪宗成化八年（公元1472年），卒于世宗嘉靖七年（公元1529年）。

王守仁一生的活动，用他自己的话说，在于一方面"破山中贼"与另一方面"破心中贼"。前者的意思很明白，即指镇压农民战争以维护封建专制主义的皇权，而后者正是要破"人欲"（凡人的追求）。

此为紫阳书院。淳熙三年（1176年），朱熹曾到此讲学。

二程虚构了一个普照万物的"天理"，又设定了"心即理"的命题，陆九渊对此有进一步的发挥，提出了"宇宙便是吾心，吾心即是宇宙"的主观唯心主义的命题。

王守仁的世界观的出发点和基本前提，即是他提出的"心外无物"、"心外无理"，一切都是从"心"派生出来的。

王守仁进一步又提出了"意之所在便是物"的命题。

在王守仁的哲学词汇中，天地间的诸种事物，如"五常"、仪式节目、文章、言行等等通通都是"天理"（或称之为"心"）之流露而已，因此，他所谓"物"并非客观存在，而只是道德律的体现。

王守仁的哲学，主要是"知行合一"和"致良知"两个学说。"知行合一"主要是针对当时士大夫和文人学士知行不一的恶劣风气提出的。他把"笃志力行"、"表显一致"作为判断一个人优劣的主要标准，提出"致良知"主要是把人们的思想纳入封建伦理纲常的规范之内，即"为善去恶"。

王守仁认为，"心即理"，"良知即是天理"，良知即能辨别是非善恶的"是非之心"。因此，为人做事，要达到为善去恶的目的，就应该独立思考，以自己内心的"良知"作为判断标准，不必拘泥于孔孟的经典、程朱的格言。王守仁提出的"致良知"学说，把封建伦理道德说成是人生而具有的良知。他的"知行合一"和"知行并进"说，旨在反对宋儒的"知先行后"以及各种割裂知行关系的说法。他的学说，具有很大的反传统意味。

学说发起人	学说发起时间	推荐理由
达·芬奇、但丁	14—15世纪末	达·芬奇和但丁的文艺学说是欧洲文艺学说的先声。

摆脱中世纪束缚的达·芬奇和但丁的文艺学说

背景搜索

14至17世纪初,发源于意大利并迅速席卷全欧的文艺复兴是一场伟大的文化和思想上的革命运动。它砸碎了封建统治者和教会的精神枷锁,诞生了近代自然科学,极大繁荣了文学艺术,成为欧洲文化史上的第二个高峰。

这一时期的文艺理论,在反对封建宗教文艺思想、继承古希腊罗马文艺传统的基础上,总结时代创作经验,提出了一系列推动人文主义文艺发展所需要的理论观点,其中以达·芬奇和但丁的理论为代表。

列奥纳多·达·芬奇(Leonardo Davinci,1452年至公元1519年),是文艺复兴时期卓越的代表人物,他出生在佛罗伦萨附近的一个小镇——芬奇镇,是一位天才。他一面热心于艺术创作和理论研究——他研究如何用线条与立体造型去表现形体的各种问题,另一方面他也同时研究自然科学。达·芬奇是意大利文艺复兴时期最伟大、最著名的巨匠,他不仅是一位天才的画家,而且是大数学家、科学家、力学家和工程师,是一位多才多艺、全面发展的人。

65

达·芬奇名画《蒙娜丽莎》。

手持《神曲》的但丁。

阿里盖利·但丁（Aligieri Dante，公元1265年至公元1321年），是中世纪与近代交替时期最杰出的大诗人，意大利民族文学的奠基者，欧洲文艺复兴运动的先驱。

但丁由于维护佛罗伦萨城市共和国的独立自主，反对教皇干涉内政而横遭教会反动势力的迫害。

在流放期间，但丁看到意大利和整个欧洲处于纷争混乱的状态，力求探索祸乱的根源和拨乱反正的途径，决心创作一部伟大的史诗来揭露现实，唤醒人心，指明意大利政治上、道德上复兴的道路。他大约于1307年开始创作，逝世前不久才完成。

《神曲》是一部结构严谨、布局匀称的长篇史诗，鲜明地表达了新时代的新思想——人文主义，被誉为一部具有世界意义的文学名著。

学说内容

一、艺术再现自然的"镜子说"——达·芬奇论画的笔记

在公众的意识里，达·芬奇经常是与传统西方最著名的两幅油画联系在一起的：《最后的晚餐》和《蒙娜丽莎》。这两幅画表现出了他作品的复杂性及他本人的洞察力。在他三十岁左右时，达·芬奇就开始记录自己艺术创作的心得和科学研究的成果，准备写成绘画论、力学和解剖学三部著作，可惜终未实现。

达·芬奇逝世后，他的画论笔记便以各种手抄本形式流传于世，后人将其整理为《画论》和《笔记》，其中很多关于现实主义的艺术思想，尤其是他提出的艺术再现自然的"镜子说"，在文艺复兴时期的人文主义文艺理论中具有一定的代表性，对后世也颇有影响。

在中世纪，艺术被视为神学的奴婢，神学家们极端仇视世俗文艺对现实生活的反映，认为上帝的心灵是万物之源，艺术只能表现上帝的心灵。然而不信任何宗教的达·芬奇则

▲ 法国画家欧仁·德拉克洛瓦所绘的《但丁之舟》。

认为,当一名哲学家比当基督教徒要高明得多。他继承了古希腊唯物主义认识论,认为"我们的一切知识都起源于感觉"。他排斥艺术从属于神学的唯心观点,力主把绘画当成一门科学。他说,绘画是一门视觉艺术,它以自然为源泉,是"自然的合法的女儿",画家必须以自然为师。

基于此,达·芬奇提出了著名的"镜子说"——画家的心应该像一面镜子,如实地展现摆在面前的所有物体的形象。他以意大利的绘画发展为例,证明画家如取法自然,绘画就昌盛;反之,若彼此抄袭成风,艺术就会没落下去。

达·芬奇反对艺术家去抄袭自然,照搬自然,主张艺术家应在理性的指导下,把握自然规律,真实地反映万物的形态,使作品源于自然,又高于自然。

文艺复兴时期,各类艺术的思想内容和主要形象都渐渐从神转向人,绘画领域表现尤为突出。达·芬奇主张绘画不仅要形似,还要神似,表现出人物的心灵意向。达·芬奇的这些见解,解放了中世纪禁欲主义枷锁下的艺术理论,给文艺复兴时期的艺术带来了新的生命。

二、以"人"为主题的文艺思想——但丁对《神曲》的阐释

《神曲》问世后，但丁曾将这部著作的"天堂篇"献给斯加拉族的亲王康·格朗德，并为此写了一封解释《神曲》的信——《致斯加拉大亲王书》。信的内容有三十三点，谈了六个问题：即主题、主角、形式、目的、作品名称和作品所关系到的哲学，可视作《神曲》的绪言或引论，从中可以看出但丁的文艺思想。

但丁运用中世纪普遍流行的诗的"讽喻说"对《神曲》的主题、主角、目的进行了深层的解释。他宣称他作品的主题是写人而不是写神；作品的主角是人而不是神，作品创作的目的是为了人的幸福而不是为了教会的利益。但丁强调作品要表现的是人的"自由选择的意志"，宣扬了善有善报、恶有恶报的价值观——这一点后来成为人文主义文学的一个鲜明标志。总之，"讽喻说"到了但丁手里已经成为宣扬人文主义思想、反对教会的文艺理论武器。

在作品的表现形式上，尽管《神曲》在局部的艺术表现力上还存在着抽象说教、神秘象征、繁琐论证等违反艺术规律的缺陷，但从整体上看，但丁将现实主义和浪漫主义在作品中有机地融为了一体。而且，他一反封建教会文学的陈规，没有采用拉丁语，而是用意大利的民族俗语来写作，不但使《神曲》成为了当时广大人民群众喜爱的作品，而且表达了作者反对文学脱离群众的态度，从创作实践上促进了意大利民族语言和民族文学的形成和发展。

但丁在信中谈到，《神曲》研究的是属于道德行为范畴的哲学，即文学的哲学基础问题；和"目的却不在思辨，而在实际行动"，即文学的社会作用问题。作品肯定人的现实活动，强调人的进取精神，鼓励世人积极投入现实的斗争。

总之，《神曲》是欧洲中世纪的一部划时代的杰作，但丁在这部著作中所阐发、强调的以"人"为主题的文艺思想，开创了文艺复兴时期人文主义文艺理论的先河。当然，超阶级的"人"是不存在的，但丁及其后继者所倡导的人文主义文学，实质上乃是资产阶级文学。

学说发起人	学说发起时间	推荐理由
莫尔	16世纪	在《乌托邦》里,莫尔首次提出了"空想社会主义"一词,被认为是空想社会主义的鼻祖,《乌托邦》也成为是空想社会主义的第一本代表作,对社会主义思想的发展影响深远。

最先描绘社会主义宏伟蓝图的"乌托邦"学说

背景搜索

空想社会主义出现于16世纪,创始人是托马斯·莫尔。托马斯·莫尔(1478年至1535年)是16世纪英国著名的政治活动家和思想家,英国人文主义的杰出代表。莫尔属于英国资产阶级上流社会的一员,于1478年2月7日诞生在伦敦一个富人家庭里。

青少年时期,莫尔不仅受到人文主义思想的熏陶,也受到古希腊柏拉图《理想国》思想的影响。他把柏拉图关于建立奴隶主贵族财产公有制的思想,看成是劳动人民的平等要求,从中吸取了改造社会的思想材料。

1515年和1516年,英王先后委派莫尔出使尼德兰和加来,调解英国同当地之间的商业纠纷。

于是,莫尔就以第二次的出使经过为背景,于1516年用拉丁文字写作了名著《乌托邦》,并于同年在比利时的卢文城出版发行。《乌托邦》一书的问世,立即轰动了整个英国乃至欧洲各国,不久陆续被译成了许多种文字。

莫尔反对亨利八世为了扩大王权、掠夺教会财产所推行的英国宗教改革，因拒绝宣誓承认英王在英国教会的最高首脑地位而遭到逮捕，被囚禁在伦敦塔。1535年7月6日，莫尔在伦敦塔监狱被处死，终年57岁。

学说内容

《乌托邦》一书的全名是《关于最完美的国家制度和乌托邦新岛的既有益又有趣的金书》。"乌托邦"一词，是拉丁文"Utopia"的译音，原出自希腊文"oo"（无）和"Topos"（处所），按希腊字的原意，"乌托邦"就是"没有的地方"。

《乌托邦》全书分两部分，第一部分的主要内容是对当时英国和欧洲各国的社会制度的批判，第二部分是对未来美好的乌托邦社会的描写。

空想社会主义的鼻祖——托马斯·莫尔。

《乌托邦》的价值主要体现在第二部分，第一部分是莫尔作为一个资产阶级政治家对资本主义制度进行的理性批判，而进行这种批判的也不仅仅是莫尔一人。《乌托邦》在当时欧洲产生的影响主要在于它的第二部分，它详尽地阐述了乌托邦社会主义的社会制度，包括实行民主、平等的政治制度，一切财产公有的经济制度，按需分配的劳动制度等等。

在书中，莫尔公开指出，战争给社会带来了巨大灾难，雇佣军是国家的主要祸害。他批评国王的好战喜功，指出战争是唯一适宜于野兽的运动，然而任何一种野兽都不像人那样频繁地进行战争。

他认为，在私有制下，富人终日游荡、奢侈豪华，穷人辛勤劳作、牛马不如。私有制是社会贫困和灾难的根源，"私有制存在一天，人类中绝大多数的一部分也是最优秀的一部分人将始终背上摆脱不掉的贫困的担子"。而"达到普遍幸福的唯一道路是一切平均享有"，他主张建立一个"共有、共享"的社会，一切归全民所有，人人劳动，不为吃饭问题而操心，每人一无所有，而又人人温饱富裕。

莫尔还批判市场和货币。人们凭现金价值衡量所有的事物，一个国家就难以有正义和繁荣。毫无用处的黄金反而比人值钱，废除货币才能消除社会贫困，才能铲除罪恶。"贫穷似乎是仅仅缺乏金钱所造成，一旦金钱到处废除，贫穷也就马上减少以至于消失了"。

从英国当时的现状出发，莫尔认识到：人民贫穷不能使国家太平，杀戮不能根治犯罪，圈地运动给社会稳定造成了严重危害。他指出，在专制国家里，包括老百姓自身在内的一切都属于国王，只是由于国王开恩而不曾取的那一部分才成为每个人的私有财产。而一些谋臣却主张，老百姓有钱便有自由，便会犯上无礼。

莫尔勇敢地指出，在专制国家里，一大批贵族一事不作，专靠别人养活自己，对佃农极力盘剥，锱铢必较，自己则讲究穿着，纵情吃喝，奢侈无度，结果穷人遍地，盗窃成风。对于盗窃犯被处死罪的刑法，莫尔提出异议："一个人使别人丧财就得自己丧命，这是很不公道的。我认为，任何财富全都比不上人的性命宝贵。"

"但对于除盗窃外便走投无路的人，随你想出什么惩治的办法，也还是要从事盗窃的"。莫尔主张，防止盗窃的办法不是严刑，而是给予谋生之道；国王要关心人民的福利，同时应当引导人民，教育他们懂得法律，与其罪后严惩，不如罪前防范。

《乌托邦》主张，按照民主制建立城市联合国，官吏定期由选举产生。人人都熟悉法律，没有律师。国家要实行信仰自由。莫尔说，有一个很大但秩序井然的国家，对罪犯的惩处不是采用杀戮而是采用劳动的方式，罪行较轻的，既不用坐监牢，也不用带镣铐，而是在身体自由的情况下被派出为公众服劳役。

学说发起人	学说发起时间	推荐理由
哥白尼	约1515年	哥白尼的"日心说"沉重地打击了教会的宇宙观,使天文学从宗教神学的束缚下解放出来,自然科学从此获得了新生。

为近代天文学奠定基础的哥白尼"日心说"

背景搜索

尼古拉·哥白尼（Nicolaus Copernicus，1473年至1543年）是波兰伟大的天文学家、太阳中心说的创始人、近代天文学的奠基人，也是一位多才多艺、学识渊博的巨人，是一位杰出的医生、社会活动家、数学家、经济学家和画家。

哥白尼从少年时期就热爱天文学，中学时就曾在老师的指导下，制造了一具按日影定时的日晷，从而培养了他对天文学的浓厚兴趣。进入克拉科夫大学后，哥白尼结识了数学家和天文学家沃伊切赫·布鲁泽夫斯基教授，这位学者对公元2世纪古希腊天文学家托勒密的"地心说"提出了怀疑。

在博洛尼亚大学，对哥白尼影响最大的是天文学教授达·诺法纳，哥白尼同他一道观测天象，共同探讨改革关于托勒密的学说的问题。后来哥白尼基本上是沿着他的老师所指引的方向，进行伟大的天文学革命的。

1499年，26岁的哥白尼应聘当了罗马大学的天文学教授。1500年11月6日，他在罗

"日心说"的创立者——波兰天文学家哥白尼。

马做了月食观察,证实了地动说的正确性。1506年,他从意大利返回祖国,后来一直定居弗洛恩城堡。1512年3月,他购得城堡西北角的一座箭楼,把它作为自己的住所,并做观测天象之用,这实际上是一座小型天文台(这座箭楼至今尚存,被称为"哥白尼塔",自17世纪以来一直被人们视为天文学的圣地)。他用自治的简陋仪器,夏去冬来,无论刮风下雨,还是天寒地冻,坚持观测天体长达三十年之久。

可以说,在哥白尼一生的事业中,无论是在数学、医学还是在法学、经济学等领域都做出了可喜的成绩,然而他之所以能名垂青史,却是因为他在天文学方面的伟大贡献,尤其是他的"日心说"的发表。

学说内容

哥白尼的"日心说"发表之前,"地心说"在中世纪的欧洲一直居于统治地位。

在古代欧洲,亚里士多德和托勒密主张"地心说",认为地球是静止不动的,其他的星体都围着地球这一宇宙中心旋转。这个学说的提出与基督教《圣经》中关于天堂、人间、地狱的说法刚好互相吻合,处于统治地位的教廷便竭力支持"地心说",把"地心说"和上帝创造世界融为一体,用来愚弄人们,维护自己的统治。因而"地心说"被教会奉为和《圣经》一样的经典,长期居于统治地位。

文艺复兴运动时期,随着科学技术的不断发展,天文观测的精确度渐渐提高,人们逐渐发现了"地心说"的破绽,期待着能有一种科学的天体系统取代"地心说"。在这种历史背景下，哥白尼的"地动说"应运而生了。

约在1515年前，哥白尼为阐述自己关于天体运动学说的基本思想，撰写了一篇题为《浅说》的论文。文中，哥白尼批判了托勒密的理论，科学地阐明了天体运行的现象，推翻了长期以来居于统治地位的"地心说"，并从根本上否定了基督教关于上帝创造一切的谬论，从而实现了天文学的根本变革。

1515年，哥白尼着手准备撰写《天体运行论》这一更为完整的论著。在随后的十几年里，哥白尼进行了大量的天文观测，收集了大批资料，终于在1533年完成了这部巨著的初稿。随后，他又长期进行了观测、验证、修改，使得他的宇宙体系更具说服力，成为一种科学理论。

绘制于1718年的版画《哥白尼的星系图》。

《天体运行论》的全书共六卷。第一卷为宇宙论，简述了整个宇宙的结构，是全书的精髓。这一卷分四章，先后论述了"宇宙是球形"、"大地也是球形"、"天体的运动是均匀永恒之圆的运动或复合运动"。哥白尼说："天体的这种旋转运动对于球来说是固有的性质，它反映了球形的特点。球这种形状的特点是简单、没有起点、也没有终点，旋转时不能将各部分相区别，而且球体形状也正是旋转作用本身造成的。"

第二卷运用三角学论证天体运行的基本规律，其中哥白尼首创了平面三角和球面三角的演算方法；第三卷为恒星表；第四卷叙述了地球绕轴运行和周年运行；第五卷阐述了地球的卫星——月球；第六卷是关于行星运行的理论。

哥白尼在《天体运行论》中还详细讲解了地球的三种运动（自转、公转、赤纬运动）所引起的一系列现象，使当时所知道的太阳系内天体的位置和运动状况更为完整了。

学说发起人	学说发起时间	推荐理由
开普勒	1609年	开普勒不仅为哥白尼日心说找到了数量关系，更找到了物理上的依存关系，使天文学假说更符合自然界本身的真实性，并导致数十年后万有引力定律的发现。

奠定经典天文学基础的开普勒三大定律

背景搜索

约翰尼斯·开普勒（Johannes Kepler，1571年至1630年），德国近代著名的天文学家、数学家、物理学家和哲学家。他以数学的和谐性探索宇宙，在天文学方面做出了巨大的贡献。开普勒是继哥白尼之后第一个站出来捍卫太阳中心说并在天文学方面有突破性成就的人物，被后世的科学史家称为"天上的立法者"。

开普勒视力不佳，但还是做了不少观测工作，1604年他观察到银河系内的一颗超新星，历史上称它为开普勒新星。1607年，他观测了一颗大彗星，就是后来的哈雷彗星。到1609年，开普勒已经发表了多项有关行星运动的理论，当中包括开普勒第一及第二定律。1618年，开普勒再次发表了有关行星运动的开普勒第三定律的论文。

开普勒不仅在天文学上，在光学领域的贡献也是非常卓越的。他是近代光学的奠基者。开普勒研究了小孔成像，并从几何光学的角度加以解释说明。他指出光的强度和光源的距离的平方成反比。开普勒研究过光的折射问题，认为折射的大小不能单单从物质密度的大小来考虑，例如油的密度比水的密度小，而它的折射却比水的折射大。

1611年出版的《光学》一书，是开普勒阐述近代望远镜理论的著作。他最早提出了光线和光束的表示法，以及光的折射原理，他把伽利略望远镜的凹透镜目镜改成小凸透镜，这种望远镜被称为开普勒望远镜。

开普勒还对人的视觉进行了研究，纠正了以前人们所认为的视觉是由眼睛发射出光的错误观点。他认为人看见物体是因为物体所发出的光通过眼睛的水晶体投射在视网膜上，并且解释了产生近视眼和远视眼的原因。

开普勒还发现了大气折射的近似定律，用很简单的方法计算大气折射，并且说明在天顶大气折射为零。他最先认为大气有重量，并且正确地说明月全食时月亮呈红色，是由于一部分太阳光被地球大气折射后投射到月亮上而造成的。

后来因为战乱，开普勒离开了林茨，回到布拉格，直到1630年因病离世，享年58岁。战争过后，开普勒的坟墓已荡然无存，但他突破性的天文学理论以及他不懈探索宇宙的精神却成为了后人铭记他的最好的丰碑。

学说内容

早期的开普勒深受柏拉图和毕达哥拉斯神秘主义宇宙结构论的影响,以数学的和谐性去探索宇宙。在著作《宇宙的秘密》中，他用古希腊数学中的五个正多面体，和当时发现的六颗行星的轨道，来解释太阳系内恰好有六颗行星的原因。这个设想虽带有神秘主义色彩，但却也是一个大胆的探索。

开普勒在天文学研究方面的天赋，是被第谷独具慧眼地发现的。第谷是当时最卓越的天文观察家，他测量了无数恒星的位置和行星的运动，发现了许多新的现象，如黄赤交角的变化、月球运行的二均差以及岁差的测定等，但第谷最大的天文学成就是发现了开普勒。第谷在临终前将自己多年积累的天文观测资料全部交给了开普勒，再三叮嘱开普勒要继续他的工作，并将观察结果出版出来。开普勒接过了第谷尚未完成的研究工作。

后来，开普勒在伽利略的影响下，通过对行星运动进行深入的研究，抛弃了柏拉图和毕达哥拉斯的学说，逐步走上真理和科学的轨道。

对火星轨道的研究是开普勒重新研究天体运动的起点。因为在第谷遗留下来的数据资料中，火星的资料是最丰富的，而哥白尼的理论在火星轨道的问题上的偏差最大。

哈雷彗星木刻画。

在进行了多次实验后,开普勒发现,火星的运行轨道并不是正圆或者偏心圆,而是椭圆的,并且他用三角定点法测出,地球的轨道也是椭圆的,它运动的线速度跟它与太阳的距离有关,从而得到了他的第一个重大的发现:行星在轨道上运行的速度是有变化的。

经过多次更艰苦的计算,开普勒还发现了"所有的行星分别在大小不同的椭圆轨道上围绕太阳运动,太阳是在这些椭圆的一个焦点上"这一定律,即开普勒第一定律。

接着他又乘胜出击,发现虽然行星运行的速度是不均匀的,在近日点时快,远日点时慢,但是,从任何一点开始,在单位时间内,向径扫过的面积却是不变的。这样就得出了开普勒第二定律:行星的向径在相等的时间内扫过相等的面积。这一定律进一步推翻了唯心主义的宇宙和谐理论,指出了自然界的真正的客观属性。

哥白尼学说认为天体绕太阳运转的轨道是圆形的,且是匀速运动的。开普勒第一和第二定律恰好纠正了哥白尼的上述错误观点,对哥白尼的"日心说"做出了巨大的贡献,使"日心说"更接近于真理,更彻底地否定了统治千百年来的托勒密"地心说"。

1609年,开普勒出版了《火星之论述》一书,书中介绍了他的第一和第二定律。紧接着,开普勒就去探求行星公转周期和他们与太阳之间的距离的关系。

对于水星等六个行星的轨道半径和运行周期,开普勒是十分熟悉的,但它们之间有没有什么内在的联系呢?经过十多年繁复的计算和无数的失败,他终于在1619年出版的《宇宙谐和论》一书中,发表了他的第三定律:行星公转周期的平方和它们轨道的长轴的立方是成正比的。开普勒还指出,行星与太阳之间存在着相互的作用力,其作用力的大小与二者之间的距离长短成反比。这一定律将太阳系变成了一个统一的物理体系。

学说发起人	学说发起时间	推荐理由
笛卡儿	1620年	笛卡尔被人们尊称为近代西方哲学之父，因为从笛卡尔开始，西方近代哲学开启了人性精神、实践理性及工具的大发明和大创造的新时代，一发而不可收，直到今天。

标志着西方近代哲学兴起的笛卡尔的哲学和方法论

背景搜索

勒奈·笛卡尔（Rene Descartes），1596年3月21日生于法国都兰城。少年时期在欧洲著名的拉弗莱希耶稣会学院读书，打下了牢固的数学基础和天文学基础。

1618年他结识了物理学家伊萨克·毕克曼（Isace Beekman）。在毕克曼的鼓励下，笛卡尔开始从事理论数学的研究，这对他后来建立解析几何学产生了很大影响。1628年，他定居荷兰。在荷兰长达二十多年的时间里，笛卡尔对哲学、数学、天文学、物理学、化学和生理学等领域进行了深入的研究，并通过数学家梅森神父与欧洲的主要学者保持了密切联系。他的主要著作几乎都是在荷兰完成的。

1628年，笛卡尔写出了《指导哲理之原则》，1634年完成了以哥白尼学说为基础的《论世界》，书中总结了他在哲学、数学和许多自然科学问题上的一些看法。1637年，笛卡尔用法文写成三篇论文《折光学》、《气象学》和《几何学》，并为此写了一篇序言《科学中正确运用理性和追求真理的方法论》，在哲学史上简称为《方法论》，并于6月8日在莱顿匿名出版。1641年出版了《形而上学的沉思》，1644年又出版了《哲学原理》等重要著作。

1949年冬，笛卡尔应瑞典女王克里斯蒂安的邀请，来到了斯德哥尔摩，任宫廷哲学家，为瑞典女王授课。由于他身体孱弱，不能适应那里的气候，1650年初便患肺炎抱病不起，同年2月病逝。1799年法国大革命后，笛卡尔的骨灰被送到了法国历史博物馆。

◀ 笛卡尔正在思考世界体系。

学说内容

一、二元论与唯理论——实践哲学

笛卡尔在他的哲学体系中，论证了三个实体：自我（心灵）、上帝、物质。他哲学体系中的"形而上学"部分就是要确立这三种实体，"我思故我在"这个命题就是笛卡尔"形而上学"存在的基石。

笛卡尔命题中的"我"，并非指人的身体，而是一个不依赖任何物质，甚至也不依赖人的身体的独立的精神实体，他称之为"心灵"；心灵和物质，彼此独立，互不影响。这种心、物平行论，就是哲学史上典型的二元论。这种二元论的观点后来成了欧洲人的根本思想方法。

笛卡尔的二元论在人类对自然物的认识中，第一次最大可能地排除了人类自身心理，特别是情绪对认识的干扰，为开创真正属于科学的机械论力学的时代敞开了大门。后来经过十七至十九世纪的发展，哲学二元论的工具完全变成了科学和民主的伟大工具。

他主张唯理论，主要内容有：第一，否定对客观事物的感觉经验的可靠性，抬高理性认识的作用；第二，真理性的认识只能来自理性直观和演绎；第三，认识真理性的标准，是观念自身的"清楚、明白"。

主张"我思故我在"的哲学家笛卡尔像。

在此，笛卡尔试图用数学上成功的推理方法和演绎法来建立自己的哲学体系，认为清晰明白的概念就是真理。

笛卡尔的"物理学"是关于自然观的学说，阐述了他唯物的自然观。在物理学范围内，笛卡尔完全抛弃了心灵实体和上帝实体等唯心主义观念，承认物质是唯一的实体，具有机械唯物论的特征。其主要思想包括：第一，自然界是统一的物质世界；第二，物质、广延和空间是统一不可分离的；第三，物质是无限的；第四，运动是绝对的，静止是相对的；第五，物质运动遵循一定的规律。

二、系统怀疑与解析几何——方法论

笛卡尔强调科学的目的在于造福人类，使人成为自然界的主人和统治者。他反对经院哲学和神学，提出怀疑一切的"系统怀疑的方法"。

笛卡尔的方法论，首先是坚持普遍怀疑的原则，普遍怀疑的矛头所向是一切阻碍认识真理的偏见。其次是诉诸理性的权威，只有理性才能破除感官知觉的局限性、片面性，使人获得普遍必然的认识。这里，笛卡尔并没有完全否定感觉，只是认为它有片面性。

这样，普遍怀疑、诉诸理性，作为笛卡尔哲学的方法论原则，在封建迷信十分顽固的17世纪法国，便成为一种十分大胆的革命行动，动摇了宗教神学、经院哲学的神圣权威，对当时人们思想的解放起了很大的推动作用。

笛卡尔最杰出的成就是在数学发展上创立了解析几何学。他创立了运用代数方法解决几何问题的解析几何学，为行将出世的伟大的分析力学做出了最重要的数理奠基工作。

解析几何的出现，改变了自古希腊以来代数和几何分离的趋向，把相互对立着的"数"与"形"统一了起来，使几何曲线与代数方程相结合。笛卡尔的这一天才创见，更为微积分的创立奠定了基础，从而开拓了变量数学的广阔领域，使人类从此进入了变量数学阶段。

学说发起人	学说发起时间	推荐理由
托马斯·曼	1621年	托马斯·曼是西欧重商主义思想的代表人物。他的重商主义思想学说对后来发展市场经济的国家有着深刻的影响和重大意义。

掀起西欧重商主义思潮的托马斯·曼重商主义学说

背景搜索

托马斯·曼（Thomas Mun，1571年至1641年），英国著名经济学家，晚期重商主义的主要代表人物，出身于英国伦敦一个手工业者兼商人的家庭。父亲是经营绸缎和丝绒的商人，但英年早逝。

托马斯·曼的成功依赖于其继父。他的继父是富有的商人，东印度公司的创建者之一。成立于1600年的东印度公司是更早成立的、专门从事地中海各国贸易的列文特公司的分支，托马斯·曼在继父的事务所实习之后就到列文特公司工作。在这一经商过程中他发了财，并在1615年进入东印度公司董事会。当时，因为东印度公司的赢利丰厚，很多人对此颇有微词，抨击其在对外贸易中大量输出货币，危害了国家利益。1621年，托马斯·曼的《论英国与东印度公司的贸易》一书问世，在书中，他反驳了这些人的说法，为公司的贸易政策做出强有力的辩护。

1628年，托马斯·曼向英国下院呈报了《东印度公司的吁请与建议》，两年之后，他

英国东印度公司借着做生意,大肆侵略印度,最终激起反英大起义。图为起义的印度士兵。

彻底改写了《论英国与东印度公司的贸易》,并改名为《英国得自对外贸易的财富》。这本书当时并没有出版,直到其死后23年才出版,但一经问世就成为惊人之作,同时也成为了重商主义的代表作。

重商主义是政治经济学流派中一个重要的经济学说,"重商主义"一词是英国资产阶级古典经济学家亚当·斯密最先提出来的。在《国富论》中,他把重商主义称作是一种"富国裕民的政治经济学体系"。因为重商主义产生的时代正是资本主义的原始积累时期,重商主义已经不单单是一种理论思潮,更是一种政策体系,是近代经济学的起点,也是国家干预主义的先驱,是一种极为重要的经济思想。

学说内容

托马斯·曼的《英国得自对外贸易的财富》是英国贸易差额论的典型代表作。与早期的重商主义者不同的是，托马斯·曼并不认为货币储存多了，国家就会富强。相反，针对货币主义者限制货币输出的原则，他认为国家应取消禁止输出货币的法令，当把有限的货币投入到对外贸易中，在买进卖出中增加货币财富，这才是最有利可图的。否则，储藏货币，不仅无利而且有害，还会引起国内的物价高涨。

同时，他也认为，并不是所有形式的对外贸易都会给国家带来利益，只有贸易出超才是增加货币并积累财富的手段，尤其是对英国的现实而言。因为，英国的金银十分缺乏，矿产资源并不丰厚，贸易出超是英国得以致富、战胜其他欧洲国家的唯一手段。

托马斯·曼说："除了通过对外贸易以外，我们没有其他手段能够获得现金，这是任何一个有判断力的人所不能否认的……我已指出如何在经营我们所说的贸易上获得金银，那就是要使我们每年出口的商品超过我们所消费的进口货。""货币产生贸易，贸易使货币增多"是他最终的结论。在这里，托马斯·曼实际上是把货币作为资本来看待的，这比早期的货币主义者高出了很多。

与此同时，托马斯·曼提出了"一个国王每年适于积累多少财富"的问题，实际上，就是国家对货币积累的限度问题。他认为："对外贸易一定会使一个国王每年所积存的现金有一定的比例。"如果国家积累的货币超出了一定的限度，那么就会导致对外贸易的资金缺乏，由此再产生的后果就是国家财富的减少，可以说，他的理论核心就是对外贸易，而为了保持对外贸易的顺差，他提出了许多具体的措施。

这些措施都是他从自己的商场实践中得来的，主要是：减低、豁免一些出口货物的赋税，对输入后又准备输出的商品给予关税照顾；扩大国内耕地面积，尽量少依靠国外产品，自己生产一些外来产品，如烟叶等重要原料；扩大发展本国手工业；降低商品价格，提高质量，保证出口商品的国际竞争力；发展航运业等等。同时，为了减少对外国商品的消费，托马斯·曼还提出对外国商品课以重税，减少外国奢侈品的进口，以此来发展本国经济，增加外贸收入。

正如托马斯·曼的身份是个成功的商人，他用自己成功的经营验证了自己的理论。东印度公司主要经营的就是海外贸易，以此出发，托马斯·曼热衷于发展同英国距离遥远的殖民地国家之间的贸易，根据他的计算，用10万英镑从东印度买来的胡椒,在意大利这种欧洲国家可以至少卖到 70 万英镑。

他说:"我们在这些印度商品上所得到的财富,是大于出产它们的国家和本来拥有它们的那些人民的。""我们的国王和王国的最有利的贸易是在东印度的买卖的比例上。"当然,这些话下面掩盖的是大国对弱国的贸易侵略和倾轧。

对外贸易中不可忽视的就是航运业,托马斯·曼认为,出口的商品如果是用自己的船只运输的话,不仅会得到货物在本国的成本价,还可以加上商人的利润、保险费、运输费等等,从而使利润进一步增加。他的理想是让英国成为向外国输出粮食、香料、生丝、棉花以及其他日用品的最大货栈,成为一个最好的中转国。

在这些措施的背后,托马斯·曼更注重的是人的作用,他大力强调人口和技艺对于增加财富和经济增长的重要意义。当时,资本主义生产只是刚刚开始,还不是很发达,对于工场手工业的发展需要较多的劳动人手和较高的手艺,他说:"在人数众多和技艺高超的地方,一定是商业繁盛和国家富庶的。"因此,他指出,财富的源泉就在于"在我们的大自然上加以技艺,在我们的自然资源上施加劳动"。

同时,他对普通民众也有许多关怀,针对当时劳动人民沉重的赋税,托马斯·曼指出,税收负担是可以变化的,一些人认为所有的税收都由贫苦人民负担的观点是不对的。一方面,封建主和富裕阶层要消费商品,他们也承担了消费税;对劳动者而言,收入会随消费品的价格上升而上涨,从长时期看,对人们收入征收的赋税将转移给雇主,再由雇主转移给富裕的消费者。

学说发起人	学说发起时间	推荐理由
伽利略	1632年	近代天文学历史上,伽俐略是最先提倡新的实验科学技术的科学家,他的科学纲领是富有革命性的,包含了有可能会影响所有科学的方法和结果。

揭开近代实验科学新篇章的伽利略实验科学思想

背景搜索

　　伽利略(Galileo Galilei,1564年至1642年),伟大的意大利物理学家、天文学家。他出身于意大利北部佛罗伦萨一个贵族家庭,早年入修道学院学习哲学和宗教。1581年入比萨大学学医,历任比萨大学、帕多瓦大学教授。

　　青年时代的伽利略就已经表现出了科学上的创造才能,并且对数学和物理学十分感兴趣,阿基米德的数学与实验相结合的方法更使他深受感染。在帕多瓦任教期间,伽利略开始研究天文学,成为了哥白尼"日心说"的热烈支持者。他制造了望远镜,观测到木星的四颗卫星,证明了地球并不是一切天体运动环绕的中心。这些辉煌的成就,使他获得了世人的景仰。

学说内容

　　伽利略主张研究自然界必须进行系统的观察和实验,是近代实验科学与机械唯物主义近代天文学实验科学技术的最先倡导者——伽利略。

的奠基者之一。通过实验，他推翻了向来被奉为权威的亚里士多德的关于"物体落下的速度和重量成比例"的学说，建立了落体定律。他还发现了物体的惯性定律、摆振动的等时性、抛体运行定律，并确定了伽利略相对性原理，被认为是经典力学和实验物理的先驱。

1632年，伽利略发表了《关于两种世界体系的对话》，反对托勒密的地心体系，支持和发展地动说，次年遭到罗马教廷异端裁判所判罪。此后，他完成了《两种新科学的对话》，这部书是伽利略最伟大和最重要的著作。他坚持"自然科学书籍要用数学来写"的观点，倡导实验和理论计算相结合，提倡用实验检验理论的推导。这种研究方法对以后的科学研究工作具有重大的指导意义。

在实验科学思想的指导下，伽利略一生中曾有大量的科学发现，其中著称于世的主要有四个独特的领域，即望远镜天文学、运动原理和运动规律、数学与经验的关系模式以及实验科学或实验法科学。

在17世纪的科学文献中，伽利略似乎不仅是运动定律的发现者和亚里士多德的驳斥者，而且还是最早用望远镜观察天空的探索者。

1610年，伽利略利用自己制造的望远镜，观测到许多宇宙现象，进一步证明了哥白尼的日心学说。他用类推原理和物理光学说明，月球表面也像地球一样，峭壁林立，起伏不平。他发现，地球使月球生辉发亮。他看到木星系统有四个卫星，金星有位相变化，从而首次向所有人说明了天空是什么样的，促使天文学发生了革命性转变。但是在当时，以经验证据为基础来认识大自然无疑是一种非常激进而富有创新性的举动。

19世纪油画《审判伽利略》，真实地反映了伽利略的天文学实验科学技术和实验成果对教会权威的极大触动。

在运动学领域，伽利略首先研究了惯性运动和落体运动的规律，为牛顿第一定律和第二定律的研究铺平了道路。

古希腊大学者亚里士多德提出，重物体比轻物体下落的速度要快。世世代代的学者都接受这个论断，并奉之为绝对真理。但年轻的伽利略通过一系列实验，推翻了亚里士多德的这一权威说法。

伽利略曾在比萨斜塔上同时丢下两个同样大小的球，一个是木头的，一个是铁的。当两个球在同一时刻落地时，站在塔下的千百观众无不惊讶叹服。伽利略以这种实验的方法，公然挑战了学术权威和传统理论，并且证明了新的原理：如果没有空气的摩擦阻力，重物体和轻物体下落速度相同。

伽利略在数学上阐述的诸多运动定律，比如匀速运动定律、匀加速运动定律、抛物运动定律等等，都例证了17世纪科学的一个普遍特征：基本的自然规律必须是用数学阐明的。这种特征的重要性，在牛顿的《自然哲学的数学原理》出版时到达了第一个高峰。

学说发起人	学说发起时间	推荐理由
托马斯·霍布斯	1651年	契约学说家霍布斯的《利维坦》打开了整个近代社会契约说启蒙的大门，绽放出一幅惊世骇俗的契约理论的辉煌篇章。

打开近代社会契约说启蒙之门的霍布斯契约理论

背景搜索

托马斯·霍布斯（Thomas Hobbes，1588年至1679年）是17世纪英国的思想家、政治家、著名的无神论者。他生于1588年，青年时期便对政治比较感兴趣。进入牛津大学后，霍布斯被聘为贵族家庭子弟的私人教师，因此有机会长期去欧洲大陆旅行，结识了天文学家伽利略。内战爆发前夕，他经常在伦敦与当时的文人和哲学家讨论政治。

霍布斯所著的小册子以抄本的方式流行，内容与国王派及议会派的意见都不相同。内战期间他避祸法国，担任查理二世的数学教师。在流亡政府之中，霍布斯因他的观点而惹了不少是非。1651年，他的名著《利维坦》（Leviathan）在伦敦出版，查理二世的随从认为此书在替克伦威尔平反，于是霍布斯又被迫从巴黎逃回伦敦。此外，霍布斯更因他的无神论，得罪了不少保守人士。

流亡的日子结束后，霍布斯回到英国，将兴趣转移到科学及心理学方面，并结识了发现血液循环的哈维。斯图亚特王朝复辟后，查理二世恢复地位。传说查理二世在伦敦街头瞥见霍布斯时，曾以脱帽为礼，以后霍布斯得以自由出入宫廷，并每年得到100镑津贴。

虽然有国王的护卫以及劝诫，霍布斯仍然一再出版惹是生非的著作。1679年霍布斯去世时已经年逾91岁，但死前数月仍出版了一部关于英国内战的书籍，书中对国王派及议会派都进行了批评。

学说内容

《利维坦》这本书是写了一个虚构的人——实际上指国家，表达了霍布斯的国家建设学说。作者先从人的生理、心理状态说起，从感觉、想象、判断讲到激情；又从思想、决心、举止讲到宗教。因为霍布斯认为，政治基于心理，心理基于物理，物理基于几何。这

近代社会契约学说的鼻祖——霍布斯像。

种观点一方面表示了作者对科学的兴趣——所有的原理都有先一步的原理作基础，另一方面也表示他已看透17世纪中叶的英国，所有过去的政治理论都不合时宜，所以他大胆创新，独树一帜地论人事、论政治，并在科学的唯物论指导下，采用了演绎法。

霍布斯在书中"描述"了从自然状态到国家产生的过程：人民因为要避免惨死和无边的恐惧，才以一种社会契约的方式组织国家与政府。每个公民都放弃了部分原本的无限自由，所谓的国家便因此而产生。国家最高主权授予一个人或一群人，但他或他们并不是国民公约的签字人，而是执行者。他接受全体人民的嘱托，代表集体利益，他的旨意成为法律，他的任务在于维持治安，具有最佳的判断能力及处事能力。

霍布斯指出，国家尽管是人们契约的产物，但这个契约实际上与其他契约不相同。一旦这个契约签订之后，不经作为契约监督者、证人的主权者的同意，这个契约就无法重新签订。建立国家的契约只是人们相互间的契约，而不是主权者和臣民之间的契约。这就成功地运用了普通契约的观点，论证了他针对当时情况而主张的那种绝对主义的思想。

依据契约学说，契约之达成必须首先要对交易各方的预期都是有利的；其次，必须是他们理性、自由的选择，这种自由的理性选择必须建立在平等的基础之上，这种平等包括交换的物品在价值上的大致平等。

霍布斯在书中花费了相当大的篇幅来论说大自然是如何使人具有大体一致的身体及精神力量的。这种大体平等表现为：即使那些弱小者也可以运用密谋或联合起来征服那些体力和智力上的强大者。因为如果没有这种自然状态下人的平等，那么他就无法以契约理论来解说国家的发生。

固然作为经验主义者，霍布斯的这种论证有些含糊不清，而且有着明显的理论盲点，因为我们无法以"人多力量大"这样的常识来证明所有的人在体力上都大体平等。

但是霍布斯的这一"大体平等"对其理论构建极其重要，尽管这一点并不符合人们的经验。霍布斯强调，平等是自由表达的意志，是放弃个人权利的前提，因此也是此后契约必须信守的前提。

在契约交易中，所交换的总是某种物品或对于某种物品的权利。那么在契约论的国家说中，如果真有一个契约，就必须有一种权利的交换。没有法律就没有权利，没有救济就没有权利。那么在没有法律的自然状态下，如果以契约进行交易，那么又能有什么权利可供交换？

这是社会契约论学者在试图以契约解说国家发生时必须解答的另外一个难题。为解答这个难题，霍布斯首先提出了自然法的概念，然后由此将安全、生命等构成为一种与法律相联系的"权利"，即自然权利，每个人都可以以放弃这些自然权利为代价而完成契约的要求。这样，霍布斯再次顺利成章地完成了从普通契约到国家政治的过渡。

普通契约之所以发生是因为在交易时对自愿交易的各方都有利，而国家作为一种契约，按照霍布斯的理论，恰恰就是如此。霍布斯认为，在放弃自然权利、建立国家绝对权力的严格统治之后，人们的生活虽然算不上是很愉快、很完美的，但是这比自然状态下产生的战争、悲惨和灾难要更好一些。霍布斯说，在订立契约之后，失约就成为不义，而非正义的定义就是不履行契约。他指出，这一契约之所以有约束力并不是由于其本质，而不过是由于畏惧毁约后所产生的某种有害后果。

学说发起人	学说发起时间	推荐理由
王夫之	1657年	王夫之揭露抨击了封建社会的政治弊端，提出了改革社会的启蒙思想，探讨了国家兴亡的治乱根源，是倡导崇实致用的一代大师。

确立中国古典哲学最高成就的王夫之唯物思想体系

背景搜索

王夫之（1619年至1692年），字而农，号姜斋，湖南衡阳人。他是明末清初卓越的学者、启蒙思想家、史学家，与顾炎武、黄宗羲并称清初三大家。在明清政权交替更迭的动荡时期，他积极参加抗清斗争，矢志坚守民族气节，是一位志行卓绝的爱国主义者。晚年，他隐居于湘西蒸左石船山（今湖南衡阳县曲兰乡），世称船山先生。

王夫之出身于书香门第的一个中小地主家庭，其父、兄皆学识渊贯，博通经史。王夫之自幼随父、兄习学，文名重于乡里。他虽然眷恋着博取功名的科举仕途，但更加关心着国危民艰的动荡时局。他屡次科举落第，直到明崇祯十五年（公元1642年）第四次参加乡试才中了举人。在此期间，他曾组织"匡社"，研求拯救国家之道。崇祯十六年（公元1643年），张献忠率农民军攻占衡阳之后，曾礼聘夫之兄弟加入农民军，然夫之信守忠君观念，谢绝并设法逃脱。明亡以后，清军南下，王夫之投身于抗清斗争，谋求复明大业。清顺治五年（公元1648年），他于衡阳举兵抗清，结果兵败军溃。此后，他投奔

肇庆南明桂王永历政权。然南明政权内部腐败不堪，奸党把持朝政，王夫之曾因弹劾权奸王化澄，险遭残害，被迫离开南明政权，投奔桂林抗清将领瞿式耜。桂林失守后，瞿式耜殉难，王夫之见复明无望，遂决计退隐。

为了逃避清廷的"剃发"令，王夫之辗转流徙，四处隐居。他曾隐姓埋名，改易衣冠，自称瑶人，流落荒岭。在极其艰难的困苦处境中，他仍研究学问，探索治乱根源。清顺治十四年（公元1657年），他结束了流亡生活，定居于衡阳莲花峰下续梦庵，从事教学著述活动。清康熙十四年（公元1675年），他又迁居到石船山下，筑草堂而居，一直过着隐居生活，坚决不与清廷合作，直到去世。

学说内容

王夫之一生，探究历代成败得失，钻研传统学术思想，著作等身。据统计，船山著述流传至今的约七十余种、四百零一卷、四百七十多万字。其主要著作有《读四书大全说》、《四书训义》、《周易外传》、《尚书引义》、《诗广传》、《周易内传》及《周易内传发例》、《春秋家说》、《春秋世论》、《礼记章句》、《续春秋左氏博议》，以上十余种虽然可以大致归入经学一类，而实际上内容相当广博，

明末清初卓越的学者、启蒙思想家、史学家王夫之像。

地球仪模型，显示了人们的认识开始由"天圆地方"向"地圆"的方向转变。

在文、史、哲诸方面都颇有建树，此外还有《周易稗疏》、《书经稗疏》、《诗经稗疏》、《四书笺解》、《说文广义》等；史学一类的有《读通鉴论》，《宋论》，《永历实录》，《莲峰志》等；哲学类的有《张子正蒙注》、《思问录内篇》、《思问录外篇》、《老子衍》、《庄子解》、《黄书》、《噩梦》等，其中《黄书》、《噩梦》两书是船山政治思想的集中反映；文艺理论及文学方面则有《楚辞通释》，《姜斋文集》，《夕堂永日绪论内篇》，《夕堂永日绪论外篇》等等。这些著述构成了船山先生精深缜密而又博大的学术体系，多方面地发展了中国的传统学术思想。

一、"理"与"气"、"道"与"器"、"动"与"静"的辩证统一

在理气关系上，王夫之继承发展了宋代哲学家张载的气一元论思想，认为气是宇宙的唯一实体。气是宇宙万物变化发展的物质实体，天地万物都是由物质性的气构成的，其变化都不过是气的聚散而已，从而否定了理学的理本论和心本论的思想。

由气一元论出发，王夫之具体阐释了理与气的关系。他认为，理气相依，理在气中，气者理之依也，理者气之理也，理是气的内在规律，气外更无虚托孤立之理，理与气是不可分离。

王夫之从"太虚一实"即理气相依、理在气中的理论出发，又提出了"天下唯器而已"的理论。

他认为，事物的规律依存于具体的事物，没有具体的事物则无事物的规律，不是事物依存于规律，而是规律依存于事物，"据器而道存，离器而道毁"（《周易外传》卷二）。王夫之的"天下唯器"的道器论，批判了程朱理学"悬道于器外"的观点。

在动静关系上，王夫之继承了张载的"一物两体"、"运行不息"的思想，对于事物变化发展的动静关系进行了新的阐释。他认为，运动是事物本身固有的属性，世间万物处在不停的运动之中。

二、王夫之的认识论及历史观

在认识论方面，王夫之的思想主要体现在能所关系上。王夫之不仅具体辨析了客观事物与人的认识能力的关系，而且批判了以往知行关系认识上的错误。能、所概念来源于佛学，能是指人的认识能力，所是指认识对象，佛学认为所不能离开能，即客体不能离开人的认识能力而存在。

王夫之则将能与所的关系，重新加以分析论述。他认为，所是有待于主体认识的客观对象而实有其体，能是指认识客观事物的认识主体而亦有其认识作用。外界事物是客观存在的，它并不依人们的认识而转移，人要发挥自身的认识作用去真正认识事物、把握规律，客观事物是可以为人们所认识的。

王夫之还阐述了他的知行观，提出了"知行相资以为用"和"行可兼知，不能离行以为知"的思想。他认为，知与行是相互依赖、相互作用的，既不可把二者分割开来，也不可把二者等同起来。

行是知的基础和动力，力行而后才可获得真知，知来源于行，行才可知知之真伪。知与行虽不可分离，但在二者的关系上，"行可兼知，而知不可兼行。下学而上达，岂达焉而始学乎？君子之学，未尝离行以为知也必矣"（《尚书引义》卷三）。行是第一位的，知与行是认识的统一过程，但行可以"兼知"、"统知"，"知虽可以为行之资，而行乃以为知之实"（《四书训义》卷二）。

由此，王夫之批判了程朱的"知先行后"说和王守仁的"知行合一"说。他认为，程朱"知先行后"之说，将知行割裂开来，困学者于知见之中，实难获得真知，有异圣人之道。而王守仁的"知行合一"之说，是以知为行，以不行为行，徒言人伦物理，不以身心尝试，亦是难有真知。二者皆不合于人的认识过程，不能认识客观事物及其规律。

在历史观上，王夫之提出了"理势合一"的思想。理体现在历史发展过程的规律性，势则指历史发展的必然趋势和客观过程。他认为，理与势是相互统一、不可分离的。他的理势合一观，批判了以往的神学史观和天理史观，坚持了朴素唯物主义的历史观。

学说发起人	学说发起时间	推荐理由
配第	1662年	威廉·配第最早提出了劳动价值论的一些基本观点，一举成为英国古典政治经济学之父。

肇始现代政治经济学的威廉·配第价值论和分配论

背景搜索

威廉·配第（William Petty，1623年至1687年），英国著名的经济学家，英国资产阶级古典政治经济学创始人。配第是天才的医生、化学家、土地测量家、制图家、航海工程师、皇家学会的创始人之一、政府顾问，但让其名垂青史的则是他在经济学方面的成就。

配第在经济学方面的著作多是在17世纪60年代至90年代初期出版的。其中，《赋税论》发表于1662年；《献给英明人士》写成于1664年，出版于1691年；《政治算术》写成于1672年前后，出版于1690年；此外还有《爱尔兰的政治解剖》《货币略论》等著作。

学说内容

一、配第的劳动价值论

配第的劳动价值论主要体现在他的著作《赋税论》中，他的《赋税论》第一次提出了英国资产阶级革命领头人克伦威尔像。

劳动决定价值的观点。

他首先区分了"自然价格""政治价格"和"真正的市场价格"。他所说的"自然价格"实际上是指价值,所谓"政治价格"是依照"自然价格"基础而计算出来的价格,而"如果将这种政治价格以人为的共同的标准银币来衡量,就可得到我们所寻求的价格,即真正的市场价格"。

配第着重研究的是价值,即他所说的"自然价格"。在价值的决定问题上,配第说:"自然价值的高低,决定于生产自然必需品所需要人手的多少。""实际上是用商品中包含的劳动的比较量来确定商品的价值。"

由此可见,配第明确地认识到了"劳动被视为价值的源泉",商品的价值"决定于它所包含的劳动时间",而通过交换,实际上用商品中包含的劳动的比较量来确定商品的价值,以一个商品的等量劳动时间确定另一商品的价值量。配第还认识到商品的价值量同生产该商品的劳动生产率有反比例的关系,而劳动分工会引起劳动生产率的相应变化。

这是经济科学上的一项重要发现,解决了从古代到配第时代为止一直未能解决的重大理论问题。配第的功绩是,他第一次发现了均等关系的基础,初步揭开了价值表现的秘密。

二、分配理论

在劳动价值论的基础上,配第建立了自己的分配理论,其内容包括工资、地租、利息和地价理论,并且是以地租论为中心,以工资论为前提的。

在配第看来,"劳动的价值"是由必要的生活资料决定的,在《赋税论》中,他说,法律应该使工人得到仅仅最必要的生活资料,工资只能是必要的生活资料的价值,是为社会提供剩余价值的，工人的劳动才是社会财富的源泉。

虽然配第做这样的研究是为了维护英国政府限制工人最高工资的立法，提高资本的利润和积累，但他已经意识到了资本家在剥削工人剩余劳动创造的剩余价值，并在事实上已把工人的全部劳动时间划分为必要劳动时间和剩余劳动时间两个部分。

而在劳动价值论和工资论的基础上，配第提出了分配理论的核心——地租理论。

配第一直致力于"土地的价值"的研究，力图发现可以自由买卖的土地的自然价值。在这方面，他是颇具天才的，关于土地的价格，他明确提出，地租等于扣除种子和工资后土地生产物的剩余。他看出了土地价格是资本化的地租，是一定年数的年租或一定年数的地租总额，是地租本身的转化形式，因此被马克思称为"统计学创始人"。

值得注意的是，配第还论述了工资和地租的对立关系，因为地租是扣除工资及其他之后的余额，因此工资的变动必然引起地租向反方向变化，工资越多，地租越少。虽然他的观察还不是很完善，但却是第一个论证了地租和工资对立的人，这个观点对后来李嘉图的工资和利润的对立、利润与地租的对立的见解有着很大的启发。

三、税收问题

在《赋税论》和《政治算术》两本代表作中，配第除了提出许多经典的经济理论之外，还比较深入地研究了税收问题。这在当时也是为了现实的需要，因为在当时的英国，新兴的工商业者要求一个统一、强大的国家和一个统一、规范的市场。

在配第看来，英国的税收制度是极其紊乱的，公共经费增加过多，人们负担过重，其原因是多方面的。从一般原因来看，是由于英国税制没有按照一定的标准。他指出，英国的各种捐税"并不是依据一种公平而无所偏袒的标准来征税的，而是听凭某些政党或是派系来决定的。不仅如此，这些赋税的征收手续既不简便，费用也不节省"。简言之，就是没有遵循"公平"、"简便"和"节省"的三条标准。

▲ 1768年,英国对北美殖民地施行《印花税法案》,引起了马萨诸塞州人民的强烈反对。宾夕法尼亚建设工作的英国贵格会信徒威廉与当地印第安人交涉有关事宜。

配第的税收标准,实际上讲的是税收原则,而他也是最早提出"税收原则"的人。

四、从具体到抽象的方法论

威廉·配第在政治经济学方面取得如此重大的成就,与他的实践是无法分开的,正是因为他丰富多彩的职业生涯和他在国家经济领域多方面的实践,才有了他的诸多成果。

在《赋税论》中,他从国家这个实在的具体对象开始,形成了自己的一些简单概念,例如,金银的价值和土地的价值,土地的租金和货币的租金。之所以这样,是因为按照配第的国民财富观念,财富的创造仅仅是为了国家,国家的实力和财富的数量是成比例的。

在《政治算术》中,配第依然从若干个国家开始,对西欧的几个主要国家的财富和力量进行了比较,分析之所以存在差异的原因。在这种抽丝剥茧的过程中,他得出了劳动、分工等比较简单的规定,以及地租、工资、利息等经济范畴。配第经常表示,他的任务就是通过错综复杂的现象来寻求事物的本质。

学说发起人	学说发起时间	推荐理由
洛克	1683年	洛克是近代资产阶级法治原则的主要倡导者之一，奠定了资产阶级国家思想的基石。

奠定资产阶级国家思想基石的洛克"立法"与"分权"学说

背景搜索

从16世纪到18世纪，面对着社会的大变革和传统国家理论的崩溃，欧洲出现了一系列思想家以及不同的思想学说，这些新学说大都正视社会现实，以世俗理性为指导，利用不同的思想资源，对新的社会进行设计和合法性论证，并试图以这些设计方案来重新塑造社会和国家。其中以约翰·洛克的"立法"与"分权"学说最为著名和有影响力。

约翰·洛克（John Locke，1632年至1704年）出身于一个律师家庭，是17世纪英国资产阶级思想家。1652年，20岁的洛克进入牛津大学的基督教会学院，学习哲学、物理、化学和医学。1666年，他结识了英国资产阶级革命时期辉格党领袖艾希利勋爵，做过艾希利的秘书、顾问和私人代表，深受其政治思想的影响。1683年，因逃避斯图亚特王朝的迫害，洛克随艾希利避居荷兰。1683年"光荣革命"后，洛克返回英国并在新政府中担任职务。这种不平常的经历和社会关系，对洛克的世界观和政治态度产生了非常深刻的影响，也促使他成为新兴资产阶级的法律思想家。

学说内容

洛克的法律思想为立宪君主制和相应的法律制度提供了理论根据。其主要著作有《论宽容异教的通信》(1689年)、《政府论》上、下篇(1689年)和《人类理解论》(1690年)等。其中,《政府论》被认为是洛克最主要的政治法律思想著作。

《政府论》全书分上、下篇,亦称《政府论两篇》。上篇共11章,着力于驳斥保皇派菲尔麦的君权神授、王位世袭和具有绝对性的论点,阐述了洛克关于父权、政治权力和专制权力的理论,从而为资产阶级君主立宪制度的登台扫除异说。下篇共19章,正面论述了政府的真正起源、范围和目的。一般认为,洛克的法律思想主要体现在下篇中。

一、洛克的自然法理论——囊括其全部政治法律思想

洛克是古典自然法学派的杰出代表之一,自然法理论是其全部政治法律思想的主要内容。

洛克认为,自然法是人定法的基础。在订立"社会契约"的基础上,人们摆脱了尽管是自由却充满着恐惧和危险的自然状态,进入了政治社会,成立了国家,设立了政府,产生了公共权力和法律。

洛克主张人们达成协议进入文明社会,把立法、司法、执法的一切权力授予拥有最高权力的政府;然而,他们为自己保留了生活、自由和财产的自然权利,保护和尊重延续权利是最高权力的责任。

因此,在洛克的模式中,政府虽然是强有力的,但不是绝对的,而是有条件的:政府权威必须以保存人的生存、自由和财产的权利为目标。假若它不为这个明确的目的服务,人们就有权废除原先的契约。废除契约并不意味着如霍布斯所讲,会丧失社会契约带来的文明状况;洛克认为,废除只影响到契约的政治部分,而不影响契约的社会部分,政治变革绝不意味着以社会变革为前提。

于是,在洛克心目中便有了两种契约——社会契约和政治契约,也就是他充分认识到了国家和社会的基本区别。

二、立法至上和权力分立——资产阶级国家学说

在国家的形式上,洛克提出了立法至上的主张和权力分立的原则。

洛克认为,生存、自由和财产权利是人与生俱来的基本权利,其中最重要的是财产

△ 在十七世纪初的英国，封建君主大力鼓吹君权神授，剥削压迫人民以满足自己的欲望，最终自己也走向灭亡。英国国王查理一世被斩首的场面。

权。因为没有财产，人们不可能享有生存和自由，他公开承认人们缔结契约，进入文明社会，主要是为了保护财产权。也就是说，人类文明和文化都是为了保卫人的天赋的财产权。

他还提出了较为彻底的法治原则：第一，国家必须以正式的法律来统治。第二，执行已经公布的法律。不执行法律的政府是专横的政府，也就不能算作真正的政府。第三，法律面前人人平等。第四，法治不排斥个别场合的执法灵活性。

在关于法律和自由的关系这一问题上，洛克的原则是：一方面，自由要受法律的约束，要以人的理性为基础；另一方面，法律的目的不是废除或限制自由，而是保护和扩大自由。

他认为国家的权力分为立法权、行政权和对外权三种。这三种权力不是平行的，立法权高于其他两权，但立法权仍要受到限制和约束，即它对于人民的生命和财产不能是绝对的、专断的，立法、行政和对外这三种权力应由不同的机关分别掌握，不能集中在君主或政府手中，否则就会产生许多弊病。

洛克主张行政权由国王行使，但要根据议会的决定；立法权应由民选的座谈会来行使；对外权与行政权联合在一起，都要由武力作后盾，所以对外权也应由国王来行使。

洛克认为，虽然国家是重要的，但这种重要性绝不能以牺牲个人的独立性来保障。

学说发起人	学说发起时间	推荐理由
牛顿	1686 年	牛顿不但从数学上论证了万有引力定律，而且把经典力学确立为完整而严密的体系，把天体力学和地面上的物体力学统一起来，实现了物理学史上第一次大的综合。

集 17 世纪自然科学之大成的牛顿天体力学

背景搜索

艾萨克·牛顿（Issac Newton，1642 年至 1727 年），伟大的英国物理学家、天文学家、数学家。经典力学的建立者，万有引力的发现者。艾萨克·牛顿于 1642 年 12 月 25 日生于英格兰林肯郡小镇沃尔索浦的一个自耕农家庭里，自幼沉默寡言、性格倔强。12 岁时，他进入格兰瑟姆中学。

1661 年，19 岁的牛顿以减费生的身份进入剑桥大学三一学校学数学。

在这期间，牛顿读了开普勒的《光学》，笛卡尔的《几何学》和《哲学原理》，伽利略的《两大世界体系的对话》，胡克的《显微图集》，对探索自然现象产生了浓厚的兴趣。他还学习了数学，进入了当时数学最前沿的研究阵地——解析几何与微积分。

1665 年至 1666 年，严重的鼠疫席卷了伦敦，牛顿被迫返乡。在家乡居住的两年，成为牛顿科学生涯中的黄金岁月，他以前所未有的旺盛精力从事科学创造，并关心自然哲学问题。他的三大成就——微积分、万有引力、光学分析的思想都是在这时孕育成形的。

传说，牛顿在苹果树下发现了万有引力。

晚年的牛顿开始致力于对神学的研究，他否定哲学的指导作用，虔诚地相信上帝，埋头于写以神学为题材的著作。

1727年3月20日，伟大的艾萨克·牛顿逝世。同其他很多杰出的英国人一样，他被埋葬在了威斯敏斯特教堂。他的墓碑上镌刻着：

"让人们欢呼这样一位多么伟大的人曾经荣耀地在世界上存在。"

学说内容

一、天文光学和数学——伟大的发现

牛顿在科学上的贡献是非常巨大的。除了万有引力定律的发现，他在光学方面的研究还有三大著名的贡献。

1666年，牛顿用三棱镜进行了著名的色散试验。一束太阳光通过三棱镜后，散射成几种颜色的光谱带，牛顿用一块带狭缝的挡板把其他颜色的光挡住，只让一种颜色的光通过第二个三棱镜，结果出来的只是同样颜色的光。这样，他就发现了白光是由各种不同颜色的光组成的，这是牛顿在光学方面的第一大贡献。

许多人研究光学是为了改进折射望远镜。但是，牛顿认为各种玻璃的折射本领都是一样的，因此折射望远镜不易制造。为了解决这个难题，牛顿便以铜锡合金磨成一面凹面镜来反射聚光成像，1672年他制成了一种新的反射望远镜，一般被称为牛顿望远镜。这是他在光学上的第二大贡献。

牛顿在光学上的第三大贡献就是提出了光的"微粒说"。他认为光是由微粒形成的，并且走的是最快速的直线运动路径。他的"微粒说"与后来惠更斯的"波动说"构成了关于光的两大基本理论。

除了光学，在牛顿的全部科学贡献中，数学成就也占有突出的地位。他在数学生涯中的第一项创造性成果就是发现了二项式定理。

牛顿在老师巴罗的指导下，在钻研笛卡尔的解析几何的基础上，将自古希腊以来求解无限小问题的各种技巧统一为两类普通的算法——微分和积分，并确立了这两类运算的互逆关系，从而完成了微积分发明中最关键的一步，为近代科学发展提供了最有效的工具，开辟了数学上的一个新纪元。

二、万有引力和牛顿运动三定律——经典力学

牛顿是经典力学理论的集大成者。他系统地总结了伽利略、开普勒和惠更斯等人的工作，得出了著名的万有引力定律和牛顿运动三定律。

1685年，哈雷登门拜访牛顿时，牛顿已经发现了万有引力定律：两个物体之间有引力，引力和距离的平方成反比，和两个物体质量的乘积成正比。并且牛顿向哈雷证明，地球的引力是使月亮围绕地球运动的向心力，也证明了在太阳引力作用下，行星运动符合开普勒运动三定律。

万有引力的发现说明，天上星体运动和地面上物体运动都受到同样的规律——力学规律的支配。

牛顿还用万有引力原理说明了潮汐的各种现象，指出潮汐的大小不但同朔望有关系，而且同太阳的引力也有关系。

他还从理论上推测，地球的两极较扁，而岁差就是由于太阳对赤道突出部分的摄动而造成的。

1686年底，牛顿写成了划时代的伟大著作《自然哲学的数学原理》一书，标志着一个崭新的天文学分支——天体力学由此诞生了。

学说发起人	学说发起时间	推荐理由
布阿吉尔贝尔	1697年	布阿吉尔贝尔的著作体现了法国路易十四时代价值和价值理论的经济学思想,被马克思认为是法国资产阶级古典政治经济学的创始人。

开创古典政治经济学新时代的布阿吉尔贝尔经济学思想

背景搜索

比埃尔·布阿吉尔贝尔（Pierre Boisguillebert，1646年至1714年），法国资产阶级古典政治经济学的创始人，也是重农学派的先驱者。

布阿吉尔贝尔出生在法国卢昂，早年从事过农业和商业的实际经营活动，后在家乡一度担任法官职务。在布阿吉尔贝尔所生活的时代，法国经济正处于混乱的状态中，此前路易十四的大臣科尔贝一直实行重商主义的政策，虽然刺激了法国资本主义的发展，但同时也带来了严重的后果。农业基础日益凋敝，土地荒芜，人口减少，人民生活十分贫困，法国的财政经济面临崩溃的局面，而布阿吉尔贝尔就是在这样紧急的时刻开始他的著述的。

布阿吉尔贝尔的主要著作有：《法兰西详情》、约于1697年所写的《谷物论》、1705年的《论财富、货币和赋税的性质》、1707年的《法兰西辩护书》，在这些著作中，他研究了法国经济衰落的原因，并针对当时的具体情况，力图找出一种救治的办法。

法兰斯·史奈德的绘画《水果摊》，描绘了人们自由贸易的场景。

学说内容

一、财富和货币的理论

法国的古典政治经济学是在和重商主义的尖锐对立中诞生的，是在对重商主义的反动之上产生的，而布阿吉尔贝尔坚持贯彻了这一精神，这主要体现在他的财富和货币理论上。

布阿吉尔贝尔认为，财富包括人们的全部享受，不仅是生活必需品，也包括非必需品以及能够满足人们身体官能快乐的一切物品，而不仅仅是一般意义上的金钱。

在他看来，财富主要是由农产品构成的，农业生产才是财富的真正源泉，如果农业衰落，其他行业也会随着发生连锁反应。法国经济面临如此严重的危机，就是因为谷价低贱，因为农民不能收回生产成本，生活无法维持，自然也就无法向地主交租，这样社会各个阶层都得不到好处。

在《谷物论》中，布阿吉尔贝尔用了整整十章的篇幅来说明为什么应当实行谷物的自由贸易。按照他的想法，应该提高谷价，允许谷物自由输出，这样才会增加农民收入，扩大耕地面积，提高农业的产量。因此，就这一点而言，布阿吉尔贝尔成为重农学派的先驱是当之无愧的。

他还反复证明货币并不是财富，货币的唯一职能就是"为了便利交换和贸易"，"在商

107

品的交换和流通中起保证作用","金钱只是商业交易的仆役和奴隶,而不是商业交易专横的暴君"。

他认为,社会经济活动有自己的规律性,人们的经济活动只能按自然规律进行,"整顿经济秩序的权力只属于大自然","只有大自然才能够平衡,所以不要妨碍大自然行事"。而如果人们违反自然,违背了自然规律,"大自然就会对违抗者施加惩罚",人们就要面对接踵而来的饥饿和灾难。法国之所以会爆发如此严重的经济危机,就是因为长期推行的重商主义政策严重干扰了自然规律。他认为,法国国民经济比例失调,而只有自由竞争才能真正地使各行各业保持均衡,使社会所有成员都能得到利益,它是维持社会安定和公正的唯一方法和力量。布阿吉尔贝尔还在自己的书中多次提出"自然规律"的概念,这和重农学派后来提出的"自然秩序"有异曲同工之处。

二、价格与价值理论

布阿吉尔贝尔的价格和价值理论也引起了很多人的关注。他认为,为了保持社会经济的正常发展,在商品交换中,各种商品的价格必须保持一定的比例,只有这样,才能使各种各样的货物一起存在,它们的生产才能经常彼此相互促进。否则就会引起经济紊乱、商业停顿。

在《法兰西详情》一书中,布阿吉尔贝尔在分析农业生产和生产费用时,提出了"真正价值"的问题——他想在经常变动的市场价格背后寻找出"真正价值"。

首先,他认为,各种货物的价格必须能够"偿付生产商品的费用",而决定商品价值的劳动包括直接劳动和间接劳动,正如"小麦的生产"就是"继续劳动的结果,是用金钱购买的生产资料投入耕种的结果"。

其次,他又把各种商品的价值比例归结为按正确比例分配于各个产业部门的劳动时间。他认为,各个产业部门已经"形成了一条财富的链条,只有组成链条的各个环节连接在一起的时候才有价值,一旦从中脱掉一个环节,它们就会失去价值,至少会失去最大部分的价值"。

其实,布阿吉尔贝尔所谓的"真正价值",实际上是指和这一商品相交换的另一商品的价值,即其交换价值。马克思曾这样评价:"(他)虽然不是有意识的,但是事实上他已把商品的交换价值归结到了劳动时间上,因为他用个人劳动时间在各个特殊产业部门间分配时所依据的正确比例来决定'真正价值',并且把自由竞争说成是造成这种正确比例的社会过程。"

布阿吉尔贝尔认为自由竞争使劳动以正确的比例分配于各产业部门。所以,商品才会按其各自所包含的劳动量进行等价交换,从而使商品的交换价值决定了生产商品的劳动时间。

学说发起人	学说发起时间	推荐理由
休谟	1732年—1734年	休谟提出了一个以怀疑论和抽象人性论为基础的哲学体系，把英国经验论推向了怀疑论。

终结英国经验哲学的休谟不可知论学说

背景搜索

大卫·休谟（David Hume，1711年至1776年），英国著名哲学家、历史学家和经济学家，出身于英国爱尔兰爱丁堡郡的一个没落贵族家庭。12岁进入爱丁堡大学学习法律，两年后辍学，自修文学和哲学。21到23岁旅居法国，完成了他的第一部、同时也是最重要的一部哲学著作《人性论》。

休谟当过家庭教师，随远征军到过荷兰、奥地利、意大利等国，从事一些社会政治活动；晚年，他在英国驻法国大使馆工作，并结识了卢梭、霍尔巴赫、爱尔维修、狄德罗等著名思想家。1776年，休谟病逝于爱丁堡。

休谟的一生大部分时间都在从事学术活动。他的著作除了《人性论》以外，主要还有《人类理解研究》、《道德原则研究》、《英国史》、《政治论》、《宗教自然史》以及在他死后出版的《自然宗教对话录》等。因其哲学体系中具有的强烈的反形而上学色彩，休谟被列宁称为"和贝克莱走着不同道路的18世纪大哲学家"。

著名绘画大师阿兰·拉姆塞笔下哲学家大卫·休谟的画像。

学说内容

一、一切观念来自感觉——知觉论

休谟根据洛克关于知识来自经验的基本观点，把由经验得来的一切知识叫做"知觉"。他把知觉分为两种，一种是由感觉和反省直接得来的知觉，叫做"印象"，一种是印象的摹本，叫做"观念"。印象和观念之间的差别正是感觉和思维的差别。

休谟认为，一切观念最终都来源于感觉。我们的一切思想、观念无论多么复杂，都可以分解为简单观念，并最终还原为相应的印象。不能还原为印象的观念，就不是真实可靠的观念。休谟继承了经验论和感觉论的原则，反对"天赋观念"论，认为一切知识归根到底都来源于感觉。这是休谟哲学的第一条原则，他的全部不可知论哲学都是以这条基本原则为出发点来论证的。

既然一切观念都来自感觉、印象，那么感觉、印象从哪里来的呢？在这个问题上，休谟做出了与洛克和贝克莱都不同的回答，走上了怀疑论和不可知论的道路。

他认为，对感觉的来源问题只能抱着"存疑"的态度，因为人类的理性完全不能够做出解释。我们永远不可能断定，印象是直接由对象发生的、由心灵的创造力产生的、还是从造物主那儿得来的。感觉和经验不能超出自身之外去解决自身的来源问题，它本身就是一个虚假的概念。

以上就是休谟不可知论的最基本的观点。

为了论证这个基本观点，他既反对唯物主义也反对贝克莱的唯心主义。他既不同意感觉来源于外部世界，也不认为感觉来源于精神实体。所以，在回避了存在于思维这个哲学的基本问题后，休谟就在唯心主义和唯物主义之间摇摆着，加上他不愿意对日常生活和自然科学采取虚无主义的态度，于是休谟宣称，他的哲学是温和的怀疑论。

二、因果的观念来自经验——因果论

因果性问题是休谟哲学的核心内容，通过这个问题休谟进一步论证了他的经验论和不可知论。

休谟把科学分为两种：一种是研究"观念的关系"的，如几何、代数、三角等，它们只凭直观或证明就可以发现其确切性；一种是研究"实际的事情"的，即实证科学，它没有直观的或证明的确定性，而是在因果关系的基础上进行推理的。

休谟认为，原因和结果是两个完全不同的事物，它们关系的揭示并不是凭借理性，而是凭借经验。休谟说，我们经常观察到两个事物的恒常会合，这种恒常会合反复出现之后，使人的心灵养成了一种习惯，当其中一个事物出现时，我们的思想自然而然就转移到它的那个恒常伴随事物上。于是，人们便把这两个事物中的前件称作原因，把后件称作结果。

三、上帝的存在不可知——宗教怀疑论

宗教问题是休谟哲学思想的一个重要组成部分，他从经验论出发，达到宗教怀疑论，自始至终对宗教持批判态度，而且越来越坚定。

首先，休谟指出，上帝存在与否是个悬而未决的问题，人们头脑中具有的上帝观念，完全是个超越经验的"形而上学"问题，在经验中并无真实存在。休谟在他的宗教理论中，使权威派人士最恼火的，是他对宗教社会作用的揭露与批判。他认为，历来的宗教教义在本质上都是违反理性和自然的。宗教存在的基础，是"迷信"和"狂热"。宗教所造成的灾难到了近代的基督教，达到了顶点：不仅靠迷信，还制造了种种理论来为自己辩护，从而扼杀了自由，败坏了道德，阻碍了人类的进步，使人的理智迟钝、心情冷酷、口是心非，成为伪君子。他表示，只有人类进入没有宗教的时期，才能得到真正的"幸福"和"繁荣"。

休谟对宗教的批判态度，引起了教权派人士的仇恨。这不仅使他两次失去在大学教书的机会，还引来了宗教制裁的杀身之祸。1761年，罗马天主教会把休谟的全部著作列为禁书。他死后，一些狂热而愚蠢的教徒们，还要扒他的坟，焚他的尸。

然而，休谟毕竟还不是一个无神论者，他在宗教问题上是动摇和矛盾的。他批判宗教的目的不过是要约束教权、反对教会的专横和主张"宗教宽容"。他认

▲ 法国画家路易斯·莱波·波以里绘的油画《打桌球》，休谟曾借用桌球之间的碰撞来说明因果关系。

为，上帝的存在无法由理性证明，却可以由信仰作基础。宗教对于维护社会安宁、约束平民百姓的行为是有用的，而有识之士的宗教信仰恰恰应该与他们的怀疑论精神合而为一。

休谟在宗教问题上的态度，同他在哲学上的"中间派"立场、不可知论哲学的内在矛盾有密切的联系，反映了当时资产阶级在科学与宗教问题上的矛盾处境。

学说发起人	学说发起时间	推荐理由
孟德斯鸠	1748年	著名的"三权分立学说"奠定了资产阶级政权的理论基础,强调法的作用,反映了大资产阶级的利益,点亮了资产阶级宪法的指路航灯。

为资产阶级宪法树立楷模的孟德斯鸠三权分立学说

背景搜索

18世纪法国思想界有三大著名的代表:孟德斯鸠首先倡导自由,伏尔泰接着谈论效率,卢梭最后综合论述平等。

孟德斯鸠(Montesquieu,1689年至1755年),法国启蒙运动的思想家、法学家,出身于贵族家庭,具有诚实勇敢的高尚品质,热爱真理、自由与和平;他憎恶压迫、残忍、偏执与不公平。因长期在议会和法院工作,他深感法国国王在政治上的专制、愚昧和暴虐。他曾当过律师和波尔多省法院院长,经常到欧洲各地游历。

孟德斯鸠在欧洲游历时通过广泛的社会调查,对许多国家的社会状况和政治制度都有较深入的了解。在对欧洲的考察中,他对英国的政治自由,特别是当时英国对异教的宽容政策十分欣赏,并把英国式的议会制君主立宪制视为理想的政治制度。

孟德斯鸠的主要著作有《波斯人信札》、《罗马盛衰原因论》和《论法的精神》。

《论法的精神》一书,中国严复的汉译本定名为《法意》。这本书不仅是孟德斯鸠集一

《人权宣言》，宣称人人自由而平等。

生之大成而写成的杰作，也是18世纪世界文化的巨著之一。《论法的精神》在1748年出版以后，就曾被某些国外学者奉为"政治哲学的圣经"。

学说内容

孟德斯鸠提出，世界上的一切国家都有一个相同的目的，那就是"自保"。但是每个国家又各有自己特殊的目的，例如古代罗马的目的是"扩张"，犹太国的目的是"宗教"，法国马赛的目的是"贸易"，中国的目的是"太平"。他说，民主政制的精神是"德行"，君主政制的特征是"荣衔"，暴虐政制的核心是"恐惧"。

孟德斯鸠十分关心国家和公民的政治自由，他认为这是理想国家的理想状态。孟德斯鸠所说的政治自由简单归纳来说，就是法律之下人人平等。他认为，只有三权分立的政府，才能实现政治自由。

何谓三权？孟德斯鸠认为，每个国家的权力都可以划分为三种：一是立法权力，二是有关国际法事项的行政权力；三是有关民政法规事项的行政权力。他把第二项简称为"行政权"，而把第三项简称为"司法权"。

孟德斯鸠关于国家权力的这种划分，较之洛克更加完善，但后来人们一般都把行政权理解为包括内政外交在内的、主管整个国内外事务的行政管理权力。

孟德斯鸠突出强调三权分立的必要性，以及法律与军事，政治和习俗的密切关系等等。

他说，三种权力必须分别交由不同的人和不同的机构来行使。因为，一切握有权力的人都容易滥用权力，这是"万古不易"的一条经验。如果三项权力的任何两项都集中到同一个人或同一个机构的手中，政治自由都将不复存在。

如果三种权力都同时集中在一个人或一个机构手里，那么独揽一切权力的个人或机构既可以用"一般的意志"去蹂躏全国，又可以用"个别的意志"去毁灭每一个公民，人民群众的生命财产和政治自由将处于毫无保障的地位——就如同当时法国的黑暗状况。

为此，防止权力滥用的途径，就是使每个人和每个机构掌握的权力都有一定的界限，使权力的运用到此必须停止，不得逾越。从事物的性质来说，要防止滥用权力，就必须以权力约束权力。

关于司法权，孟德斯鸠提出了以下观点：第一、法官由选举产生，不设永久机构；第二、允许罪犯选择法官，或要求法官回避；第三、判例应该固定；第四、法官与被告处于平等地位。

名画《自由引导人民》。孟德斯鸠提倡在法治的基础上人人平等，人们应该争取自己的自由与权利。

关于立法权，他认为：第一、由于能力和人数的关系，应该由人民选出的代表行使立法权，即实行代议制；第二、代表选举应由各城市和地区选出的代表组成，因为人民对于自己城市的需要比对其他城市的需要了解得更清楚；第三、反对给每一个公民以平等的普选权；第四、立法机关应经常开会，防止国家陷于无政府状态，但不能过度占用行政者的时间与精力；第五、立法机关的会议应由行政机关召集。

关于行政权，他指出：第一、一个人掌握比几个人掌握好；第二、立法机关虽然有审查和监督法律实施的权力，但立法机关不应有权审讯执政者本人，以防止立法机关专制。

学说发起人	学说发起时间	推荐理由
魁奈	1757年—1758年	魁奈的经济学的目标在于通过研究保证人类社会能使支出再生和持续的自然规律，以使支出达到可能的最大化的再生产。从魁奈开始，政治经济学开始成为一门科学。

代表重农学派理论成就的魁奈"自然秩序"和"经济表"

背景搜索

弗朗斯瓦·魁奈（Francois Quesnay，1694年至1774年），资产阶级古典政治经济学的奠基人之一，法国重农学派的创始人和重要代表。他出生在法国巴黎的梅里，家境还算可以，但因为兄弟姊妹很多，所以没能受到很好的教育，直到十一岁时，还不认识几个字。但魁奈从小就很好学上进，只是一开始，他的兴趣是在医学方面，曾作为著名的宫廷御医，被国王赐封为贵族。

成为贵族之后的魁奈，多了很多机会与哲学家、思想家进行交流，更加了解了法国当时的国情。当时的法国是"重商主义"思潮的实践者，过分注重工商业的发展而忽视了农业问题，导致法国农民怨声载道，经济问题十分严重，人民生活痛苦，这一切都成为了国内的焦点话题。正是在这样的背景下，魁奈开始把研究方向转向哲学，并进而开始研究起经济学来。

1757年，魁奈为著名的《百科全书》写了《农民论》和《谷物论》两篇文章，1758年，他又发表了伟大的著作《经济表》，不但在当时受到马克思的重视和高度评价，同英国画家亨特的《牧羊人》,展现了一幅恬静的乡村景象。

时也受到了重农学派同仁们的推崇,如当时的米拉波侯爵就认为《经济表》是继人类在文字和货币之后的第三大发明,但同时也是复杂而难以理解的。此后,魁奈又写出了《第一经济问题》、《第二经济问题》、《中国的专制制度》等经济专论,进一步建立起一个完整的魁奈体系,开创了重农主义的流派。

学说内容

一、魁奈的重农主义理论

理解魁奈,首先要理解的就是他的"自然秩序"主张,它是重农主义经济思想体系的一个重要概念,也是重农主义整个学说的支柱和基础。同时,重农学派把自己的学说称为"自然秩序的科学",这也是为什么他被称为"欧洲的孔子"的重要原因。

重农学派的自然法则,包括了物质法则和精神法则两个方面。魁奈认为,"这里所谓的物质法则,是指在自然秩序下,按照不言自明的最有利于人类的方式运作的实际行动……这里所谓的道德法是指由顺应物质秩序的道德秩序中产生的,最有利于人类的所有人类行为的规则。这两者合起来,就是所谓的自然法则"。

重农主义的自然秩序学说第一次确认了人类社会存在着客观规律,从而为政治经济学

著名画家米勒的绘画《播种者》，表现了农民播种农作物时的劳动场景。

提出了认识客观规律的任务。这一认识成为古典政治经济学的传统，创立了把社会经济看做是一个可以测定的制度的概念。这概念意味着社会经济受着一定客观规律的制约，经济范畴间存在着相互的内在联系，事物的发展具有理论上的可预测性。

就是在这种自然秩序的理念的指导下，魁奈非常重视农业，他在《谷物论》中说，一切利益的本源实际是农业；在《租地农场主论》中说，农业是君主的财宝，它的生产物都是眼睛看得见的；他明确提出，国家不可能在农民赤贫的情况下富强。他的一句名言是：要使国家富强，首先就得使农民富有起来。

因为注重农业，魁奈得出只有农业才能生产出"纯产品"的理论，这是魁奈理论的核心定义，所谓纯产品就是财富的递增，就是新生产出来的产物的价值，超过生产费用的余额，也就是剩余价值。从这一点而言，他给后来的马克思以很大的启示。

根据"纯产品"理论，魁奈将国民划分为三个阶级：一、生产阶级，即真正从事农业的阶级，租地农场主和农业工人；他们之所以被称为生产阶级，是因为他们的劳动提供剩余——地租。二、占有这种剩余的阶级，其中包括土地所有者和依附于他们的家仆，君主以及所有由国家付给薪俸的官吏，最后还包括以什一税占有者这一特殊身份出现的教会。为简便起见，我们把第一个阶级简称为"租地农场主"，把第二个阶级简称为"土地所有者"。三、从事工商业的或不生产的（不结果实的）阶级。

二、《经济表》的诞生

1758年，魁奈发表了《经济表》，这是一个大胆的尝试，也是一个伟大的发明，魁奈想要通过图解来清楚地说明：一个国家（实际上就是法国）每年的总产品，怎样在上述三

英国画家布朗的绘画《收割》，展现了一幅浓郁的乡村丰收景象。

个阶级之间流通，怎样为每年的再生产服务。

的确，这个表格是一种尝试：把资本的整个生产过程表现为再生产过程，把流通表现为仅仅是这个再生产过程的形式，把货币流通表现为仅仅是资本流通的一个要素，同时把收入的起源、资本和收入之间的交换、再生产消费对最终消费的关系都包括到这个再生产过程中，把生产者和消费者之间（实际上是资本和收入之间）的流通包括到资本流通中，最后，把生产劳动的两大部门——原料生产和工业——之间的流通表现为这个再生产过程的要素，而且把这一切总结在一张表上，这张表实际上只有五条线，连结着六个出发点或归宿点。

毫无疑问，这个尝试是伟大的，马克思说："这个尝试是在18世纪30年代至60年代政治经济学幼年时期提出的，但却是政治经济学至今所提出的一切思想中最有天才的思想。"而魁奈的经济理论都体现在这个表中，如自然秩序、财富、纯产品、重农思想等。

魁奈的《经济表》是在经济学中第一次制定的社会总产品的再生产和流通的图解，他不仅把货币流通作为资本流通的一个要素，还强调了货币对社会再生产的重要作用。在魁奈看来，货币的意义就是帮助商品交换，它充当的是买者和卖者的媒介作用，这就充分瓦解了重商主义的货币理论，粉碎了关于货币的神话。当然，更重要的是，魁奈把对剩余价值起源的研究，从流通领域转到了直接生产领域，为科学地分析资本主义经济奠定了良好的继承基础，这也是他和其他此前的经济学家不同的地方，对以后的经济理论产生了极大的影响。

学说发起人	学说发起时间	推荐理由
卢梭	1762 年	卢梭在《社会契约论》中大胆提出了"天赋人权"、"主权在民"的思想，是一部让所有贵族惊惶失措的"革命的圣经"。

给人类灵魂以震撼的卢梭"天赋人权"思想

背景搜索

让·雅克·卢梭（Jean Jacques Rousseau，1712年至1778年），法国著名的启蒙思想家、文学家、法学家，他出生在日内瓦一个钟表匠家庭中，很小的时候母亲就去世了。卢梭的青少年时代做过佣人、家庭教师、音乐教师和雇佣文人，在寄人篱下的日子里，他饱尝了人间的辛酸和困苦，开始自学成才。他很有才气，喜爱音乐、诗歌、戏剧，并很早就开始创作，思考社会问题。

1749年，卢梭去监狱看望被关押的朋友狄德罗，途中，他看到了第戎科学院关于《论科学与艺术是否败坏或增进道德》的征文题目，决定应征。卢梭的激情和思辩力，在这篇文章中得到了淋漓尽致的体现，也博得了评委的赞赏，结果他的论文获得了一等奖。终于，这个曾经的穷小子一下子成了名人，但卢梭并没有就此耽搁在贵族的沙龙客厅里，而是从此踏上了反封建的征途，过着清寒的生活，继续埋头著书立说，为平民的权利奔走呐喊。

1755年，他发表了《论人类不平等的起源和基础》；1762年，他发表了一生中最深刻

卢梭提倡天赋人权，可当时的社会中有些人甚至连自由都没有，更何况权利。图为《奴隶拍卖会》。

的巨著——《社会契约论》，后又译作《民约论》。这是他最为杰出的代表作之一，被誉为"人类解放的第一个呼声，世界大革命的第一个煽动者"，因为他第一次提出了"天赋人权"和"主权在民"的思想，开辟了一个崭新的时代。

学说内容

卢梭的思想是逐步发展和成熟起来的。1749年第戎科学院的论文是一个良好的开端，虽然这篇论文并不为卢梭本人看重，但它是具有重大意义的，因为卢梭全部学说的萌芽都蕴含在这里面了。

在1755年的《论人类不平等的起源和基础》文章中，卢梭用历史和哲学家的眼光深刻分析了"不平等"这个敏感而又激进的话题。

在文章的一开始，他说："我认为在人类中有两种不平等：一种，我把它叫作自然的或生理上的不平等，因为它是基于自然，由年龄、健康、体力以及智慧或心灵的性质的不同而产生的；另一种可以称为精神上的或政治上的不平等，因为它是起因于一种协议，经人们认同而设定的，或者至少是它的存在为大家所认可的。第二种不平等包括某

▲ 1762年，卢梭因《爱弥儿》和《社会契约论》被指责与政府和宗教对抗，受到法院和教会声讨，被迫逃亡瑞士。1770年，法国政府宣布赦免，他才得以返回巴黎。

一些人由于损害别人而得以享受的各种特权，譬如：比别人更富足、更光荣、更有权势，或者甚至叫别人服从他们。"而人类面临的最大的问题就是解决这种政治上、精神上的不平等。

他认为，在自然状态下，人类是完全平等的，私有财产的产生是人类不平等现象出现的根源。人类不平等是向前发展的，文明前进一步，不平等也就前进一步。不平等的发展经历了三个阶段，一是财富的不平等阶段；二是政治上的不平等阶段；三是专制权力统治下的不平等阶段。人与人之间原本是平等的，没有人天生就是奴隶，也没有人天生就是主人，只是私有制的出现改变了这一切。

《社会契约论》全书共分四卷，第一卷主要论述了人类是怎样由自然状态过渡到政治状态的，什么是契约，形成契约的根本条件是什么。此后的三卷都是这个理论的扩展和深化。

在开篇的第一章中，卢梭就提出，"人是生而自由平等的，但却无往不在枷锁之中，自以为是其他一切的主人，反而比其他一切更是奴隶。"卢梭这一论断的提出有着深远的意义,尤其是在君主专制制度横行欧洲的时代。当时英国王权专制论代表人物一直强调"没有人是生而自由的",他们用这种理论来为君主专制做辩护。但卢梭认为,"自由平等"是"生而即有的",众生平等,放弃自由就是放弃自己做人的资格,就是放弃人类的权利,甚至就是放弃自己的义务——他把自由和平等看成是人类最大的善。

当然,这种自由不是没有任何限制的,因为自由还处在一定的枷锁之中。当社会发展到一定阶段,就会出现国家、政权、统治阶级,但卢梭认为这些社会秩序绝不是自然而然产生的,而是人为的,是建立在约定之上的。国家是人民协商的结果,法律是一种"公意",任何人不能凌驾其上。

国家是自由的人民自由结合的产物,是社会的共同力量相结合的一种形式,而这种形式应该"以全部共同的力量来卫护和保障每个结合者的人身和财富","这就是社会契约所要解决的根本问题"。《社会契约论》表达了卢梭学说的核心内容,它认为,既然国家是人们协商的结果,人民就有权利掌握国家政权,法律应是社会成员共同意志的体现。

卢梭激烈地抨击君权神授的专制制度,讽刺奴隶制度,他说,任何人对他人都没有天然的权力,人类社会的任何合理的权威就都应建于人民之间的相互约定。

针对当时的法国皇帝路易十六提出的"朕即国家"的谬论,卢梭发出了极为激进的言论。他说,国王不是人民的主人,而是人民的仆人,对不称职的仆人,人民可以按照自己的意愿撤换他。可见,他比任何一个思想家都重视民众,都重视"民意"。

他所主张的社会契约,不是高高在上的官员和普通低贱的群众的一种约定,不是一个责任完全归你而利益完全归我的约定,而是共同体各个成员之间的一种公平的约定。

人们拟定社会契约时,每个缔约者都向共同体奉献出自己的一切权利,人人奉献,他们的条件都是同等的,没有任何例外,所以也就没有人成为别人的负担者;人民把权利交给社会,自己又从社会获得了同等的权利。

社会契约缔结之后,人民便永远成为国家的立法者,契约如遭到政府破坏,每个公民都有权立即自动地恢复自己原来的权利,如果丧失契约规定的自由,便可以自动恢复原先的自然的自由。

与伏尔泰和孟德斯鸠主张君主立宪制不同的是,卢梭极力主张推翻君主专制制度,建立一个民主共和国,他认为,只有在这样的民主政府里,他的理想才能实现,契约才能发挥作用。事实证明,卢梭的想法是对的。

学说发起人	学说发起时间	推荐理由
亚当·斯密	1776年	亚当·斯密在他的《国富论》中一再反对主张垄断国内外贸易的重商主义，主张自由开放，反对政府干涉，主张降低关税，对19世纪的国际政策发挥了重要影响。

奠定西方市场经济理论基础的亚当·斯密经济学说

背景搜索

经济学，作为一个学科诞生于19世纪末，而亚当·斯密、大卫·李嘉图、约翰·斯图亚特·弥尔、卡尔·马克思等人的活动却早在半个世纪甚至一个世纪之前就展开了。这些人物的理论相互冲突，但同时又分享着若干预设、概念和理论，以至于人们可以将他们视为一个独特的社会理论的历史学派。如果说，马克思是政治经济学的一个最为重要的版本的话，亚当·斯密的《国富论》则是这一社会理论的一个新的发展。

亚当·斯密（Adam Smith，1723年至1790年），1723年出生于苏格兰基尔卡迪城，被认为是现代经济学的奠基人。青年时期曾就读于牛津、剑桥大学。

1751年至1764年任格拉斯哥大学教授期间，亚当·斯密发表了他的第一部著作《道德情操论》，为他在学术界赢得了声誉。1776年，他发表了他的大作《国民财富的性质和原因的研究》，简称《国富论》，这本书使他获得了持久的名声。1790年，亚当·斯密逝世于基尔卡迪，终生未娶。

学说内容

一、自由贸易理论

在《国富论》中，亚当·斯密宣扬自由贸易，而不是贸易保护和中央控制，正是这本书奠定了他自由贸易理论的基础。

亚当·斯密很重视私利观，不过这是一种开明的私利观。他对狭义的私利观不仅不维护，而且不遗余力地攻击。对于商业，他保持着自由主义和放任政策的态度。亚当·斯密反对政府采取保护政策，使商人获得专利，他主张政府全面开放，实现买卖自由，开展公平竞争，以促使商业合理地发展，国家也才能受益。至于金钱，在亚当·斯密看来只是一种交换的工具，并不是囤集的对象或者商业的目的。

西方市场经济理论的奠基人——亚当·斯密像。

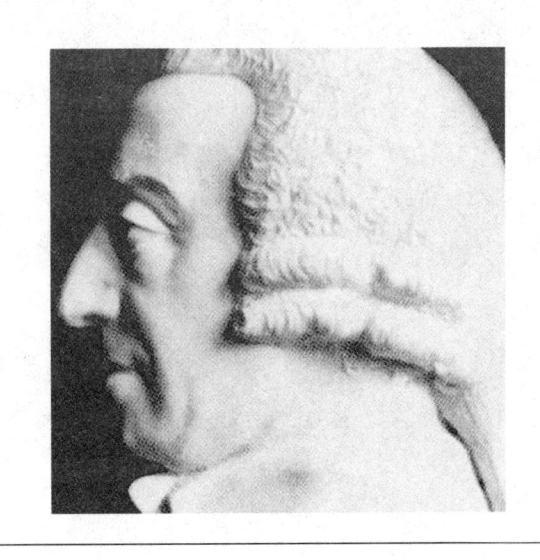

二、剩余价值与劳动价值理论

《国富论》的成就除了主张自由竞争外，作者在书中拒绝了那种关于"土地是价值主要来源"的观点，强调了劳动的重要性和通过分工增加生产的思想，还抨击了专制政府实行的中止、阻碍扩大工业生产的各种陈旧的措施和手段。

亚当·斯密认为，"个人的私收入，最终总是出于三个不同的源泉，即地租、利润和工资。每种赋税，归根结底，必定是由这三个收入源泉的这一种或那一种、或无区别的由这三种收入源泉共同支付的"。这里，亚当·斯密揭示了税收的来源。

在亚当·斯密看来，税收是来自收入的，而人们的收入或者是来自劳动，这部分收入称为工资；或者是来自资本，这部分收入称为利润；或者是来自土地，这部分收入称为地租。既然人们的收入总是由这三部分组成，而税收是来自收入，因而税收不是对这部分收入的扣除，就是对那部分收入的分割。

应当看到，亚当·斯密的税收来源理论虽然从本质上并未揭示出税收的真正来源，但同过去的一些资产阶级经济学者所分析的关于税收来源的理论相比，还是大大地前进了一步。

《国富论》主要表达了自由竞争市场中的一些价值规律：自由市场具有自身调节职能，能够自动地转向生产社会所欢迎的某个品种和某种数量的商品。比如，假设市场上缺少某种所需要的商品，在这种情况下，它的价格自然上涨，这种高价将给那些生产此种商品的人带来最大的利润。正因为利润高，别的生产者将也转向生产这种商品。

生产商品必将缓和市场紧缺的情况。此外，商品多，加上厂商之间的竞争，将迫使商品价格降到与生产成本一致的"自然"水平，无需社会上任何个人去主动消灭商品短缺的情况。按照亚当·斯密的说法，人是受情感驱使的动物，同时又有思维能力和同情心进行自我节制。这种双重性既使人们互相斗争，又使人们能够创造社会制度来缓和两败俱伤的斗争，甚至把斗争变成共同利益。

他反复写道：追求自我利益的人常常被"一只看不见的手"牵着走，满足人们欲望的同时，也为社会带来了好处，最终促进了全社会的利益。而这只看不见的手，就是我们后来熟知的"市场"。

《国富论》还再三说到分工、合作的重要性。亚当·斯密认为分工可以提高劳动生产率，增加国家的财富。原因是：一、分工能提高劳动的熟练程度；二、分工使每个人专门从事某项作业，可以节省与生产没有直接关系的时间；三、分工有利于发明创造和改进工具。

在亚当·斯密看来，适用于一国内部的不同职业之间、不同工种之间的分工原则，也适用于各国之间。他认为，国际分工是各种形式分工中的最高阶段，也是他的全部国际贸易理论所追求的目标。他用国际分工有益的论点给自由贸易政策以理论上的支持，认为只有在自由贸易的条件下，一种适宜的国际分工体系才能建立起来。亚当·斯密的国际分工——国际贸易理论以后被称为绝对利益理论。

学说发起人	学说发起时间	推荐理由
康德	1781年	康德是德国古典哲学的开创者与奠基人。《纯粹理性批判》是其哲学理论的代表作，集中、深刻地阐述了他的认识论，系统地说明了他的先验唯心主义的基本观点。

为批判哲学奠定理论基础的康德认识论学说

背景搜索

伊曼努儿·康德（1724年至1804年），德国古典主义哲学的创始人。他出身于东普鲁士哥尼斯堡一个手工业者家庭。1740年康德进入冠尼斯堡大学读书，毕业后先后担任过家庭教师、大学讲师、教授、校长等职务。他曾开设过人类学、逻辑学、道德哲学、自然物理等多种课程，并发表了许多重要论著，表现出博学与多才。

康德的著作主要有：《对地球从生成的最初起在自转中是否发生过某种变化的问题的研究》（1754年），书中提出了地球自转的速度因潮汐摩擦而延缓的假说；《宇宙发展史概论》（1755年），书中提出了著名的关于太阳系起源的假说；《纯粹理性批判》（1781年），集中阐述了他的认识论，系统说明了他的先验唯心主义的基本观点；《实践理性批判》（1788年），阐述了他的道德伦理观；《批判力批判》（1790年），主要阐述了他的美学和目的论思想，标志着他先验唯心主义体系的完成；《未来形而上学导论》（1783年），是《纯粹理性批判》一书的通俗本，主要内容后来被康德吸收进《纯粹理性批判》的第二版本中；

《道德形而上学探本》(1785年)，是《实践理性批判》的通俗本；《论永久和平》(1795年)，集中阐述了他的社会政治历史观点。

学说内容

一、"批判哲学"体系的确立

康德的哲学发展，以1770年为界，划分为两个时期。在此之前的时期称为"前批判时期"，这一时期康德主要从事自然科学的研究，在哲学上他基本上是一个唯物主义者和可知论者。1770年之后，被称为他的"批判时期"。那年，康德发表了论文《论感觉界和理智界的形式和原则》，文中首次提出了先验唯心主义和不可知论的基本思想。从此以后，他开始从事哲学，特别是认识论问题的研究，并逐步建立起了他的"批判哲学"体系。

康德主张，哲学的首要任务和出发点，应该是对理性认识能力进行"批判"的考察，以此来确定人类知识的范围和限度，从而寻求一条把感性经验同理性思维相结合的新途径。

康德所谓的"批判"，不是对书籍和思想体系的批判，而是指"批判地"研究、考察人的理性认识能力，从而为建立真正科学的"形而上学"准备必要的条件。因此，"批判"也意味着不盲目接受未经理性考察的前提，对于前人设定的形而上学的各个范畴都必须重新加以衡量和评估，对于未经考究的范畴都要重新考核，并探讨这些范畴在什么限度内具有价值和效用。

二、关于"自在之物"和"现象"的理论

康德把统一的世界划分为"现象"世界和"自在之物"世界，认为"自在之物"是不可认识的，认识的对象只能是"现象"。"自在之物"和"现象"是康德哲学中两个最基本的概念。

康德的"自在之物"主要有两种含义：

一是指在感觉和意识之外独立存在的事物或物体。在康德看来，"自在之物"的性质或本质不能通过感官直接表现出来，因此是不能被人的理性认识的。

二是指理性的"理念"，即所谓"上帝"、"世界"和"灵魂"。

康德认为，认识的唯一对象只能是"现象"。先验的形式（时间、空间、范畴）既是对德国哲学产生重大影响的批判主义哲学家康德。

使认识成为可能的先天条件,也是使对象成为可能的先天条件。

在认识的初始阶段,由于"自在之物"的刺激,我们的感官产生了感觉;然后通过先验的感性直观形式(时间、空间)对这些感觉材料整理、综合,形成时空确定性的感觉表象;而后再通过先验的知性思维形式(范畴)进一步整理、综合,才产生了具有普遍必然性的"表象",即"现象"。因此,康德说,"表象绝不是自在之物的表象",而是先验的认识形式综合整理的产物。

由此可见,康德的"现象"本来是意识综合统一的产物,只是具有主观性质,但它要成为认识对象,就必须具有"客观的意义"。他把范畴本身的普遍性必然性看成是"客观实在性",从而在意识范围内区分出意识和对象、主观和客观,又在意识范围内解决它们的统一,把真正的客观事物排斥在认识范围之外,从而割裂了思维和存在的统一,使人们永远停留在"此岸"而到达不了"彼岸"。

三、关于"先天综合判断"的理论

康德认为,科学知识的特征,一是必须具有普遍性、必然性;二是必须给人提供新的知识、扩大人的知识内容。因此,科学知识的构成必须具有两个因素,一是形式,二是质料。先天的概念范畴提供知识的形式,后天的感觉经验提供知识的质料;先验的形式是能动的、决定性的因素,经验材料本身是被动的因素。康德把这种先天形式和后天经验相结合所产生的科学知识,称为"先天综合判断"。

"先天综合判断"是康德先验唯心主义的基本命题,它对于克服经验论和唯理论的片面性，对于推动哲学和自然科学的发展，起了积极的作用。它启发人们必须从感性直观和理性思维的统一中去认识问题。这一理论还提出了意识对经验的综合作用，即意识的能动性问题，具有重大意义。

但是康德把思维范畴的普遍性和必然性看成先天的，否认思维范畴是对客观事物本质的反映，因而也是唯心主义的。因此，他的"先天综合判断"理论具有调和折中的性质，实际上仍未彻底克服唯理论和经验论的片面性。

四、关于"感性"、"知性"和"理性"三种认识能力的理论

康德把人的认识能力区分为"感性"、"知性"和"理性"三种，并分别对它们进行了考察、研究，试图找出三种认识能力所固有的知识的先天形式，从而说明它们不同的功用和界限。

他指出，同"感性"相应产生数学，同"知性"相应则产生自然科学。这两种认识能力所理解的只是"现象世界"的问题，而"理性"所涉及的是"形而上学"的范围。在康德看来，近代哲学各派的最主要错误就是混淆了这三种认识能力的界限。

首先，关于"感性"。康德认为，"感性"是"通过我们被对象所刺激的方式来接受表象的能力"。感觉是由不依赖我们意识而独立存在的"自在之物"刺激我们的感官所产生的，它是知识的来源，这是康德认识论中的唯物主义因素。

其次，关于"知性"。康德认为，"知性"是一种规则的能力，即按照一定规则对感性知识进行综合统一的能力。康德指出，构成科学知识必须具备两个因素：一是感性直观提供的材料，一是知性思维的形式，即概念范畴。在他看来，自然界本是没有普遍必然联系的，我们之所以会有普遍必然性的科学知识，完全是"先验的知性形式"综合改造的产物。人的思维如果不去对感性材料进行改造，就得不出任何关于内在必然联系的知识。正是在这个意义上，康德提出了著名的"人为自然立法"的思想。

最后，关于"理性"。康德认为，"理性"是人类认识能力的最高阶段。

区分"知性"和"理性"是康德哲学的重大成果之一。康德认为，"知性"和"理性"虽然都有思维能力和能动作用，但是二者必须严格区分。"知性"以有限事物为对象，它所得到的知识是相对的、有限的，归根到底仍是对现象的认识；而"理性"则要求能超出现象，达到对本质的认识。它以无限事物为对象，要求把握绝对的、无限总体的"理念"。

学说发起人	学说发起时间	推荐理由
居维叶	1784 年	居维叶的灾变论中包含了许多合理的成分，为我们今天地质学中新兴的所谓新灾变论提供了丰富的科学理论和实践内容。

夺地质学"灾变论"假说之先声的居维叶"灾变论"

背景搜索

居维叶（Cuvier，1769 年至 1832 年），法国著名的动物学家、古生物学家，也是比较解剖学和古生物学的开创者。

1769 年 8 月，居维叶出生在法国巴塞尔附近的一个新教徒家中，自幼受到宗教教义的洗礼。不过，居维叶从小就非常喜欢大自然，喜欢阅读诸如布丰的《自然史》之类的科学著作，这些都为他日后对生物学产生兴趣打下了良好的基础。

1784 年，年轻的居维叶来到德国斯图加特的卡罗琳学院，学习解剖学。在此学习期间，他在诺曼底海边解剖、研究了大量的海洋生物，从而获得了翔实而可靠的第一手资料。而且在 1795 年，他的研究使他获得了巴黎自然博物馆动物解剖学助理教授的职位，后来还主持了巴黎自然历史博物馆的工作。

居维叶本人思想活跃，勇于创新，他通过自己的不懈努力，贡献出了众多的支持进化论的新知识。

他创建了古生物学,而且清楚地证明,巴黎盆地的第三纪的地层中,每一层都含有独特的哺乳动物。更为重要的是,他还发现地层越低,其中所拥有的生物与现在的生物的差别就越大。在此基础上,他还证明了绝灭现象。

另外,他又创立了动物分类学、地质史学,提出了"器官相关律"、"功能结构论"等著名的科学理论,在法国近代科学史上写下了浓重的一笔。

学说内容

居维叶不是地质学家,但他却提出了对地质学影响深远的科学理论,这就是"灾变论"假说。他的"灾变论"来源于自己在生物学领域的研究成果。

首先,居维叶从自己所熟悉的解剖学的立场出发,他认为物种之间的变化呈现出的是一种不连续性,这种观点正好和当时流行的生物进化的阶梯模式的说法相反。居维叶的这种观点有自己有力而充分的证据。他通过解剖发现,生物之间其实并不是像信奉自然阶梯论的人所认为的那样"复杂性或完美性稳步增长",恰恰相反,解剖学所呈现出的是生物之间的不连续性和不规则性的变化。

同时,作为一个古生物学家,居维叶还通过研究不同地层中的生物化石发现:许多绝种动物的化石,它们在地层中出现得历史越早,结构就越简单,但与现在仍存在着的生物的结构有着很大差异。

相反,在地层中出现得越晚的生物化石,生物结构就越复杂,也就越接近于现存的生物。而且,有些近地表的化石还呈现出和现代生物完全相同的结构。

另外,居维叶还对地质学有一定的研究。例如,他用四年时间对巴黎盆地进行了认真而深入的考察。在考察中他发现,巴黎盆地的不同地层中含有不同的生物,也是地层越老,化石结构越简单,地层越新,生物化石就越与现代生物相接近。此外,他还发现,地层与地层之间存在着巨大的间断,海相地层与湖相地层出现了许多次的交替。

居维叶根据自己的这些研究和发现得出了一个结论,地球上的生物其实是一种不连续的发展。关于这种不连续性的原因,居维叶依然根据自己的研究成果做出了大胆的假设推论,这就是对后世影响深远的"灾变论"。

居维叶"灾变论"的思想主要体现在他的学术著作《论地球表面的革命》中。在文中,居维叶用"革命"和"灾变"来形容地球上发生的大变化,也正是这些大变化导致了地球生物的巨大变化。

居维叶认为，不同地层之间的生物化石结构之所以呈现不连续性，是因为地球上曾发生了一种特殊而强大的灾变。在灾变发生时，地球上的许多生物便在灾变中灭绝了。灾变之后，又有新的一批生物出现。同样的事情不断发生，便形成了我们现在所看到的不连续性的地表生物现象。

居维叶设想，地球至少曾经经历过四次毁灭性的大灾难，最后一次大概就是距现今五六千前的那场摩西洪水。灾变的原因可能是由于地震、火山喷发、大洪水、气候骤变以及造山运动等自然现象。

但是，对于引起地球这些灾变的原因，居维叶并没有给出明确的答复，正如他自己所说："我们在地球表面仍然起作用的各种力中间去寻找在地壳中表现出大量痕迹的那些革命和灾祸产生的充足原因将是徒然的，而且如果我们一直依靠迄今为止已经熟悉的外部原因，我们不会有更大的结果。"

其实，我们要想更明白而具体地了解居维叶的"灾变论"，还是借用他自己的语言来表述更加明白、切实一些：

"我们现在打算调查那些仍然在我们地球上发生的变化，研究继续在地球表面起作用的原因……地球历史的这一部分是那样重要，因为借助这些仍然存在的原因来解释地球表面的更古、更老的变革，长期以来被认为是可能的……不幸的是，我们不久将看到自然史的情况并非如此，作用的线团在这里断裂了，自然的进程发生了变化，它所用的力没有一种足以产生它在那古远时代所能达到的结果。"

这段话向我们明白而详细地阐述了他的"灾变论"的主要内容，也表明了他自己对"灾变论"的态度。

早在公元132年，中国东汉的科学家张衡已发明出地动仪，报告已发生地震的方向。

学说发起人	学说发起时间	推荐理由
赫登	1785 年	赫登是经典地质学的奠基人，也是地质学上"火成论"的创始人，他在地质学领域以其独特的见解与具有开创性的学说内容，被人们称为"地质学之父"。

开创现代地质学思想的赫登"地球理论"

背景搜索

詹姆斯·赫登（James Hutton，1726 年至 1797 年），1726 年 6 月 3 日出生于苏格兰首府爱丁堡。

赫登是一个兴趣十分广泛的人，而且非常善于思考和研究问题。赫登的生活中最重要的活动就是进行地质旅行。1753 年，他对英国各地的地质现象进行了认真的考察；第二年他又到荷兰、比利时和法国北部，进行了农业和地质考察。1755 年，赫登同他的好友克拉克一起到苏格兰北部作地质旅行，看到了许多地质现象，引发了他对地质学更大的兴趣。爱丁堡是一座著名的文化古城，是科学技术人士云集的地方。赫登在这里参加了爱丁堡哲学学会（此学会于 1783 年改名为爱丁堡皇家学会），成为学会的一员。在学会的活动中，他认识了各行各业的许多学者，并从那些学者身上汲取到了丰富的思想营养，为他以后形成自己的地质学说打下了良好的基础。而爱丁堡近郊丰富的地质现象，为赫登学说和学派的形成提供了条件。

1785年，赫登在爱丁堡皇家学会通报第一卷上发表了著名的长篇论文《地球学说，或对陆地组成、瓦解和复原规律的研究》。在这篇论文中，他阐述了自己的地球火成论学说。

    1791年，赫登患上了膀胱结石症。手术后，他在妹妹的照料下从事著述工作，继《地球学说，或对陆地组成、瓦解和复原规律的研究》之后，他又于1795年抱病出版了《地球学说：证据和说明》。

    1797年3月26日，赫登病逝于苏格兰爱丁堡城，终身未婚。

学说内容

    赫登在地质学领域中主要的学说内容有均变论、火成论，并提出了地质循环、交角不整合的概念。

    一、均变论

    均变论，又称渐变论、天律不变说，是由赫登首创的。这个学说的要旨是：现在是通往

▼ 被誉为"地质百科全书"的科罗拉多大峡谷。它的岩石层中分布了从寒武纪至中生代的不同年代的岩层。

过去的一把钥匙。意思是说,过去一切发生的地质作用都和现在正在进行的地质作用方式相同,所以研究正在进行的地质作用,就可以证明过去地质作用的成因。赫登认为,支配地球所发生种种现象的物理、化学、生物原理在过去、现在与未来都是均一不变的,了解现在正在进行的地质作用的原理,便可推测地球的过去或未来的演变。不变的是原理、原则,但不同时代的背景不同,因此相同的事件不一定会重演,例如:前寒武纪沉积了大量的铁矿,但是现在大气化学组成已经发生了很大的变化,因此同样的化学作用不会再次大规模发生。

通过多年的地质考察和深思熟虑,并综合当时已有的一些新看法,赫登认为现在的地貌是经过多年的地质运动形成的,在漫长的时间里,海底上升为陆地、陆地隆起成山峰、山脉被夷为平地、平地又沉入海底,并且岩石的层化与化石的埋藏现今仍在海、河、湖沼之内进行。

二、火成论

18世纪初期的地质学家普遍认为,水对地表的改变起决定作用,全部岩石都是在水中沉积形成的,也就是说,是海水造就了今天地表上的一切岩层,人们将这样的主张称之为"水成论"。

赫登通过对加里东造山带的典型露头区——苏格兰高地的考察和审慎的推理,认为地层的固化和海洋上升为陆地是地热的作用,火山活动是释放地下能量的出口,有点像瓦特的蒸汽机(当时瓦特正在进行这方面的试验)。赫登在其发表的《地球学说》中指出,玄武岩和花岗岩都是由地球内部火成岩浆冷凝而成,片岩、片麻岩等则是受地球内部热力影响而变质的火成岩。

"火成论"的观点受到水成学派的强烈反对,赫登的地质理论长期被说成"火成论",其实他本人并不认为所有的岩石都是火成的,而是主张水与火同为地质现象的主要成因,但因其致力于反对"水成论",故仍被世人称之为"火成论"者。

三、地质循环或称岩石循环

除"火成论"学说外,赫登还提出了"地质循环"的概念,这是他对地质学的又一个重要贡献。他认为地层从海底抬升而形成干燥的大陆,经过漫长而缓慢的过程,崎岖的山脉又被夷为平地,并随着地面下沉而接受新的沉积,从而构成了地球历史上"造山-夷平-沉积-造山"的循环,这种循环迄今已发生了不知多少次。是什么力量使地壳发生这种变化呢?赫登将这种动力归结为"地下火",但他否定了魏纳关于火山的热力来自地下煤层的燃烧的

火山爆发时壮观的景象。火山活动是地球内部活动的重要表现形式，它的发生对地形和地貌有着重大的影响。

说法，认为地球的核心是熔融的流体，而且不因热的作用而改变，许多巨大的花岗岩体都出现在中央，说明地下熔浆从这里涌出，从而把低处的岩层推起成为山脉。

四、交角不整合概念

赫登指出，所谓"不整合"指的是区分不同时代沉积岩层的侵蚀面，不同于断层造成岩层的不连续。"不整合"依照岩层的叠置关系，一般可分成三大类：交角不整合、假整合与非整合。交角不整合是指不整合面上下岩层层理不平行而有某个角度相交；假整合是指不整合面上下岩层层理看似平行或接近平行，但是由两个不连续的地质年代沉积的岩层接触组成，曾经发生沉积物供应中断或因地壳抬升发生侵蚀作用；非整合是指沉积岩层与下方的火成岩或变质岩的接触面形状不规则。赫登曾与普雷弗尔到过苏格兰的西卡角，他们发现，在近乎垂直的黑色片岩之上，覆盖着平躺的红色砂岩层（交角不整合），他们认为岩层不可能垂直沉积成层，显然地球曾经历过长时间的地壳变动，而非一次形成目前所见到的地貌，与其同时代地质学家的想法迥异，从而开创了现代地质史新的一页。

学说发起人	学说发起时间	推荐理由
黑格尔	1788年	黑格尔批判地吸收了康德、费希特、谢林的思想成果，创立了庞大的客观唯心主义的思辨哲学体系，第一次全面而系统地论述了辩证法的一般形式。

集欧洲古典哲学之大成的黑格尔哲学体系

背景搜索

乔治·威廉·弗里德里希·黑格尔（1770年至1831年）是德国古典哲学的完成者、唯心主义辩证法的最高代表。黑格尔出生于德国斯图加特城，父亲是税务局书记官。自1777年秋到1787年秋，黑格尔按部就班地读完了文科学校、中学，学习成绩优异。1788年，黑格尔考入图宾根神学院，致力于哲学与神学研究，并与荷尔德林、谢林结为朋友。

毕业后的黑格尔担任过家庭教师、地方报纸的编辑、中学校长和大学讲师、教授等工作，先后讲述过逻辑学、形而上学、自然哲学、精神哲学、哲学史、自然法、数学、心理学、美学等科目。1818年普鲁士国王委任他为柏林大学教授，主持该校的哲学讲座，并于1829年任柏林大学校长。1831年11月14日，黑格尔因感染霍乱病而逝世。

黑格尔的主要著作，生前出版的有《精神现象学》，主要阐述人的意识发生、发展的历史，此书是他哲学体系的导言；《逻辑学》，即《大逻辑》，书中全面系统地阐述了他的唯心辩证法；《哲学全书》，包括《逻辑学》（即《小逻辑》）、《自然哲学》、《精神哲学》三欧洲古典哲学的集大成者——黑格尔像。

部分,全面系统阐述了他的哲学体系;《法哲学原理》,集中阐述了他的社会政治观点。

黑格尔死后,由学生整理出版了《哲学史讲演录》、《历史哲学》、《美学讲演录》等著作。

学说内容

在欧洲哲学史上,黑格尔是第一个全面、自觉而深刻地叙述了辩证法一般运动形式的哲学家。他在唯心主义的基础上,把整个世界,包括自然、社会和精神,描绘成为一个有机联系的统一整体,并且是一个不断运动、变化发展的过程。他认为,发展的根本原因在于事物内部的矛盾,发展是由量变到质变和曲折前进的上升运动。

在欧洲哲学史上,黑格尔第一次提出了"否定之否定"这一概念和理论,"否定之否定"是黑格尔哲学"整个体系构成的基本规律"。他用这一规律说明发展的曲折性质和前进的性质。

一、哲学体系之一:逻辑学

逻辑学是黑格尔哲学体系的第一部分,是其整个体系的核心和灵魂。黑格尔认为，逻辑学是研究纯粹理念的科学，是自然哲学和精神哲学中富有生气的灵魂，它以纯概念的逻辑形式表现和描述了"绝对精神"的辩证发展过程。

"存在论"是逻辑学的第一部分，它研究的是概念的直接性和潜在性。所谓直接性，就是存在的范畴自己表明自己，不需中介而直接呈现着；它们彼此外在，它们之间的演化是一种过渡。所谓潜在性，是指存在论阶段，绝对理念还处于潜在的状态。也就是说，存在论阶段，是绝对理念发展过程中的潜在阶段。

"本质论"是逻辑学的第二部分。在"存在论"中，黑格尔比较集中地论述了"量变—质变"规律，而在"本质论"中则比较集中地论述了"对立—统一规"律。"存在论"范畴的进展形式是"过渡"，即从一个范畴推演出另一个范畴；而"本质论"范畴的进展形式是"反思"，即范畴都是成双成对出现的，它们相互依赖，互为中介。

"概念论"是逻辑学的第三部分。黑格尔说，"概念"是"存在"与"本质"的统一，它包含了"存在"和"本质"的所有内容，但又超出了这些内容。

二、哲学体系之二：自然哲学

"自然哲学"是黑格尔哲学体系的第二部分，它研究的是其外在化形式（自然）中的理念。根据这个精神，黑格尔按照理念在自然中从低到高的发展过程，将自然哲学划分为力学、物理学和有机学。

力学是理念外化为自然的第一个自身完整的领域。在这个领域里，作为自然的理念表现为直接性、复杂性，一切只有量的区别而无质的区别，物质系统处于完全彼此外在的无限个别化的状态，缺乏稳定的统一性和内在的关联。

物理学论述了个体性的发展过程：从直接的彼此外在的"普遍个体性"（太阳系、气、火、水、土四元素，气象过程等）到内在统一的"特殊个体性"（比重、内聚性、声音和热），最后到建立起概念总体的具有主观性的"总体个体性"（磁、电、化）。

黑格尔所谓的有机学就是生物科学，这个阶段研究的对象是作为有生命的个体出现的理念。黑格尔关于生物科学的研究，包含许多辩证的合理思想，他把生命看成是内在的和外在的、目的和手段、主观性和客观性、结果和原因等对立的统一，认为生命是一个自我发展、自我实现的过程。

在黑格尔看来，生命是理念在自然中最高的和最后的存在方式。生命个体的物质个别性和精神普遍性的对立最终要被扬弃。能思维和意识自己的"人"的产生，表明理念已扬

黑格尔认为，个人的自由要经历一个渐进的过程。▶

弃了自然界的僵化外壳返回自身，称为精神。因此，自然哲学便过渡到了精神哲学。

三、哲学体系之三：精神哲学

"精神哲学"是黑格尔哲学体系的最后一部分，是绝对理念发展的最高阶段。黑格尔指出，精神哲学是最高的学问，因为它是研究人的自由和尊严的学问，人是哲学的目的。在精神阶段，绝对精神的发展有三个环节："主观精神"、"客观精神"、"绝对精神"。

"主观精神"是指个人的精神。它是内在的、未与自身以外的他物发生关系的，即尚未表现于外部社会制度中的精神。

"客观精神"是个人主观精神的外部表现，它已超出自身，进入了自身以外的他物。在"客观精神"中，黑格尔主要阐述了他的社会政治和历史、伦理观，具体包括了"法"、"道德"和"伦理"三个环节。

在"绝对精神"中，精神认识到了自己和对象、主体和客体是同一的，认识到自己是万事万物的原则和真理，而万事万物不过是自己的表现，所以它是"主观精神"和"客观精神"的统一。"绝对精神"通过三种形式，即艺术、宗教和哲学来认识自己。哲学高于艺术和宗教，它是"绝对精神"的最后完成和最高体现。

至此，黑格尔的精神哲学宣告结束，标志着整个黑格尔体系的完成。

学说发起人	学说发起时间	推荐理由
马尔萨斯	1798年	马尔萨斯的人口理论在客观上提醒人们应注意人口与生活资料的比例，防止、抑制人口过速增长，是现代人口理论的开端。

标志着现代人口理论开端的马尔萨斯人口原理

背景搜索

托马斯·罗伯特·马尔萨斯（Thomas Robert Malthus，1766年至1834年），英国政治经济学家，且以人口学家而知名。马尔萨斯出身于英国萨立州一个土地贵族家庭，他不是长子，不能继承遗产，因而从事教会工作。青年时期在剑桥大学学习哲学和神学，毕业后，马尔萨斯当过牧师、大学教授，并成立了经济学会。1805年，因结婚而丧失了神职。后来一直在东印度大学任历史和政治经济学教授，于1834年12月29日因心脏病逝世。

1810年以前，马尔萨斯的主要活动是研究人口问题。1798年，他的《人口论》匿名出版，引起了极大的轰动，支持者和反对者都有很多。之后，马尔萨斯周游各地，为他的学说收集、归纳证据，《人口论》也多次再版。

后来，由于谷物法的争论，马尔萨斯的研究方向从人口问题转向政治经济学，并发表了《论谷物法的影响：地租的性质和发展》、《政治经济学原理》、《政治经济学定义》等政治经济学著作。

18世纪下半期，英国圈地运动的完成，使一批无地农民流入城市；产业革命之后，工厂制度的建立和机器的广泛使用，又排挤了大量工人。在贫苦和失业的威胁之下，人们对资本主义社会制度提出了疑问，要求改革的呼声越来越高涨。

1793年，英国的威廉·葛德文公开发行了《论政治的正义》一书，指出私有制是一切灾难的主要来源，主张消除私有制。

1794年，法国大革命中煊赫一时的政治家马里·让·孔多塞在巴黎出版了《人类理性发展的历史观察概论》，也积极主张实行社会变革。

这两本书对英国各阶层都有很大的震动作用，马尔萨斯和他的父亲也就这两本书的观点展开了激烈的争论，并促成马尔萨斯挥笔写下了自己的观点，这就是《人口论》的初版。

马尔萨斯的人口理论多源于前人的人口思想。休谟、亚当·斯密、李嘉图的经济理论，罗伯特·华莱士关于人口按照几何级数增长的观点，约瑟夫·唐森关于人口依赖于生活资料的增长、人口有超过生活资料的增长趋势的观点，以及詹姆斯·斯图亚特关于人口与生活资料间存在一定比例关系的观点等，对于马尔萨斯人口理论的形成都有一定的影响。

学说内容

马尔萨斯人口原理是以议论人具有食欲和性欲这两个"本性"开始的，可以用"两个前提、三个定理"来概括。两个前提是：一，食物是人类生存所必需的；二，两性间的情欲是必然的，而且几乎会保持现状。从这两个"人类本性的固定法则"出发，可以得出食物或生活资料的增长与人口的增殖之间的关系。马尔萨斯说，人口的增殖比生活资料增长得要快，人口是按几何级数增长的，而生活资料则只按算术级数增长。

但是，马尔萨斯并不认为这两个级数就是人口规律的反映，他提出，保持两个级数平衡的唯一出路就是抑制人口的增长。他把所谓支配人类命运的永恒的人口自然法则，归纳成以下三个定理：

第一点是人口的制约原理，说明人口与生活资料之间必然存在着某种正常的比例，即"人口的增长，必然要受到生活资料的限制"；

第二点是人口的增殖原理，即"生活资料增加，人口也常随之增加"；

第三点是马尔萨斯人口原理的核心，称为人口的均衡原理，即"占优势的人口繁殖力为贫困和罪恶所抑制，因而使现实的人口得以与生活资料保持平衡"。这个原理与前两个原理是

日益庞大的人口数量消耗了大量的自然资源。

紧密相连的,它说明人口与生活资料之间最终将实现均衡,但是这种均衡不是自然实现的,而是种种"抑制"的产物。

马尔萨斯认为,动植物的生长繁衍因为空间和滋养物的缺乏会受到抑制,人类的生长繁衍则会因为食物的缺乏而受到抑制。但是人类的抑制分为预防抑制和积极抑制两种,预防抑制主要是道德的抑制,即考虑到无力负担家庭而不结婚或者推迟结婚(马尔萨斯反对堕胎和避孕)。起决定性作用的主要是积极抑制,即战争、瘟疫、繁重劳动、贫困、饥荒等等,灾难会缩短生命,恢复被破坏的平衡。他认为,人间的一切灾难都是人口与生活资料均衡过程中的产物,人类的发展也必然与灾难始终相伴。因此,马尔萨斯也被视为对人类社会前景极度悲观的人口学家。

从人口原理出发,马尔萨斯还做出了以下几方面的推论:

第一,平等制度不可能实现。他抨击社会改良派建立平等制度的主张,认为这种制度既是不理想的,又是不现实的,理由是:平等状态不适于刺激人类努力上进,难以克服人类好逸恶劳的恶习;因为人口增长总是快于消费资料的增长,经过一段时间,一部分人必然要丧失生活资料,平等即被打破了。他认为不平等的制度才符合自然法则,才能最好地发挥人的能力和智慧,最有利于人类品德的锻炼和改进。

第二,济贫法的作用适得其反。马尔萨斯认为,贫民是贫困的原因,摆脱贫苦的唯一方法是让大自然发挥"抑制"的作用,强制实现人口与事物的平衡。1834年,英国政府根据马尔萨斯的思想撤销了1601年以来的旧济贫法,并制定了一项新济贫法,新济贫法规定:取消一切对穷人的金钱和实物救济,让贫民到习艺所进行沉重的劳动。

学说发起人	学说发起时间	推荐理由
道尔顿	1803年	道尔顿的原子论,使众多化学现象得到了统一的解释,它将原子量引入到化学研究,使化学家们得以把定量研究与定性研究结合起来,将化学研究提高到了一个新的水平。

树立化学发展史里程碑的道尔顿原子学说

背景搜索

最早提出原子学说的是古希腊的哲学家德谟克利特(公元前476年至公元前370年),在德谟克利特看来,物质是由许多微粒组成的,这些微粒是由原子构成的,原子是不可分割的。

在德谟克利特之后,有许多哲学家和科学家也提出了相同的看法。可是,直到道尔顿的原子学说才有了本质的发展。

当很多人问及道尔顿是如何取得这些成就时,道尔顿总是很谦虚地说:"如果我比我周围的人获得更多成就的话,那主要是——不,我可以说,几乎单纯地——由于不懈的努力。一些人比其他人获得更多的成就,主要是因为他们对放在他们面前的问题比起一般人能够更加专注和坚持,而不是由于他的天赋比别人高多少。"

1766年9月6日,道尔顿(John Dalton,1766年至1844年)在英格兰北部一个小乡村出生,他的父亲是一个织布工人,家里同时还种了一点薄地,生活并不富裕。道尔顿的母亲总共生了六个孩子,有三个却因为贫困而过早地夭折了。

对原子学说发展有重大贡献的道尔顿。

从六岁起，道尔顿就开始在村子里的小学读书，刚刚读完小学，他便因为家境过于贫寒而不得不辍学了，而热爱读书的他却利用干活的空闲坚持自学。到了十五岁的时候，他的学识大进，并来到附近的肯达尔镇上，在一个教会学校里担任助理教师。

在这个学校里他一边工作，一边发奋读书。他广泛涉猎各科知识，阅读了大量的书籍，并在这个学校里工作了十二年。据他自己说，他在这十二年里读的书，比以后五十年读的书还要多，正是这种勤奋的学习精神为他的科学研究工作奠定了坚实的基础。

在肯达尔镇上，他认识了当地一个著名的盲学者——约翰·豪夫，道尔顿从他那里学习哲学、希腊语和拉丁语。1793年，道尔顿在豪夫的推荐下，来到了曼彻斯特，在一所新学院里担任数学和物理教师，并开设了化学课程。

在这里他加入了曼彻斯特文学和哲学学会，这个学会里多是一些来自中下阶层的新型科学家、文学家和工程师，实际上，这个学会成为了当时产业革命的参谋部。道尔顿的科研成果与这个学会息息相关，他的很多研究成果都在这个学会的例会上宣读。

有趣的是，道尔顿在这个学会上宣读的第一篇论文既不是关于气象的，也不是关于化学的，而是一篇关于色盲的论文。圣诞节时，道尔顿给母亲买了一双深蓝色的袜子表示对老人的尊敬，可母亲却问他为什么买了一双红色的袜子。依照当地的习俗，妇女禁忌红色，由此道尔顿发现自己的辨色能力与众不同，而另一些人也存在着同样的问题。于是他对这一问题进行了研究，并撰写论文阐述人类中存在着色盲这一病症，引起了社会公众的重视。所以在英国，色盲也被称为道尔顿症。

随着学识的增长，道尔顿觉得必须进行深入研究，于是他于1799年辞去了学校的职务，在曼彻斯特文学哲学会找了一间工作室，并在附近租了一间民房，开始了他清贫而繁忙的科研生活。他每天除去吃饭的时间，几乎全部扑在科学研究上，只在晚餐后才作片刻的休息，然后又读书到半夜。

刻苦的钻研使得道尔顿取得了一个又一个成果。他陆续地写出了"混和气体的组成"、"论蒸发"、"论气体受热膨胀"等论文，其中在"论气体膨胀"一文中，他提出了气体的热膨胀定律，在此基础上，他又提出了著名的"温和气体的分压定律"，而这些关于气体物理性质的实验成果又将道尔顿的研究引向了深入。

学说内容

在对气体物理蛋白质的研究中，道尔顿逐渐认识到物质的微粒结构是存在的，但只是因为太过于微小了，所以无法用肉眼或者显微镜看到。由此他想起了从前古希腊哲学家德谟克利特的关于原子的假设，于是他选择了"原子"来称呼这种微粒。经过一系列的实验和认真缜密的思考，1803年10月，在曼彻斯特文学哲学会的一次活动中，他第一次讲述了自己的原子论。他的基本观点可以归纳为以下几点：

首先，原子是组成化学元素的非常微小的并且是不可分割的微粒，在化学反应中，原子保持其本来的性质；

其次，同一种元素的所有原子的质量以及其他性质完全相同，不同元素的原子具有不同的质量以及其他的性质，原子的质量是区别不同元素原子的最根本的特征；

再次，有简单数值比的元素的原子结合时，原子之间就发生化学反应而生成化合物，化合物的原子称为复杂原子；

同时，一种元素的原子与另一种元素的原子结合时，他们之间成简单的数值比。

1804年，道尔顿与当时英国颇有名气的化学家托马斯·汤姆逊相识，道尔顿向他讲述了自己的原子论，受到汤姆逊的极大欣赏。于是，托马斯·汤姆逊在1807年出版的《化学体系》一书中宣传了道尔顿的原子论，使得这一理论为众多化学家所熟知。

到了1808年，道尔顿自己的著作《化学哲学新体系》出版。这一名著分为两卷，第一卷分上、下两册。在第一卷上册中，道尔顿主要论述了物质的结构，阐明了原子论的由来和发展，以及他关于原子论的基本观点；第一卷下册于1810年出版，主要内容是结合化学实验的事实，运用原子理论对一些元素和化合物的组成、性质做了介绍。

学说发起人	学说发起时间	推荐理由
西斯蒙第	1803年	西斯蒙第的经济危机理论最大限度地反对了资本主义制度，揭露和抨击了其矛盾，对人民的穷困寄予了无限的同情，以其积极的见解为政治经济学中的小资产阶级流派奠定了基础。

解析资本主义经济危机根源的西斯蒙第经济危机学说

背景搜索

西斯蒙第（Sismondi，1773年至1842年）的祖先原是意大利的贵族，于16世纪时定居法国的多菲尼，后由于宗教迫害而全家迁到了日内瓦。

1803年，西斯蒙第的《论商业财富》一书出版，这本书主要是阐述亚当·斯密的学说，大大提高了他的声誉。

1819年，西斯蒙第的另一部政治经济学专著《政治经济学新原理或论财富同人口的关系》出版，这本书从小资产阶级的立场出发，尖锐地批判了资本主义制度。如果说在《论商业财富》中，西斯蒙第只作为亚当·斯密的信徒向欧洲大陆上的人们单纯地介绍了亚当·斯密的观点，那么在《政治经济学新原理》中，他的抱负就不同了，他还提出了一些与亚当·斯密截然相反的结论。

在撰写学术著作之余，西斯蒙第还积极从事政治活动。

西斯蒙第站在拿破仑一边，并且发表了很多文章为他辩护，从而博得了这位科西嘉统治者的欢心。西斯蒙第还积极赞助资产阶级的自由主义运动,1817年他撰文攻击奴隶贸易;1823年,他又热衷于希腊的独立。可以说,他对所有一切争取自由的国家都给予了支持和鼓励。

1836年,西斯蒙第出版了《自由人民之宪制的研究》一书,这是阐明他的政治观点的唯一著作。虽然在他的政治经济学领域中,西斯蒙第对无产阶级和劳动群众充满同情,但在政治上,他仍是比较保守的,他主张国家应由出类拔萃的少数人来治理,而不是由人民群众来管理。

1838年,西斯蒙第被选入了法国社会政治学院,同年出版了《政治经济学研究》一书。1841年他接受了法国政府授予的荣誉军团大十字勋章。西斯蒙第与他同时代的李嘉图、马尔萨斯等都有过激烈的争论,但是这并没有妨害他们的往来。

西斯蒙第的晚年是在日内瓦近郊的一个村子度过的。在恬静的生活环境中,他专门从事科学研究工作,集中精力写成了《法兰西人史》一书。1842年6月25日,西斯蒙第因患胃癌去世,终年69岁。

1789年7月,巴黎人民攻打巴士底狱。

学说内容

西斯蒙第经历了英国产业革命,法国资产阶级大革命和拿破仑战争。在这些动荡中,小资产阶级曾和资产阶级一道热情地进行反封建的战斗,并希望可以在推翻封建制度后获得经济的自由发展。事实上,在革命最初的年代,小资产者曾在一定程度上占了上风。

但是当资产阶级站稳了脚跟后,蓬勃壮大的机器大生产毫不留情地辗碎了小生产者

图为《拿破仑一世加冕大典》,真实地再现了拿破仑在巴黎圣母院举行隆重的皇帝加冕仪式时的情景。

的梦想,他们面对的是比封建制度更为可怕并直接危及其自身利益的资本主义制度,在这种情况下,小生产者开始反抗向他们袭来的资本主义制度。

但是他们并不是完全地反对资本主义的一切,他们既要保留资本主义商品生产和私有制,又要阻止大机器生产方式的发展对他们的威胁。于是,企图以小生产方式来阻止和延缓资本主义大机器生产方式发展的幻想,就成为19世纪初法国和瑞士小生产者阶级的经济要求。

而西斯蒙第的学说就是在这种社会和时代背景下,站在小生产者的立场上提出的。

西斯蒙第是经济思想史上的特殊人物。他既是法国古典政治经济学家,又以对古典政治经济学表示怀疑的独特方式否定了古典经济学,他严厉地批判了资本主义经济制度并揭露了其缺点和矛盾。

西斯蒙第从社会再生产的角度进行了分析。他先从孤立个人的经济活动入手,认为那是自给自足的经济。其生产和消费完全适应,因为生产是为消费的需要而进行的,所以这种经济是不会产生危机的。

而当产生了交换的时候,情况就有所改变了。这时,生产转化为供给,消费转化为需求,消费决定生产的原则要通过需求决定供给的原则来实现。所以小商品生产的经济中也不会发生经济危机。

▶

大萧条时期,在美国芝加哥大街上,政府向失业者发放食品。

但是资本主义使商品经济有了很大的发展,"每个人都为大家工作,大家的生产也就应由大家消费"。这就需要生产和消费相一致,"社会里的人应该使自己的消费适合自己的收入,他所在的社会也应该遵守同样的规则。它必须,而且能够每年消费当年的收入,否则它就会崩溃"。在这里,西斯蒙第发现了发生经济危机的可能性。

但是,西斯蒙第把消费对生产的决定作用绝对化和片面化了,从一种片面性跳入到另一种片面性里去了。把消费仅仅理解为生活消费,接受了"亚当·斯密教条",把社会年收入等同于社会年产品,丢掉了不变资本,这些错误的根本原因在于其始终从小生产者的眼光去看待社会。

西斯蒙第对资本主义生产与消费的矛盾进行了分析。他看到在生产与竞争中,社会财富愈来愈集中了;同时,社会化大生产中大量机器的运用不仅排斥了工人,而且也压低了在职者的工资。这就使得人们的收入大为降低,从而造成生产与消费的矛盾不断扩大,使得扩大的生产与被压缩的消费之间产生了极大的矛盾。

西斯蒙第还从消费不足的经济危机理论上进行分析。生产扩大,绝对消费需要也随着扩大,并不会出现生产过剩现象。但现实消费需求不足,主要是由于收入不足,一是资本主义分配制度的必然结果,二是当年产品是以上一年的收入支付的。为了扩大再生产,已经从以往的收入中节省出一部分扩大积累,这样就会产生消费不足的经济危机,形成社会灾难。

鉴于收入不足所产生的消费不足,生产的扩大就会引发市场有限的困难。这时如果能够开辟国外市场,危机便可避免,但如果国外市场也因竞争而过度缩小的话,就会发生全面滞销,产生经济危机。

学说发起人	学说发起时间	推荐理由
拉马克	1809年	拉马克的早期进化思想《动物哲学》是其学说的著名代表作,此书与达尔文的《物种起源》并称为现代进化思想的两大源泉。

开生物进化论之先河的拉马克早期进化学说

背景搜索

拉马克(Lamarck,1744年至1829年),法国著名的博物学家、动物学家,同时还是杰出的生物进化论者。1744年,拉马克出生在法国北部的一个没落贵族家庭里,世袭武职。拉马克年轻时曾参加过法国七年战争,退役之后,拉马克逐渐对植物学产生兴趣,他写的四卷本《法国植物》受到世人的普遍好评。

1799年,拉马克受聘成为著名博物学家布丰的儿子的家庭教师,并有机会偕同布丰的儿子一起周游欧洲各国。在这一段时间内,拉马克采集了各国标本,并与各地的著名学者会谈,为其以后在生物学领域取得突出成就打下了坚实的基础。

在法国大革命期间,拉马克努力保住了自己负责的一个博物馆,并担任了该博物馆一个部门中的无脊椎动物学教授一职。拉马克辛勤耕耘,不仅清理了被林耐归于蠕虫名下的各种动物类群,而且获得了丰硕的理论成果。

1809年,拉马克发表了他著名的进化论名著《动物哲学》。

学说内容

通过分析他的主要著作《动物哲学》，我们可以看到，拉马克的早期进化学说主要分为以下几个方面：

首先是物种的分类学说。

生物分类学向人们展示的是物种在空间上的横向分布规律，但是新物种的形成还需要时间，这就意味着物种在纵向的时间上也存在着关系，这种关系就是进化。拉马克指出，进化需要漫长的时间，这在几千年的进化历程中仅是一瞬。犹如对于一个时钟，我们在一瞬间根本就无法察觉到钟盘上时针的移动，但时针确实是在缓慢地移动的，这就相当于在漫长的进化过程中，物种的变异所体现出来的效果。在此意义上，我们可以说拉马克是第一个将时间因素引入生物学的博物学家。

其次，最重要的是"用进废退"说。这是拉马克早期进化学说的核心。

拉马克的进化思想相当丰富，并且在生物进化论史上第一次成为一个体系，其中最为核心的、对后世影响最深远的当属他的"用进废退"学说。

所谓"用尽废退"法则，即是生物经常使用的器官就会发达，而不经常使用的就会逐渐退化。环境的改变会引起动物习性的改变，而习性的改变又会使某一器官频繁而持续地使用，从而使得这个器官的能力得到加强，促进这个器官的发展。与此同时，另一些器官则会由于长时间的不使用而逐渐退化，最后甚至消失。

例如非洲的长颈鹿，由于它们的祖先生活在干旱乏草的环境里，为了生存，它们就必须抬头吃树上的叶子。低处的叶子吃光了，它们就不得不经常努力地伸长脖子去吃高处的树叶，久而久之，颈和前肢就逐渐变得长了，就成为我们今天所看到的长颈鹿了。

拉马克"用进废退"学说的主要内容可以分为以下三个部分：其一就是环境的变化是物种变化的原因。拉马克认为生物对于环境变化有很大的适应能力，环境的改变能够引起

变色蜥蜴具有改变自身颜色的本领，并以此迷惑猎物和躲避天敌的捕食。

▲ 拉斐尔的油画《创造动物界》，展现的是上帝创造动物界时的情景。

生物的变异，但与此同时，生物也进一步适应了环境的变迁。

其次是获得性状遗传的原则。拉马克在研究生物习性和器官之间的相互作用时，总结出了两条著名的法则，即"用尽废退"法则和获得性状遗传法则。

所谓获得性状遗传法则，就是动物们在获得了后天变异的性状之后，这些后天变异的部分特征能够通过遗传而保存下来，从而有利于这个物种在特殊环境中更好地生存和发展。拉马克认为，动物在某一环境的长期影响下会产生一些变异，只要所产生的变异是两性所共有的，那么这种变异就会通过繁殖而保留到新生的个体上。

最后是生物按等级向上发展和自然发生论，也是拉马克重要的进化思想。在拉马克看来，所有产生出来的生物都在不断地向高级的方向进化。生物具有追求完善化的内在倾向，也就是说生物天生就有向上发展的内在趋势。其实，生物分类体系已经向我们揭示出，在整个生物界中有一种结构体制上的逐渐变化。只是由于受亚里士多德存在之链学说的影响，这列阶梯一直被看做是处于静止状态的。拉马克通过引入时间因素，将原先静态、递降的存在之链转化成动态、递升的存在之链，这就是包含有进步观念的进化思想。

拉马克认为，现在看到的自然界里种类繁多的生物类型，是生物按等级向上发展的倾向和环境的影响之间长期相互作用的结果。也就是说，生物进化的原因和动力，一是生物按等级向上发展的趋势，一是外界环境的影响。

学说发起人	学说发起时间	推荐理由
阿佛加德罗	1811年	分子是保持物质化学性质的基本单位，而最早提出分子概念的，就是意大利的科学家阿佛加德罗。

为分子物理学做出杰出贡献的阿佛加德罗分子学说

背景搜索

阿佛加德罗（Amedeo Avogadro，1776年至1856年）于1776年8月9日出生在都灵市一个世代相袭的律师家庭中。1800年他开始研究数学、物理、化学和哲学，并发现这才是他的兴趣所在。1799年，意大利物理学家伏打发明了伏打电堆，使阿佛加德罗把兴趣集中于窥视电的本性。1803年，他和他兄弟费里斯联名向都灵科学院提交了一篇关于电的论文，受到了好评，第二年被选为都灵科学院的通讯院士。这一荣誉使他下决心全力投入科学研究。1806年，阿佛加德罗被聘为都灵科学院附属学院的教师，开始了他一边教学、一边研究的新生活。

由于阿佛加德罗的才识，1809年他被聘为维切利皇家学院的数学物理教授，并一度担任过院长，在这里，他度过了卓有成绩的十年，分子假说就是在这里研究和提出的。1819年，阿佛加德罗成为都灵科学院的正式院士，不久担任了都灵大学数学物理讲座的第一任教授。1850年，阿佛加德罗退休。此外，他还担任过意大利教育委员会和度量衡学会会长。

自从 1821 年他发表的第三篇关于分子假说的论文仍然没有被重视和采纳后，他开始把主要精力转回到物理学方面。阿佛加德罗发表了很多著作，其中最重要的是四卷《可度量物体物理学》。从历史观点来说，这是关于分子物理学最早的一部著作。

追溯人们对物质结构的认识，古希腊哲学家德谟克利特认为物质是由许多不可分割的微粒组成的，这些微粒叫原子。1803 年，英国化学家道尔顿提出了近代原子论。他认为，原子是组成化学元素的非常微小的不可再分割的物质微粒，在化学反应中原子保持其本来的性质；同一种元素的所有原子的质量以及其他性质完全相同；有简单数值比的元素的原子结合时，原子之间就发生化学反应而生成化合物，化合物的原子称为复杂原子。这个假说很好地解释了当时正被应用的定比定律、当量定律，迅速得到了很多化学家的支持。

对分子物理学贡献卓著的意大利科学家阿佛加德罗。

化学家道尔顿发表原子学说的第二年，化学家盖·吕萨克提出了气体化合体积定律。他将自己做的化学实验结果与原子学说相对照，认为原子学说所提出的化学反应中各种原子以简单数目相结合的论点可以用自己的实验予以支持，于是他提出了一个新的假说："在同温同压下，相同体积的不同气体含有相同数目的原子。"他认为这一假说是对原子学说的支持和发展，没想到，道尔顿坚决反对这个假说，因为原子学说认为不同元素的原子大小会不一样，其重量也不一样，因而相同体积的不同气体不可能含有相同数目的原子。正当化学界对盖·吕萨克提出的假说展开争论时，阿佛加德原子能释放邮票,这是尼加拉瓜为纪念爱因斯坦创立的原子能释放而发行的邮票。

罗对这个问题也产生了浓厚的兴趣。他认为盖·吕萨克和道尔顿的争论之所以相持不下的关键在于没有指出分子的存在。1811年,阿佛加德罗在法国《物理杂志》上发表了一篇经典性的论文,题为《论测定物体中原子相对重量及其化合物中数目比例的一种方法》,论述了有关原子量的测定和化学式的确立,并提出了分子假说。

学说内容

阿佛加德罗在1811年那篇论文中提出的分子假说的基本论点是:

一、在盖·吕萨克气体实验事实的基础上,提出了分子概念。他抛弃了复杂原子的概念,指出了原子和分子的不同。他指出,分子是单质或化合物在游离状态下能独立存在的最小质点,分子由原子组成,原子是参加化学反应时的最小质点。单质分子由相同元素的原子组成,化合物的分子由不同元素的原子组成。化学变化中是不同物质的分子间各原子的重新结合,从而正确揭示了化学变化的本质。

二、他修正了盖·吕萨克的假说,提出:"在同温同压下,相同体积的不同气体具有相同数目的分子。"即我们现在知道的阿佛加德罗定律。现在我们已经证实在温度、压强都相同的情况下,1mol(摩尔)的任何气体所占的体积都相等。例如在0℃、压强为760mmHg时,1mol任何气体的体积都接近于22.4升,人们由此换算出:1mol任何物质都含有6.02205×10^{23}个分子,这一常数被人们命名为阿佛加德罗常数。

三、许多单质气体分子是由两个原子组成的，如氧气、氮气，它们绝非是单原子的。单质气体分子都是由偶数个原子组成这一假说恰好使道尔顿的原子论和气体化合体积实验定律统一起来。有一个道尔顿反对盖·吕萨克的假说的事实根据：在实验中，一体积氧气和一体积氮气化合生成了两体积的一氧化氮。若按盖·吕萨克的假说，n个氧和n个氮原子生成了2n个氧化氮复合原子，岂不成了一个氧化氮的复合原子由半个氧原子、半个氮原子结合而成？原子不能分，半个原子是不存在的，这是当时原子论的一个基本点。承认单质气体分子是由双原子构成的就可以解决这个矛盾。

根据自己的假说，阿佛加德罗进一步指出，可以根据气体分子质量之比等于它们在等温等压下的密度之比来测定气态物质的分子量，也可以由化合反应中各种单质气体的体积之比来确定分子式。最后阿佛加德罗写道："总之，读完这篇文章，我们就会注意到，我们的结果和道尔顿的结果之间有很多相同之点，道尔顿仅仅被一些不全面的看法所束缚。这种一致性证明我们的假说就是道尔顿体系，只不过我们所做的，是从它与盖·吕萨克所确定的一般事实之间的联系出发，补充了一些精确的方法而已。"

现在大家都知道到分子论和原子论是个有机联系的整体，它们都是关于物质结构理论的基本内容，然而在阿佛加德罗提出分子论后的五十年里，人们的认识却不是这样。阿佛加德罗发表的关于分子论的第一篇论文没有引起任何反响。三年后的1814年，他又发表了第二篇论文，继续阐述他的分子假说。也在这一年，法国物理学家，在电磁学发展中有重要贡献的安培（A.M.Ampere，1775年至1836年）也独立地提出了类似的分子假说，仍然没有引起化学界的重视。已清楚地认识到自己提出的分子假说在化学发展中的重要意义的阿佛加德罗很着急，在1821年他又发表了阐述分子假说的第三篇论文，在文中他写道："我是第一个注意到盖·吕萨克气体实验定律可以用来测定分子量的人，而且也是第一个注意到它对道尔顿的原子论具有意义的人。沿着这种途径我得出了气体结构的假说，它在相当大的程度上简化了盖·吕萨克定律的应用。"在讲述了分子假说后，他感慨地写道："在物理学家和化学家深入地研究原子论和分子假说之后，正如我所预言，它将要成为整个化学的基础和使化学这门科学日益完善的源泉。"尽管阿佛加德罗再三努力，但是还是没有如愿，直到他1856年逝世，分子假说仍然没有被大多数化学家所承认。

学说发起人	学说发起时间	推荐理由
克劳塞维茨	1812年	克劳塞维茨的《战争论》的确是西方近代军事理论的经典之作，对近代西方军事思想的形成和发展起了重要的作用，克劳塞维茨本人也因此被视为西方近代军事理论的鼻祖。

奠定西方军事学基础的克劳塞维茨军事学说

背景搜索

卡尔·冯·克劳塞维茨（Carl Von Clausewitz，1780年至1831年），普鲁士将军，军事理论家，军事史学家，著有《战争论》一书。伟大革命导师列宁称他为"一位非常有名的战争哲学和战争史的作家"。

克劳塞维茨生活的时代正是法国资产阶级革命和拿破仑战争的时代，他亲身经历了其中众多的战争，积累了丰富的关于战争的经验。

1806年，由于德意志采取了呆板的线式战术，大败于法军，被迫割地投降，克劳塞维茨在这次战争中当了俘虏。

克劳塞维茨研究了1566年至1815年期间所发生过的一百三十多次战争和战役，撰写了论述荷兰独立战争、路易十四战争、拿破仑战争、1812年卫国战争、1814年德意志解放战争等许多军事历史著作。其中最主要的、也是最著名的著作就是《战争论》，它对近代西方军事思想的形成和发展产生了重要的影响。

▲ "一战"中冲出战壕向敌人冲锋的士兵。

学说内容

　　《战争论》全书共八篇一百二十四章，其中的主要思想深受德国古典哲学的影响。克劳塞维茨早年就曾听过康德主义者的哲学课，而他本身即是黑格尔同时代的人，在他酝酿其军事学说的时候，也正是黑格尔的学说在德国占统治地位的时候。

　　在政治上他信仰君主，反对法国资产阶级革命，在思维方法上，他对有些问题总是从概念出发，对抽象领域的哲学推究过多。总之，他的思想是产生在欧洲从封建制度向资本主义制度过渡，军队从封建雇佣制向资本主义普遍征兵制过渡的时期。

　　在克劳塞维茨看来，战争是政治的继续。战争就如同一条变色龙，每一次战争都有其自己的特色，但总的来说，它具有暴烈性、概然性和偶然性、从属性几大特性，而在这其中，克劳塞维茨最大的功绩之一就在于，他深刻地阐明了战争的从属性，首先提出了"战争无非是政治通过另一种手段的继续"这一科学的论断。

　　从战争与政治的关系看，政治是战争的母体，在任何情况下都不应把战争看成是独立的东西，而要把它看成是政治的工具，是为政治服务的。军事的观点必须从属于政治的观点。任何企图使政治观点从属于军事观点的做法都是错误的，战争是政治交往通过另一种手段的实现，是打仗的政治，是以剑代笔。

▲ "一战"中，法德之间的边境冲突暴露了当时战术教条化的局限性。

在战争中，任何理论都不可能把特殊情况全包括进去，克劳塞维茨认为"战争几乎在一切方面都没有固定的范围，然而每一种体系、每一座理论大厦，却都带有局限性，因此，这样的理论和实践之间就存在着永远无法解决的矛盾"。

战争的目的就在于消灭敌人。克劳塞维茨认为，战争的目的就是消灭敌人，而消灭敌人必然要通过武力决战，通过战斗才能达到。它是一种比其他一切手段更为优越、更为有力的手段，消灭敌人包括两个方面——物质力量和精神力量。

而战略包括精神、物质、数学、地理、统计五大要素。精神要素指精神力量及其在军事行动中的作用，而物质要素指军队的数量、编成和各兵种的比例等。数学要素指战线构成的角度、向心运动和离心运动等。地理要素指制高点、山脉、江河、森林等地形的影响。统计要素指一切补给手段等。克劳塞维茨认为，在这其中，精神要素占据首位，影响到战争的各个方面，贯穿于战争的始终。

对于战争中的基本原则，克劳塞维茨认为，数量上的优势在战略和战术上都是最普遍的制胜因素，但是在战争中，不可能处处形成优势，因此必须通过巧妙调遣军队，造成相对优势，并以出其不意为基础，才能取得优势地位。

用于某一战略的现有兵力应同时使用，越是把一切兵力集中用于一次行动和一个时刻越好。而会战是战争的真正重心，由几个战斗所形成的大规模会战能有效地消灭敌军，所

普法战争中的法国骑兵。克劳塞维茨曾参加了普法战争，并在战争中被法军俘虏。这一经历使他对战争有了更为深刻的认识。

取得的成果最大，所以高级将领应当重视这种双方主力之间的战争，视其为击败敌国交战意志的重要手段。

克劳塞维茨把民众战争看作是19世纪初期战争的特点。他认为虽然单个居民对于战争的影响像一滴水对于大河一样微不足道，但是全国居民对于战争的影响却不是无足轻重的，民心和民意在国家力量、军事力量和作战力量中是一个重要因素，民众战争是对战争过程的扩大和增强，采用民众战争可以大大增强自己的力量。

开展民众战争，必须建立民众武装，民众武装不能也不应该用于抗击敌军的主力，不能用作粉碎敌军的核心，也不能用于对付敌人较大的部队，只能从外部或边缘蚕食敌人军队，民众武装的兵力使用要分散。从此可以看出，在一百多年前，克劳塞维茨就已经认识到了民众战争的问题。

克劳塞维茨防御思想中最精彩的是他关于积极防御的思想。他认为，进攻和防御是战争的两种基本作战形式，二者是互相联系、相互转化的。整体为防御，局部可能为进攻，进攻中含有部分防御因素，防御中也含有进攻因素。

进攻可以转变为防御，防御也可以转变为进攻。一般说来，防御时自己离物资补给比较近，能够依靠本国民众的有利条件，但它是消极据守的。进攻具有"占领"这一积极目的，并通过占领来增加自己的作战手段。

对于战争学，克劳塞维茨主张要积极地学习战争史。战争理论是成长于战争经验土壤里的果实，战争史是最好的、最有权威的、最能说服人的教师。战争理论和原则的提出，应当在研究战争史的基础上进行，当然，战争理论也要随着时代的发展而发展，适应时代和国家的需要。

学说发起人	学说发起时间	推荐理由
李嘉图	1817年	李嘉图的《政治经济学及赋税收原理》一书，从价值规定出发，直接说明了价值规律和各种经济范畴之间的一致性，形成了李嘉图独特的经济理论体系。

代表古典经济学价值理论的李嘉图劳动价值理论

背景搜索

　　大卫·李嘉图（David Ricordo, 1772年至1823年），英国产业革命时期的经济学家，英国古典政治经济学的杰出代表和完成者。他出身于英国伦敦一个富有的犹太人的交易所经纪人家庭，年仅14岁就投身金融活动，在父亲的交易所做事并逐渐独立经营，25岁时成为大富翁。以后，他转而致力于学术，研究数学、物理、化学、矿务、地质等学科，大约在18世纪末才转向政治经济学，在分析、批评前人经济理论的基础上，将经济理论推上了一个新的阶段。

学说内容

　　李嘉图是从探讨现实经济问题而开始其理论研究的，他的经济理论研究，大体上可以分为三个阶段。

第一阶段主要是研究货币问题。

第二阶段始于1815年。这个时期，李嘉图的注意力转向了议会刚通过的保护谷物贸易的法律，他发表了《论低价谷物对资本利润的影响》，反对以马尔萨斯为代表的限制谷物进口的观点，主张谷物自由贸易，以防止资本利润的降低。1817年，他最重要的代表作《政治经济学及赋税原理》（简称《原理》）问世，这本书从价值规定出发，直接说明了价值规律和各种经济范畴之间的一致性，形成了李嘉图独特的经济理论体系。

第三阶段大约从《原理》发表到他去世为止。这个阶段，他一边忙于议会工作，一边同批评家们对某些理论问题进行讨论，1820年写成《〈政治经济学原理〉评注》，对马尔萨斯的理论提出了批评；1823年，他在临终之前写成《绝对价值和交换价值》，对自己的价值理论提出了许多新的看法。

一、价值与相对劳动量

亚当·斯密的价值理论是李嘉图研究价值问题的出发点。他接受了亚当·斯密对使用价值和交换价值的区分，并且纠正了亚当·斯密认为没有效用的商品也有交换价值的错误论点。他把商品分为两类，一类是人类劳动无法增加的、罕见的商品，如图画、古钱之类，它们的价值跟原来生产时所必须的劳动量无关，只是取决于买者的"财富和嗜好"；一类是数量可以由人类劳动增加、生产不受限制地进行竞争的商品，它们的价值取决于生产它们所耗费的劳动量的变化。

在价值量的决定上，李嘉图注意到劳动的不同性质，即劳动在复杂程度上的差异。他指出，不同性质的劳动，即复杂程度不等的劳动在同一时间内所创造的价值是不相等的，"宝石匠一天的劳动比普通劳动者一天的劳动价值更大"。所以，价值决定不能忽视劳动的不同性质。

李嘉图注意到，决定商品价值的劳动，不仅包括直接生产该商品时耗费掉的劳动，也包括生产生产资料所耗费的劳动。

李嘉图提出，决定商品价值的劳动，不是实际耗费的个别劳动，而是社会必要劳动。按照地租差级理论，农产品的社会价值的确定决定于已经投入耕种的最劣等土地上生产单位产品所耗费的劳动量，即在最不利条件下的劳动。但李嘉图就此认为，决定"工业创造品"价值的社会必要劳动量也是在最不利的条件下耗费的劳动量，即最大劳动量，就不正确了。它完全忽视了工业品的社会必要劳动量不同于农产品，它是平均的、中等生产条件下的劳动耗费量。

19世纪英国钢铁工厂的工人。

二、价值和交换价值

在《原理》中，不同的价值概念是混淆在一起的。李嘉图通常的用语是"交换价值"或"相对价值"，前者是指由劳动时间决定的价值；后者则是指一种商品和另一种商品依据内含劳动量进行交换的量的比例。其实，前者是真正意义上的价值，李嘉图称之为"绝对价值"，后者则是交换价值，李嘉图称之为"比较价值"。

李嘉图明确指出，商品的相对价值，即两个商品之间的交换的比例，取决于生产它们所必需的劳动量，取决于它们的"绝对价值"，并由此说明了商品价值是交换价值的基础，交换价值是价值的表现形式。

三、价值和生产价格

在《原理》中，李嘉图论述了两种商品的相对价值是与生产它们所耗费的劳动量成比例的。这是他价值理论中的一个重要内容，是他的抽象理论接受具体的经济现实考验的关

165

键一环，但是可惜李嘉图没有能过好这一关。

李嘉图是在研究劳动价值涨落对商品价值产生影响时引出这个问题的，他提出了流动资本和固定资本的概念。流动资本是"用来维持劳动者生活的资本"；固定资本则为"投在机器设备、厂房和用具的资本"。这里，他把流动资本限定为用于工资的资本，即等同于可变资本，从而接触到了价值转化为生产价格的问题。

▲ 画家米勒的名画《拾穗者》，反映的是农民在田间辛勤劳作的情景。

李嘉图提出了一个重大的问题：生产上所使用的劳动量恰好相等的两种商品，价值互不相等。为什么会出现这种状况呢？

李嘉图解释说，两种行业使用的资本额相等，但资本两部分的比例却是不同的，因而劳动工资也就不同。工资如果以同样的比率上升，就会产生对商品价值的不同影响：使用流动资金少的价值上升幅度小，反之则上升幅度大。但这又违背了他自己提出的工资变动只与利润反向运动、而商品相对价值不变的原则，从而陷入二难推理中。

如果商品按价值出售，那么流动资本比例高的行业利润必高，另一行业则低，与等量资本获得等量利润的规律相违背；如果两资本获得利润相同，那么后者必须高于价值出售商品，这又与价值规律相违背。

学说发起人	学说发起时间	推荐理由
李斯特	1820年	李斯特经济思想遵循了一个重要的原则，即以发展和历史的眼光来看待整个经济的发展进程。因此，后世的经济学家们都把他视为历史学派的先驱者。

对德国经济发展理论有重大影响的李斯特经济学体系

背景搜索

弗里德里希·李斯特（Friedrich List，1789年至1846年），1789年出生在德国罗伊特林根城的一个皮革匠家里。年轻时的李斯特，受家庭的影响，学过两年的银匠手工制作，这也许为他以后成为一个资产阶级的实业家产生了初步的影响。

1806年，李斯特开始在当时的符腾堡王国政府中供职。在这一段时间内，李斯特初步对传统的封建经济和新兴资本主义经济之间的矛盾，有了一个真切而全面的认识。

1817年，李斯特被蒂宾根大学聘为教授，1820年又当选为符腾堡王国的国会议员。在国会中，李斯特始终坚持拥护新兴资产阶级的经济利益，和当时的封建经济的维护者们产生了许多矛盾和纠纷，但李斯特一直没有动摇自己的立场。

由于始终从事反对封建社会的种种革命活动，李斯特遭到了封建反动势力的迫害，付出了巨大的代价。他多次被迫流亡到国外，曾经到过法国、瑞士、美国等国家。即使如此，李斯特也没有放弃自己的理想和事业，在流亡的过程中，他继续着德国反封建的事业，并

GIL BLAS
GERMINAL
EMILE ZOLA

◀ 小说《萌芽》描述了煤矿工人为反抗资本家剥削而奋起斗争的故事。

通过自己的实践和经验,写出了对德国经济产生重要影响的学术著作,主要代表作有《政治经济学的国民体系》和《政治经济学的自然体系》。

1846年,这位德国历史上伟大的政治经济学家在奥地利的库夫斯特城逝世,享年57岁。

学说内容

作为一个政治经济学家,李斯特的活动集中反映了当时德国新兴资产阶级的利益和要求。在李斯特的整个经济体系中,他一方面反对英国资产阶级古典的政治经济学说,同时他也反对圣西门、傅立叶等提倡的空想社会主义学说,以及当时轰轰烈烈的工人运动。当然李斯特这里所反对的工人运动,主要是针对当时英、法等资本主义经济发展较先进的国家而言的。

在此基础上,他提出了适合当时德国资产阶级经济需要的新的理论体系,即资产阶级的国民经济学体系。

李斯特的经济理论体系的核心是注重对生产力的研究。他认为,英国古典的资产阶级经济学说只注重讨论"价值",而忽视了对在生产中起重要作用的生产力的研究,所以,李斯特称其为狭隘的经济理论。

李斯特提出了自己的生产力理论,他认为生产力内容不仅仅包括体力劳动,而且还包括脑力劳动,同时也包括经济活动全过程中的经济组织和经济管理。另外,李斯特还进一步把这个社会的宗教、政权、甚至司法都囊括到了自己的生产力概念之中。

另外,李斯特还认为,衡量一个国家或民族发展程度的主要标准,就是生产力的发展水平,所以,他提出了"国民生产力"的概念。而且还认为,要想发展本民族的生产力,依靠的并非仅仅是个体,而应该是一个完整而强大的国家,这便和他要求德国统一的思想相契合。

李斯特把国民生产力分为四种具体的类型,即:人的生产力(包括精神的和肉体的生产力)、自然的生产力、社会的生产力、物的生产力。这四种生产力,特别是前两种,是在欧洲19世纪工业化大生产中，轧铁工人们正在紧张地工作着。

紧密结合在一起的。要想让它们在整个社会生产中发挥出最大的作用，就必须让它们在一个统一而严谨的社会秩序下运作，这就又突出强调了社会生产力。

不过，由于李斯特生活的时代是德国最急需发展资本主义经济的时代，所以他极力强调第四种生产力，即物的生产力的重要性。他认为，在当时的大时代背景下，一个国家和民族如果想走在世界的前列，当务之急就是大力发展新兴的资本主义经济，最突出的表现为工业的发展水平。工业的发展水平决定着整个国家生产力的发展水平，甚至还直接决定着这个国家政治独立的程度和文化的发展状况。

李斯特根据生产力的发展程度，将国民经济的发展分为以下五个阶段，即蒙昧阶段、畜牧阶段、农业阶段、农工业阶段、农工商业阶段。他认为，处在第五个阶段的国家可以进行自由贸易，而处在第四个阶段的国家则需要由国家政权来干预经济，实施一些对资本主义经济有利的保护政策，当时的德国就属于发展的第四阶段。

李斯特根据以上对社会生产力的分析，提出了相应的一系列经济政策。

首先，他强调国家政权对经济的干预作用，特别提出了保护关税的政策。当时遵循的是自由贸易的原则，而李斯特认为，自由贸易的原则对于经济发达的资本主义国家来讲是有利的，例如当时的英、美、法等国，但对于那些经济相对落后的国家来讲，则是弊大于利的，德国就属于其中之一。所以，李斯特主张对德国的工业施行保护关税的政策，反对通行的自由贸易原则，以进一步建立和发展德国的民族资本主义经济。

强调保护民族工业并不代表闭关自守，李斯特还特别主张学习国外先进的生产技术和经营管理方法。强调发展本国的教育事业，积极培养大批的科学技术人才。同时还主张制定各种经济法规，来保障社会生产的顺利进行。

学说发起人	学说发起时间	推荐理由
孔德	19世纪20年代末30年代初	实证主义是现代西方科学主义思潮中的一个开创性的重要哲学流派，标志着哲学由近代转向了现代。

标志着现代哲学大转型的孔德实证主义学说

背景搜索

奥古斯特·孔德（Auguste Comte，1798年至1857年），法国著名哲学家和社会学家，实证主义哲学的创始人。他出身于一个正统的天主教家庭，16岁进入巴黎工艺学校学习，接受了圣西门主义，20岁任圣西门的秘书，但因两人意见出现分歧而中断彼此的合作。后来他在巴黎主办哲学讲座并建立了自己的思想体系。1848年，他组织了"实证哲学研究会"，形成了自己的学派。

孔德的哲学著作很多，有《实证哲学教程》、《实证哲学概观》、《实证政治体系》、《主观的综合》等，表达出很多独立的见解和看法。

学说内容

孔德之所以被人们看做是实证主义的开创者，是由于他率先提出了实证主义的原则。

他认为自己的哲学是以近代实验科学为根据的"科学的哲学"。"实证"就是实在、有用、确定、精确、有机、相对等意义。实证主义原则反对一切虚妄、无用、不确定、不精确、绝对的东西，要向人们提供实在、有用、确定、精确的知识。

孔德认为，一切科学知识必须建立在来自观察和实验的经验事实的基础上，经验是知识的唯一来源与基础。除了以观察到的事实为依据的知识之外，不可能再有其他任何知识。知识就是应该限制在经验的范围之内，那些在经验之外的问题不应理睬。

这种思想是对英国经验论的继承：仅仅把经验当成科学知识的界限，一旦超出了这个界限，那任何东西都是得不到准确认识的，是毫无意义的。

孔德的实证主义主要是针对传统的形而上学有感而发的。传统哲学中的形而上学是那些关于超验事物的学问，人们根本无法感知到它。既然它是人们无法感知的，那也就不会形成关于它们的知识了。所以，孔德以此为理由，给了传统唯理论有力一击，不再去研究现象后面的原因、起源、目的等。

那么，他主张的实证主义到底是研究什么的呢？孔德提出他的实证主义是"科学的哲学"，科学的任务就是认识规律。当然这里的规律不是客观规律，而是属于经验现象中的东西，是经验或感觉之间的某种"不变的先后关系和相似关系"。于是，科学就转变为只能叙述事实，而不能说明事实；科学只问是什么，而不问为什么。

孔德以牛顿的万有引力为例，说我们只需知道事物是服从这一规律的，只需知道两个物体之间引力的大小与它们的质量乘积成正比，与它们距离的平方成反比，这就够了。至于这种引力的本质是什么，由什么引起，这些问题都超出了经验的范围，经验根本回答不了这样的问题，也拒绝回答这样的问题，它们都没有任何意义。

科学在发现经验或感觉之间不变的相互关系后，需要再把这些关系简化，也就是精确化，例如牛顿就是把力学中各种纷繁复杂的关系简化为了牛顿三定律和万有引力定律。这才是可感知的现象世界的规律，不是抽象的、空洞的、形而上学的所谓规律。

可见，孔德的实证主义原则的实质就是只承认具有实证性的知识才是科学，其他都不是。

孔德又指出，自从实验科学产生以来，科学家们虽然认识了许多自然规律，但是社会规律却从没被人发现过，只有他自己才发现了"一条伟大的根本规律"——人类智力发展的规律。因为智力发展是社会发展的根本，所以它也是社会发展的根本规律。具体内容是：人类智力发展和社会发展必然经历的三个阶段。第一阶段是神学阶段，又叫虚构阶段；第二阶段是形而上学阶段，又叫抽象阶段；第三阶段是科学阶段，又叫实证阶段。

实证主义哲学的创始人——孔德。

神学阶段是宗教神学观念统治人们思想的阶段。人们总是在经验之外虚构"万物的内在本性",并认为虚拟的"超自然的主体"——"神"是万物的本源,是现象背后的"动力因"和"目的因"。

形而上学阶段是神学阶段的改头换面。这时人们仍然致力于探寻现象之外的"万物的内在本性",但已经不再用虚构的神来说明世界了,而是用某种抽象的"实体"去说明现象背后的"动力因"和"目的因"。但实体却是不能感知的,是脱离现象的超验力量。

实证阶段是人们精神发展的最后阶段。在这个阶段上,人们不再以虚构的超自然主体或抽象的原则解释经验现象,不再探索宇宙的起源和目的,不再求知各种现象的内在原因,而是把知识局限在经验事实的范围内。一切知识都以"实证和事实为基础",这一阶段是人类知识发展的最高阶段。

孔德还认为人类智力发展的根本规律表现在许多方面,无论个人、各门学科乃至人类社会的发展都必然经过这三个阶段。

个人的发展经过这三个阶段:童年时期是神学家,爱好神话和虚构的东西;青年时期是形而上学家,喜欢抽象的原则和崇高的理想;壮年时期是物理学家,不再好高骛远,不再喜爱虚无飘渺的东西,而是比较实际、比较现实了。

各门学科的发展也经历了三个阶段。早期的科学知识受神学支配,如占星术、炼金术等;中期受形而上学支配,努力在现象背后去寻找抽象的物质或者精神的本性;近期进入实证时期,只在经验中去发现现象的规律。

人类社会也经历了这三个阶段:古代是神学的社会,社会充斥着君权神授的观念,君名画《雅典学派》中柏拉图与亚里士多德争论时的情景。

主、僧侣对人们实行着专制愚昧的统治；中期是形而上学阶段，人们大谈"民主"、"平等"、"自由"之类的抽象的形而上学原则，这是人民主权的时代，法学家居于领导地位；未来的社会是实证的社会，这一阶段强调的是社会问题，而不是政治问题和个人权利，这是工业制度的阶段，是专家的时代。

孔德把科学分为五类：天文学、物理学、化学、生物学、社会学。他认为在当时，天文、物理、化学、生物都已经进入实证阶段，只剩社会学还停留在形而上学阶段。为此，他建立了自己的实证的社会学。

孔德认为，与人类精神发展相适应，人类社会的发展也有三个阶段，现在的资本主义正处于第三阶段，即实证社会的工业阶段，这是最固定、最后的阶段，是不可改变的。

孔德的社会学可分为社会静力学和社会动力学。社会静力学研究的是静态的社会。孔德认为决定社会起源和性质的是人的本能的情感意志。人的本能有个人本能与社会本能之分，个人本能的利己心决定了社会本能的利他心。社会在它们的调节下不断发展。在社会静力学中，孔德一直强调"以爱为原则，以秩序为基础，以进步为目的"。

社会动力学研究的是动态的社会，孔德认为决定社会变迁和发展的是人的思想意志，人的理性是社会前进的动力。人类社会的工业阶段讲究科学，追求实证，这已是社会的最高形态，资本主义制度不会再变了。

学说发起人	学说发起时间	推荐理由
叔本华	19世纪初叶	叔本华反对古典哲学把理性作为衡量万事万物的最高价值尺度，他认为理性不过是意志的工具而已。它只能服从于意志，"意志是主人，理性是奴仆"。

开创西方非理性哲学的叔本华生命意志主义

背景搜索

奥瑟·叔本华（Arthur Schopenhauer，1788年至1860年），德国哲学家，唯意志主义创始人。他的生命意志论哲学形成于19世纪头二十年，其主要著作有：《作为意志和表象的世界》、《论自然意志》、《论理学的两个根本问题》等。

生命意义主义的诞生，是德国社会发展的反映。当时，德国资产阶级十分软弱，他们被牢牢置于封建专制的统治下，渴望革命的强烈愿望被残酷镇压。国内一片消沉，德国资产阶级特别是知识分子都沉浸在苦闷中，他们悲观失望，对理性不再信任，极力逃避现实。这样的时代形势促使了叔本华对情感、意志等非理性问题的思考。

学说内容

叔本华颠覆了古典理性哲学对世界的认识，旗帜鲜明地提出：人的生命意志才是世界

贬低理性而崇尚非理性的哲学家叔本华。

的本质，才是自然与社会发展的基本动力。

叔本华的《作为意志和表象的世界》中第一句话就是"世界是我的表象"。他认为这是不证自明的，并由此导出了另一命题："自我"是存在的。因为任何表象必须有表象者，没有"自我"就没有表象。

既然"自我"是存在的，那么"自我"是什么呢？

叔本华说它就是人的生命意志，一种求生存的欲望冲动。这与西方古典哲学把理性规定为人的本质相反，叔本华将非理性的意志抬升到至高无上的地位。这样的转折使他成为现代西方非理性主义思潮的先驱。

生命意志不仅是人的本质，也是世界的本质。叔本华曾这么说过："意志是世界的物自体，是世界的内在内容，是世界的本质、生命……有意志，也就有生命，有世界。"

生命意志作为世界的本质，不仅存在于人类之中，而且还存在于动物、植物和无机物之中。世界正是由于生命意志的客体化而丰富多彩，纷繁变幻的。

叔本华把世界上的万事万物都看成生命意志的外化和表现。意志是超时空的，但由意志所决定的具体事物，只能在一定时空中存在，有生有灭。意志有不同的级别，因此世界呈现出千差万别的样式，从无机物到有机物，从植物到动物，到人。叔本华由此勾勒出了意志的本体论世界。

叔本华进一步指出，意志本身是无任何根据的，不受必然性的约束，不由动机所决定，而是自由自在、独立自主、盲目地起着作用，任意而为的。无论是无机物、植物、动物还是人类，都是意志盲目冲动的结果，尽管它们在程度上有所不同。具体表现在，无机物运动的本质是意志在最低级上的客体化，其他动物到人类则依次上升，由低级到高级。虽然这些作为具体存在的个体有生有灭，但意志却是永远往前推进的。

认识世界本质就需要把握生命意志，进行自我反省、自我体验。它表现为一种非理性的、神秘的"直觉"，它无需借助理性思维，而是对事物本质的直接领悟。

叔本华通过贬低理性、抬高直觉，进而贬低科学、抬高艺术。他认为科学借助于理性，去考察处于时空之中服从于因果律的表象世界，是低级的。而艺术凭借着直觉，摆脱了时空、因果律、必然性，也不再考察事物的"何处、何时、何以、何用"，直接深入到事物内部，使自我沉浸、消融于对象之中，它是高级的。所以，科学只能满足生命意志，艺术才能化解生命意志。只有达到了艺术境界，"自我"才是一个无时间、无意志、无痛苦的纯粹主体。

据此，叔本华将人分为三等：一是凡人，二是人才，三是天才。"凡人"是愚昧的；"人才"具有理性的智慧；只有少数"天才"才具有特殊的直觉，能够领悟和把握到生命意志这一世界本质，且消融这一世界本质。

他认为人生在本质上是痛苦的。他说过人生总是一场悲剧，每个人在人生这场悲剧中都是命中注定的悲剧演员。他也做过这样的比喻：人生是一个肥皂泡，表面是美丽的，实际上是一片空无。而人们却争着把它吹得更大，结果便是幻影的破灭。他还曾把人生比喻为一场噩梦，满是无法逃避的虚幻，人生毫无价值可言。

这种观念也是从他的生命意志这一核心范畴引发出来的。他认为人生是生命意志的表现，生命意志对于人来说，表现为人的一系列欲望。但"欲望按其实质来说就是痛苦"，欲望本身就是不满足感和匮乏感。欲望是无穷无尽、无边无际的，没有哪一次满足是持久的，总是暂时而有限的。当一种欲望满足之后，又会产生新的欲望。这样欲望就永远处于不满足的状况，正因为欲壑难填，所以人生永远痛苦。叔本华还认为即使欲望得到完全的满足，也不能消除痛苦。因为一个人如果所有欲望都满足了，没有欲望了，他就会感到空虚、无聊。这同样也还是痛苦。

既然人生就是痛苦，那么该如何解脱呢？叔本华认为要从人生的苦难中解脱出来，最根本的就是要彻底否定生命意志，因为它是痛苦的根源，否定了它，痛苦就将自然消失。但他并不主张采取自杀或患精神病的手段来走出绝境，他觉得真正可取的方式是"意志转向"，把自己的欲望束之高阁，避免它们实际地接触到任何事物，力求使自己的内心对任何东西都保持冷漠的态度。

而"意志转向"具体又可分成三种方式。第一种是从事哲学创造。哲学是理性活动，它虽然不能支配意志但可以限制意志。叔本华把这称为"哲学洗涤意志"，但是哲学毕竟不能从根本上清除意志，它只能减缓痛苦，而不能清除痛苦。

叔本华认为人生就像是一个个美丽的肥皂泡，实质是虚无的，是极容易破灭的。

第二种方式是从事艺术创造。叔本华认为艺术可以将自我完全投入到对象中去，忘却一切物质欲望，从而达到"无我"的境界。这种境界使人从欲望中释放出来，摆脱了所有痛苦与虚空。但他也指出，这种方式只有少数"天才"才能做到。

第三种方式是从事宗教信仰，这是对普通人来说最有效的解脱方式。它可以抑止人的生命意志，禁止人的冲动与欲望，使人生活在一个超脱的世界里。在这样的世界里，人得以彻底解脱。

学说发起人	学说发起时间	推荐理由
赖尔	1830年—1833年	赖尔渐变论的提出，是当时地质学的一次飞跃，比之在他以前的赫顿，无论是在理论还是在方法上他都做出了更为全面的阐述。因而，在实际上，他完成了地质学史上的一次革命。

代表"将今论古"的现实主义方法的赖尔渐变论学说

背景搜索

英国地质学家、地质学的奠基人查尔斯·赖尔（Charles Lyell，1797年至1875年）是当时渐变论的代表人物，他生活的时期正是"水成论"和"火成论"两个学派进行激烈论战的时期。在冷静思考、勤奋钻研并进行大量实地考察的基础上，他提出了"将今论古"的现实主义方法论并提出了渐变论。

1797年9月，赖尔生于苏格兰的金诺第镇，1875年卒于伦敦。1814年起，他先后进入牛津大学、林肯法学院学习。1819年大学毕业，并于1853年获牛津大学名誉博士学位，1874年获剑桥大学名誉博士。

此后赖尔开始任伦敦地质学会主席，英国皇家学会主席，自然博物馆馆长。1826年，他被选为法国科学院通讯院长。1830年至1833年，《地质学原理》一书出版，书中以大量的翔实材料，系统地论述了渐变论的基本思想。这本书标志着经典地质学的成熟。

赖尔是一位十分注重实践的地质学家。从1818年到他完成《地质学原理》第十一次

欧洲古代的炼金术，在近代科学技术的发展中起到了一定的促进作用。

修订并出版，期间共经历了五十余年的时间，他在此期间一直坚持考察，即便是在刚刚新婚的时候，他仍再次穿越阿尔卑斯山到意大利北部做地质调查，这些观察和实践为赖尔积累了大量的第一手资料，为他后来构造宏大的理论体系奠定了坚实的基础。

地质学成为一门科学，是在欧洲工业革命后。那时地质学刚刚从矿物学中脱离出来，而随着机器大工业的发展，人们对于金属与冶炼的需要不断增加，采矿业也大大发展，这一切都进一步促进了地质学的发展。

这一时期的众多专家与学者纷纷进行地质学考察，对岩层进行分类，并对动物化石做了进一步的研究，根据掌握到的资料提出了种种关于岩石成因和地壳变动的学说。学术界英雄辈出，学派林立，是这一时期的主要特点。

在当时关于岩石成因最主要的学派有两大派。

一派是以德国的魏尔纳为首的水成派理论。他们认为，地球最初是一片混沌水，岩层都是在海水中通过深沉、结晶形成的。另一派是以意大利的莫罗为代表的火成派理论，他们认为，岩层都是在海水中由于一系列火山爆发的熔岩流所形成的。水、火两派论争多年，激烈程度不断升级，有一次甚至在英国的爱丁堡发生了武斗。

相对而言，火成派包含的真理成分多一些。而值得一提的是，在这时的苏格兰学者赫顿对水成说也进行了批评，尽管他也承认水在岩层形成过程中的作用，但是他更强调地球内热的作用。他认为自然界的力是守恒的，地质变化的进程是一个长期的、缓慢的过程，是各种力量作用的结果。

赫顿并不像当时的有些火成论者或者水成论者那样，把事物的成因与圣经联系起来，因而，他在当时受到了教会和水成派者的强烈反对，因而其思想被埋没多年。赫顿的学说，对少年赖尔的影响极大，这也为他以后形成的学说埋下了伏笔。而同时亦引起赖尔注意的是另一位学者居维叶。

居维叶是法国古生物学家和比较解剖学的权威人物，他继承了18世纪前期布米提出的地球起源的灾变假说，并且把它推上了历史的顶峰。他认为地球曾经发生过多次灾变，每次灾变都使得大批的生物死亡，这样就造成一些物种的永远灭绝。按照居维叶的说法，地球上所发生的变化是突然的、瞬间的，而不是缓慢的、渐变的，引起灾变的原因是超自然力，不能以迄今已经熟悉的外部原因来加以解释。

对居维叶的观点，赖尔发起了针锋相对的有力的挑战。

学说内容

对于当时的水成派和火成派，赖尔分别吸收了他们两方面的合理因素，而赫顿关于地质地层缓慢变化的思想等也深深影响了他，他曾经撰文来赞美赫顿的著述，"这是宣布地质学与万物的起源问题完全无关的第一篇论文。赫顿也想像牛顿成功地为天文学确定原理一样，努力为地质学制定出原理"。在继承赫顿思想的基础上，赖尔提出了与居维叶截然相反的观点。

在《地质学原理》一书中，赖尔明确地指出地质学是研究连续变化的科学，这是其地质学思想的核心，他的地质渐变思想主要包括地质历史的漫长性、地质过程和作用力的古今一致性等内容。

赖尔指出地球有着漫长的历史，他从当时地质学家已经取得的地质资料证据出发，认为岩石的形成过程是一个长期的过程，必须要有充足的时间才能完成，并且他根据地层中化石由简单到复杂、由低级到高级的进化序列，也得出了同样的结论。

接着赖尔又对其他低估过去时间长度的观点做了剖析，他指出"从我们可以追溯到的最早时代到现在，除了那些现在起作用的原因以外，再没有任何其他的原因在起作用了。这些起作用的原因在能量程度上与现今从来没有差别"。这也就是赖尔的"古今一致"和"将今论古"的原则与方法。赖尔的这一思想，被后人概括为"现在是认识过去的钥匙"，这句话也成为后来地质学家的一句经典格言。

▲ 石林是典型的喀斯特景观，是经过雨水、风化等长期作用而形成的奇特地貌。

在赖尔看来，"渐变论"既是一个与"灾变论"相对立的体系，也是一种切实可行的办法，而引起地球表面变化的不是突如其来的灾难，更不是居维叶提到的超自然力，而是人们现在能够天天看到的并发挥着其作用的地质力量。

在赖尔的思想中，古今一致是核心。赖尔认为自然法则始终是一致的，地质作用力的种类和强度也是不变的，因此地质学所揭示的地球过去的变化，其性质和程度与现在每天正在变化的相同。

在这个思想基础上，他同时对当时的"水成论"和"火成论"进行了批判。他指出，可以把作用于地球的力分为"水"与"火"两类，即"水成作用"和"火成作用"。"水成作用"可以分为雨、河流、泉水、冰雪、洋流等；"火成作用"可以分为火山和地震的活动。这些作用古时即有，现在仍然有。

赖尔反对科学家对自己的假说加以夸大，他指出："如果我们贸然做出一种假定，说古代某一特殊喷溢的熔融物比近代喷得多，那就未免太过于轻率而成为不合乎哲理的推论。"所以，只要坚持用现在还在起作用的自然法则和自然力来说明过去的地质现象，就根本用不着什么超自然力量和巨大的灾变这类怪诞的说法。

学说发起人	学说发起时间	推荐理由
凯里	19世纪30年代	19世纪30年代以后，凯里经济学说迅速地扫除了资本主义发展道路上的障碍，阻止了无产阶级的反抗运动，使美国资本主义经济得以顺利发展。

夺美国经济学派之先声的凯里经济学说

背景搜索

凯里（Carey，1793年至1879年），美国经济学者，主要生活在美国独立战争之后，当时正是美国的资本主义经济迅猛发展和崛起的重要阶段。凯里亲身经历了美国南北战争的混乱时代，目睹了当时美国国内各种阶级的矛盾和斗争，这些都为凯里努力提出自己的经济理论提供了坚实的社会基础。

18世纪的美国是个动荡不安的时代。当时，由于美国本土资本主义经济的逐步发展，美国资产阶级已经不再满意作为一个殖民地的资本家，他们强烈希望建立一个拥有国家主权的独立国家，为美国资本主义的发展开辟一条新的道路。在这种情况下，美国的独立战争终于爆发了。

美国独立战争之后，资本主义经济得到迅猛的发展。南北经济制度的不同，使得南北的资本主义经济发展进程产生了很大的差异。当时，北部的工业资本主义已经得到了相当高程度的发展，而南方仍然停留在种植园奴隶制阶段，并且，南、北方之间也没有一个统一的政府进行调控和指导,这就使得南北之间的矛盾和冲突不断增加。19世纪30年代以后,二者之间的矛盾空前激化。

这时,除了资产阶级的矛盾之外,美国的无产阶级运动也逐渐兴盛起来。美国的居民大多数是欧洲移民,所以,欧洲当时盛行的许多思想也不断传入美国本土,其中空想社会主义的思潮便是在这时传到美国的。

由于欧洲空想社会主义思想的传入,美国的无产阶级也开始逐渐觉醒,不断发起不同规模的反对资产阶级的革命运动,严重威胁着处在兴盛阶段的美国资本主义经济。

因此,此时美国国内最重要的任务就是迅速扫除资本主义发展道路上的障碍,并防止无产阶级的反抗运动,以保证美国资本主义经济的顺利发展。于是,在经济思想上,他们就急需一种能调和阶级矛盾的理论学说。凯里正是适应时代的需要而提出了自己一系列的经济学说,在美国经济史上写下了光辉的一页。

学说内容

凯里的经济学说主要体现在他的几部学术著作中,其中最主要的是《社会科学原理》、《政治经济学原理》。

凯里经济学中最基本的一个基调就是努力进行阶级调和和利益调和。所以,在他的论述中我们时时可以看到"调和"、"平均"等词语。

当时,在美国比较流行的经济学说是李嘉图的经济理论。李嘉图的经济学说偏向于维护无产阶级的利益,他的理论处处都揭示出资本主义社会的本质,突出强调社会各阶级之间经济利益的冲突。当时的空想社会主义者们就是利用李嘉图的经济理论来支持自己的学说,反对资本主义制度的。

面对这种情况,凯里便对李嘉图的学说做了一系列的批判。例如,他认为李嘉图其实就是无产阶级的代言人,李氏学说的盛行只会给这个社会带来冲突、战争和流血。用他自己的话来说就是:"李嘉图先生的体系是一个制造纷争的体系……整个体系具有挑动阶级之间和民族之间仇恨的倾向。"凯里甚至还称李嘉图为"共产主义之父"。

由此，我们可以看出，凯里的阶级倾向是极为明显的，他的经济学说中所主张的调和，其实也是在保障资本主义制度的前提下进行的。

凯里重视价值，他认为，所谓价值就是再生产费用。这种理论观念被后世的经济学家们称做是价值论即生产费用论。用凯里自己的语言来说就是："一切价值是可以交换的。劳动是价值的唯一原因。在生产的时候，商品的价值由其所需劳动的数量和质量决定。劳动的质量每有改进，生产一定量商品所需的劳动的数量就会随之减少。现存资本的价值不能超过其再生产所需劳动的数量和质量，同时，随着劳动质量的每次改进，用以交换的劳动的数量将日趋减少。"

这就是说，资本家要想获得更多的利润，最有用的方法就是减少生产投资，主要是减少工人的工资和资本家表面的利润。乍一看，好像是资本家和工人为了经济的发展都做了牺牲，实际上，从整体来看，最终受益者还是那些大资本家。

凯里认为，劳动一旦得到资本的帮助，将会产生更高的生产率。增加的生产率又会改进劳动者劳动的质量，劳动质量改进了，工人生产的商品数量就会不断增加。此时，无论是工人的工资，还是资本家的资本，都会得到相应的增加，此时便是皆大欢喜，阶级矛盾也会得到一定程度的缓和，从而使得整个资本主义生产方式顺利而安全地运转下去。

我们不得不承认，凯里的经济思想在某种程度上体现着一个知识分子的天真情结。他认为，只要工人和资本家的利益是不断靠近的，那么，随着整个社会中人口和资本的增加，政府所得和资本家的人数会不断减少，而整个社会的工人数量会不断增加，按照这个规律运转

▲ 美国独立战争后,南部诸州仍顽固地保留着黑奴制和黑奴交易,阻碍了美国资本主义的快速发展。

下去,这个社会将是一个平等的社会。他甚至忍不住大力赞扬自己发现的这个规律,他说:"支配劳动产品分配的伟大规律,就是如此。在科学所发现的一切规律中,它可能是最美妙的,因为它正是使人类各个不同阶级之间现实的和真正的利益达到充分和谐的基础。"

凯里认为,这个美妙的规律不但适合美国,就是在世界范围内也是适合的。如果每个国家都运用这个经济规律的话,那么,一切国家的利益就都是彼此调和的了。

除了利益调和论,凯里的经济学说中另一个重要的主张就是保护关税政策。凯里主张国家政权干预经济,施行对关税的保护。因此,他极力反对和批判英国的自由贸易原则。他认为,英国之所以主张施行自由贸易,是因为英国想让整个世界都变成自己的工业工场,而其他资本主义经济相对落后的国家,就会被迫沦为初级制造业和农业工场,从而成为英国一个国家的原料供应基地。

所以,凯里主张施行国家保护关税的政策。因为在国家这个强有力的保护伞之下,美国国内的市场经济就会得到迅速的发展,而且通过共同发展本民族的经济,也会促进生产者和消费者之间的团结和联合。

学说发起人	学说发起时间	推荐理由
施莱登和施旺	1838年和1839年	1839年,施旺与施莱登共同提出了细胞学说。从此,"细胞是构成动植物的基本单位"成为19世纪以后细胞学说的核心。

创立生命科学新学科的施莱登和施旺的细胞学说

背景搜索

施莱登(Matthias Jakob Schleiden,1804年至1881年)于1804年4月5日生于汉堡,1881年6月23日卒于法兰克福。早年在海德堡学习法律(1824年至1827年),22岁就获得了法学博士学位,并在汉堡做过律师。但他并不喜欢律师这个职业,28岁时,他到哥廷根和柏林学习植物学和医学,35岁时又获得了医学和哲学博士学位。后因对植物学有浓厚兴趣而攻习植物学,于1831年毕业于耶拿大学,1850年担任耶拿大学植物学教授。

施旺(Theodor Ambrose Hubert Schwann,1810年至1882年)于1810年12月7日生于诺伊斯,1882年1月11日卒于科隆。比施莱登小六岁的施旺是金匠的儿子,高中毕业后他没有像父母希望的那样去学神学,而是到柏林学医。24岁时他获得博士学位,后到柏林解剖博物馆工作,在那里,他结识了施莱登。1834年至1839年是施旺在科研工作中最富创新的年代。他在研究消化的过程中,发现了胃中与消化有关的物质——胃蛋白酶。1839年至1848年,他在卢万大学任生理学教授,发展了胆导管的实验方法,研究胆汁在消化中的作用。1848年，他在列日大学任生理学教授并兼任解剖学、胚胎学教授。在这个日益兴旺的工业区，他还发展了一系列煤矿用的排水和急救设备。1879年他退休之前，他一直在讲授生理学。施莱登和施旺的性格、经历迥然不同，但共同的志趣和真诚的情感促成了他们多年的合作。在显微镜前，施莱登研究有花植物的胚囊，施旺研究蛙类背脊的胚组织。相同的研究方向、相似的研究方法使他们取得了一致的见解，共同创立了生物科学的基础理论——细胞学说。

从1665年英国物理学家胡克发现细胞起，直到1939年细胞学说的建立，经过了近三百年。其间，虽然有些学者也利用显微镜观察到了动植物的内部结构，并观察到了若干不同类型的细胞，但一直没有认识到所有动、植物体都是由细胞组成，细胞是生物体的基本单位。一直到19世纪，显微镜的结构有了很大的改进，对细胞的研究也随之发展。

18世纪末19世纪初，德国诗人、自然科学家歌德认为，有机界的多样性是从物质的神圣统一性与第一原理衍生出来的，即由共同的原型所组成。德国自然哲学家、生物学家奥肯则根据自然哲学思想与不确切的观察，提出由球状小泡发展成的纤毛虫是构成生命的共同单位。学者们寻找动、植物原型的思想对细胞学说的提出也产生了一定影响。19世纪二三十年代，有些学者提出"小球"可能是植物或动、植物的基本结构。其中，法国生理学家迪特罗谢曾明确指出所有动、植物的组织和器官都由"小球"构成，但是他所指的"小球"比较含糊，有时是细胞，有时是细胞核，也有时甚至是早期显微镜缺陷所造成的衍射圈。与此同时，有些学者开始采用消色差显微镜。1831年，英国植物学家布朗在兰科植物叶片表皮细胞中发现了细胞核；1835年至1837年，捷克生物学家浦肯野及其学生瓦伦廷对构成动物某些组织的"小球"进行了描述，并提到它与植物细胞有相似性。正是这样，与施莱登和施旺同时代的许多研究者，对动、植物细胞及其内容已经开展了广泛研究，并获得了相当多的认识。

在这样的背景下，施莱登在1938年概括出细胞学说的主要论点。他根据自己在显微镜下多年观察植物组织结构的结果，认为在任何植物体中，细胞是结构的基本成分——低等植物由单个细胞构成，高等植物则由许多细胞组成。

显微镜下的 HIV 病毒细胞。

1838年，他发表了著名的《植物发生论》一文，提出了上述观点，该文刊登在1838年出版的《米勒氏解剖学和生理学文集》上。1839年，施旺发表了关于细胞的著作，进一步完善了施莱登创立的细胞学说。

1839年，施旺发表了《关于动、植物结构和生长相似性的显微研究》一文。全文内容有三大部分：第一部分描述了他以动物为对象的研究情况和结论；第二部分提出了证据，把自己的实验结果与施莱登的研究结果作对比，表明动物和植物的基本结构单位都是细胞；第三部分总结了全部研究结果，提出了细胞学说，详细阐明了细胞的理论。这两位学者的研究报告，对细胞及其功能有了一个较为明确的定义，宣告了细胞学说基本原则的创立。

施莱登和施旺晚年的境遇很不相同。施莱登从1840年起担任耶拿大学教授，做了大量的科学普及工作，但因得不到学校领导的重视，终于辞去大学教授职务，在漂泊不定中度过了晚年的二十个春秋。施旺却因稳重受到器重，继续在科研和教学中贡献自己的聪明才智。

学说内容

施莱登和施旺提出的细胞学说的主要内容是，一切动物和植物都是由细胞构成的，细胞是生命的基本单位，具体来说，有以下三个方面：

一、细胞是有机体，一切动、植物都是由细胞发育而来，并由细胞和细胞产物所构成，

1996年，英国科学家用成年羊细胞培育出一只克隆羊。

动、植物的结构有显著的一致性。施莱登指出，只有最低等的植物，如某些藻类和真菌是由一个单细胞组成，高等植物则是各具特色的、独立的单体，即细胞的集合体，细胞是组成植物的基本生命单位。施旺指出："细胞是有机体，整个动物和植物乃是细胞的集合体，它们依照一定的规律排列在动、植物体内。"

二、每个细胞作为一个相对独立的基本单位，既有它们"自己的"生命，又与其它细胞协调地集合，构成生命的整体，按共同的规律发育，有共同的生命过程。施莱登认为，细胞的生命现象有两重性：一方面，细胞是独立的，只与自身生长有关；另一方面又是附属的，是构成植物整体的一个组成部分，所有的植物都具有共同的细胞形成规律。

三、新的细胞可以由老的细胞产生。施莱登研究了植物的个体发育，并发展了布朗关于细胞核的研究成果，认为核与细胞的产生有密切关系，并把它称为细胞形成核。他描述了先由粘液颗粒长成细胞形成核，再在其表面出现小囊，逐步形成细胞的过程。

施莱登和施旺虽然正确地指出新的细胞可以由老的细胞产生，却提出了一个错误的概念，即新细胞在老细胞的核中产生，由非细胞物质产生新细胞，并通过老细胞崩解而完成。由于这两位科学家的权威，使得这种错误观点统治了许多年。其他许多研究者的观察表明，细胞的产生只能通过由原本存在的细胞经过分裂的方式来完成。1858年，德国病理学家魏尔肖提出的"一切细胞来自细胞"的著名论断，在更深的层次上揭示出细胞作为生命活动基本单位的本质，被认为是对细胞学说的重要补充。从此，细胞学说真正确立。

学说发起人	学说发起时间	推荐理由
费尔巴哈	1839年	费尔巴哈创立的以人本主义为特征的唯物主义哲学，恢复了唯物主义的权威。费尔巴哈的人本学唯物主义，是马克思主义哲学的直接理论来源之一。

创立人本学唯物主义的费尔巴哈人本学

背景搜索

路德维希·安德里亚·费尔巴哈（1804年至1872年），出身于德国巴伐利亚的一个法学家的家庭，1823年进入海德堡大学学习神学，不久，他便放弃了枯燥的神学，一年后转入柏林大学听黑格尔讲课，研究唯心主义哲学。不久他又对黑格尔哲学的思辨性质感到厌烦，转到埃尔兰根大学研究自然科学，毕业后在该校教授哲学。

1830年，费尔巴哈匿名出版了《论死与不死》，批判灵魂不死的宗教教条，被当局迫害并被驱逐出大学讲坛。但他没有屈服，以后的几年又陆续出版了一系列战斗性的著作。1837年，他隐居偏僻的布鲁克堡的乡村，专心从事哲学研究和著述。1839年，《黑格尔哲学批判》一书的发表，表明他同黑格尔唯心主义哲学正式决裂，转入人本学唯物主义。此后，他又发表了一系列重要的哲学著作，晚年研究过社会主义的文献和马克思的《资本论》，并在1870年加入德国社会民主党。1872年，费尔巴哈在贫困中去世。

费尔巴哈的主要哲学著作有：《论死与不死》、《黑格尔哲学批判》、《基督教的本质》、《关于哲学改造的临时纲要》、《未来哲学原理》、《宗教的本质》、《宗教本质讲演录》、《幸福论》等。

位于苏克雷的圣弗朗西斯科·哈比塔尔大学是美洲最早的大学之一,由耶稣教会于1624年创建。

学说内容

一、对宗教神学和黑格尔哲学的批判

批判宗教神学和黑格尔唯心主义哲学是费尔巴哈哲学的重要组成部分。他的唯物主义正是在批判宗教神学和黑格尔哲学的斗争中建立起来的。因此,要了解他的哲学思想,必须了解他对宗教神学和黑格尔唯心主义哲学的批判。

费尔巴哈对宗教神学的批判,主要有以下几个方面:

首先,费尔巴哈分析了宗教产生的心理根源,认为"人的依赖感是宗教的基础"。其次,费尔巴哈通过分析自然宗教和基督教,揭露出宗教的本质是人的本质的异化。再次,费尔巴哈揭露了宗教的反动作用,阐明了他批判宗教的目的:他指出,宗教、理性与道德是对立的,他批判宗教的目的,就是把神还原为人,为实现资产阶级的理想而奋斗。

在相当长的一个时期内,费尔巴哈依据黑格尔的唯心主义理性原则对宗教展开了批判。随着批判的深入,他意识到,要抛弃宗教就必须驳倒唯心主义,要驳倒唯心主义,就必须批判黑格尔哲学。费尔巴哈对黑格尔唯心主义哲学的批判,主要有以下几个方面:

首先,他揭露了黑格尔哲学的唯心主义实质,即颠倒了自然和思维的关系。其次,他指出了黑格尔的思维和存在同一性的虚妄性,认为在黑格尔那里,现实世界、真正的存在"永远是一个彼岸"。再次,他分析了唯心主义认识论的根源,指出黑格尔哲学使人与自己异化,从而在抽象活动的基础上建立起它的整个体系。最后,他揭露了黑格尔思辨哲学与宗教神学的内在联系,指出思辨哲学的本质只是理性化了的上帝的本质。

费尔巴哈高举唯物主义的旗帜,打破了黑格尔唯心主义的体系,对当时人们思想的解放具有重要意义。但他没有看到黑格尔哲学体系和方法的矛盾,没能在批判的过程中吸取其辩证法的精华,因此,他的哲学依然停留在机械唯物主义的水平上。

二、人本学唯物主义的创立

费尔巴哈在批判宗教神学和黑格尔哲学的过程中,建立了他的人本主义哲学,被他称为"人本学"或"人类学"。一方面,他把现实的、有血有肉的人作为哲学研究的出发点;另一方面,也是为了同当时德国流行的庸俗唯物主义划清界限。

费尔巴哈认为,人本学的对象是自然和人。自然学说是人本学的基础,人的学说是人本学的核心,而人的学说包括人的认识在内。因此,关于自然的学说,人的学说和认识的学说,构成了他的人本学哲学体系的主体。

首先是关于自然的学说。

在马克思主义之前,费尔巴哈比较明确地提出了精神和物质的关系是哲学的基本问题。他站在唯物主义的立场上,主张自然界、存在是第一性的,精神、思维是第二性的。他认为自然界是唯一独立存在的实体,是不依赖精神而永恒存在的,他承认自然界是物质的,具有多样性。

费尔巴哈把空间和时间同物质的存在和运动联系起来,肯定时间和空间的客观实在性。他认为,任何事物都存在于一定的空间和时间之中,人们关于时间和空间的概念,是客观的时间和空间在人们头脑中的反映。

费尔巴哈承认因果性和必然性是自然界本身所固有的。他认为,自然界中的一切事物都是相互影响、相互联系的,并按照一定的因果性、必然性和规律性,恒久不息地运动和变化着。自然现象不存在某种合乎目的的安排,而是有其自身的客观必然性。

其次是关于人的学说。

人和人的本质的问题,在费尔巴哈哲学中居于核心地位。他认为,只有把人和其自然环境联系起来,才能理解人和人的本质。费尔巴哈正是在人与自然的联系中来理解人的。

费尔巴哈认为,人是以自然为基础的、与自然界不可分割的物质统一体。人既不是上帝创造物,也不是某种超自然的奇物,而是自然界的产物。自然界不仅创造了人的肉体,而且创造了人的思维器官,离开了自然界,人就无法生存。

人是一个以肉体为基础的灵魂和肉体相统一的实体。精神并不是独立存在的实体,而是物质实体的属性。思维和大脑、精神和肉体是不可分割的,根本不存在脱离肉体、人脑,在人脑之外的所谓"纯粹思维"、"绝对精神"等。

欧洲文艺复兴时期发扬人文主义精神,强调以人为本,这一特征在绘画领域表现得尤为突出。此为达芬奇画笔下的女子肖像。

在费尔巴哈看来,人不仅是自然界的产物——"自然的人",而且也是社会的产物——"社会的人"。但是,他以生物学上的"类"概念去解释人的社会性,是十分抽象的;据此为出发点,费尔巴哈揭示了人的本质。

再次是关于认识的学说。

费尔巴哈从他的"人本学"唯物主义的原则出发,批判了康德等人的不可知论,坚持了唯物主义的可知论。他肯定自然界是不依人的意志为转移的客观存在,而人的精神、意识、思维则以客观的存在为前提,思维是人对客观对象的反映。

学说发起人	学说发起时间	推荐理由
立普斯	19世纪40年代	移情派，就这样旗帜鲜明地走在反叛大军的前端，它把想象和情感提到首位，要求冲破狭隘的理性，伸张主体，解放自我。

扛起冲击古典美学壁垒大旗的立普斯审美"移情说"

背景搜索

"移情说"的代表人物众多，在德国有费肖尔父子、谷鲁斯、立普斯、沃尔凯特等，在英国有浮龙·李、巴希、伏尔盖特等。"移情说"内部也不是整齐划一的，它包括了联想说、同情说、内摹仿说、游戏说以及幻觉说等。而立普斯是真正的集大成者，他从心理学出发，对"移情说"做了全面和系统的阐释，让"移情说"真正深入人心。

特奥尔多·立普斯（Theoder Lipps，1851年至1914年），德国美学家，心理学家，"移情说"最主要的代表者，有"美学上的达尔文"之称。他主要的美学著作有《空间美学》、《论移情作用》、《再论移情作用》、《美学》等。围绕"移情说"，他做出了一系列的努力，形成了立普斯式的移情多棱镜。

美是什么？审美是怎样的一种活动？这些问题是美学要回答的基本问题。

以黑格尔为代表的古典美学，是一座难以逾越的高峰。古典美学强调的是理性，是逻辑，是严密的条理，是缜密的思辩。美，在古典美学那里，是理念的产物。

哪里有压抑哪里就有反抗，到了19世纪三四十年代就出现了种种反抗的声音，它们要为美正名。反叛的声音不是从一个人口中发出的，而是汇聚成为有力的大潮，从各个方向向古典壁垒冲击。

美，是热情、直觉、感性、灵感的产物，而不是从理念中来，也不是从思辨中抽象而来。美是一种鲜活的感觉。这是反叛大军的口号，这是在强调自我、强调个人的时代氛围中，响彻云天的口号。

这股有力的反叛主要从两个方向夹击而来。一个是叔本华、尼采的唯意志主义美学，他们把个性、激情张扬到极至；一个是实证主义美学思潮，强调"从下而上"，也就是从感觉和经验出发而非从理念出发研究美学。这两股大潮开创了现代西方美学人本主义与科学主义两大脉络，是美学从古典走向现代的桥梁。

在实证主义美学思潮中，最大的一股力量来自于心理学美学。实验美学和移情派是心理学美学的两大重镇，后者的影响力以及它对古典美学的冲击力较之前者更大。

学说内容

移情是怎样的过程？这是立普斯首先要解决的问题。在他看来，审美欣赏实际上是一种自我欣赏，把自己的情感投射到那些对象上，使它变成有生命的存在，和我们产生共鸣，从而使对象贴近我们的生命，变得容易感觉。这种审美现象就是移情。

移情无处不在。在小鸟快乐的飞翔中，在羚羊优雅的奔驰中，在树枝的随风摇曳中，我们倾注了自己的情感，和它们化为一个整体，产生出移情现象。同时，在那些没有生命力的对象上，我们也能产生移情，那些山川、水流，或者说一个建筑物，也会让我们情动于中。

立普斯举了很多具体事例来分析移情现象，其中，最有名的是古希腊多利克式石柱的例子，在《空间美学》里，这个例子经常被提到。

多立克式石柱下粗上细，支撑着沉重的顶盖。它本是由大理石构成的，是一堆没有生命的物质。可是，当我们用审美的眼光看它时，会觉得它蕴涵着一股活泼的生命力，它是活动的，有力量的。

面对石柱时，我们会产生简单的、朴素的移情效果，也可能对它进行人格化的移情。这是两种不同层次的移情，但两者异曲同工，相互关联。

如果纵向看石柱，你会有一种"耸立上腾"的感觉，就像石柱自己在活动一样，它用这

雅典娜神庙遗址，是已知的最先把多利克式石柱与爱奥尼亚式石柱完美结合的建筑之一。

种上腾，努力克服顶盖给自己的巨大压力；如果在水平方向看石柱，感觉又不大一样。在顶盖的重压下，它在水平方向延伸，在汇聚力量，在凝成整体。立普斯认为，不管是"耸立上腾"，还是"凝成整体"，都是石柱自己"特有的活动"。我们感受到了它的力量，这就是产生了移情。我们并没有经过反思才感知到石柱的生命，这种移情是简单的、直观的、朴素的。

当我们把石柱和人的生存体验作出类比时，移情会更加深刻。石柱在重压下的昂然挺立、努力抗争的姿态，会深深感动我们，鼓舞我们去勇敢面对生活的压力。在石柱内含的力量下，我们感觉到自己也开始充满激情。我们和承担重压的石柱由此产生了共鸣，这是一种人格化的移情。

立普斯对移情的理解有哪些特点呢？简要说来有三点，一是非理性，二是非功利性，三是重视形式因素。

他认为，对石柱产生的移情，不管是朴素、简单的、直观的，还是人格化的、深刻的，都不是出于意志与理性，它是自然而然产生的，是一种无意识、非理性的存在。这正是立普斯移情论的第一个特点，是对古典美学的一个有力反叛。

立普斯移情论的第二个特点是非功利性与审美性。他把移情分为两种，一种是实用的

▲ 宙斯祭坛是古希腊建筑艺术的典范之一，这是宙斯祭坛出土后的复原图。

移情，一种是审美的移情。立普斯的移情说强调非功利性，推崇审美的移情，这点是比较可贵的。他认为，不是所有的移情都是审美的移情。比如说，一个人遭遇了痛苦的事情，他伤心的样子让我们情不自禁地同情他，我们的心情受他的影响，变得悲伤。这种移情，立普斯认为并不是审美的移情。因为真正的审美移情并不关心对象的真假，也不关心它实际上是什么，没有缘由，不带任何功利色彩，是一种纯粹的审美。而对别人的悲伤产生的移情，会经过一系列考虑，比如说他是不是真的伤心，如果是假装的，那你会对自己的同情后悔，会觉得自己受到愚弄。这些考虑，不应属于审美移情。

石柱的"耸立上腾"、"凝成整体"，这些感受到底是通过什么传达给我们的呢？是那些没有生命的石头吗？立普斯说，显然不是那些大石头，而是石柱本身呈现的"空间意象"，是石柱给我们的那种整体感觉。这个词语比较难懂，但这是立普斯再三强调的，我们不妨打个比方去理解。罗丹的雕塑《思想者》，给我们呈现出苦苦思索的姿态，这种姿态立普斯认为不是雕塑材料表现出的，而是雕成的"思考者"独立呈现的。它有独立形式和生命的存在，与材料无关。由此可以看出，立普斯的审美与移情说，是忽视构成对象的那些物质基础的，他迷恋的是那些抽象的点、线、面，迷恋的是形式。

立普斯拿自己的移情说尝试探讨了悲剧性这个问题，为自己的移情多棱镜添色不少。他认为悲剧性产生自一种深刻的移情中，"人的客观化的自我价值感"是一切悲剧的基础，也是欣赏悲剧的基础。所谓"人的客观化的自我价值感"，用一个词语可以解释，那就是感同身受。

学说发起人	学说发起时间	推荐理由
马克思、恩格斯	1848年	科学社会主义所研究的是无产阶级解放运动的性质、条件和一般目的及其相互关系，即改变资本主义和帝国主义世界，建设社会主义和共产主义世界的最一般的规律。

为无产阶级解放斗争提供指导纲领的科学社会主义学说

背景搜索

1848年2月，由马克思与恩格斯共同起草并发表的《共产党宣言》，是国际共产主义运动的第一个纲领性文件，标志着科学社会主义的诞生。

科学社会主义理论创立后，很快广泛深入地感染了群众，极大地推动了历史发展的进程。

1864年第一国际的诞生，使欧洲无产阶级联合在一起；1871年巴黎公社宣告成立，世界上第一个无产阶级政权诞生；1889年第二国际诞生，工人运动从欧洲扩展到美洲；1917年列宁领导的十月革命的胜利，把科学社会主义理论变成了现实；第二次世界大战后，包括中国在内的十几个国家走上社会主义道路，这些社会主义国家的建设和发展都取得了举世瞩目的成就。

所有这些，都是科学社会主义理论的胜利。实践证明，科学社会主义理论不是封闭的，而是开放的；不是停滞的，而是发展的；不是僵化的，而是创新的。

学说内容

一、无产阶级解放运动的性质

无产阶级代表了广大劳动者的利益,因此无产阶级的解放包括了广大劳动者的解放。人类的解放只有通过无产阶级的解放才能实现;无产阶级只有解放全人类才能最终解放自己。无产阶级解放运动是为大多数人谋利益的运动,是要用社会主义代替资本主义,最终消灭一切阶级和剥削制度,实现共产主义,解放全人类。这是人类历史上最伟大、最进步的运动,是以往的社会运动所不可比拟的。

科学社会主义要阐明无产阶级运动的这种特殊性质,使这个运动进程始终打上无产阶级的标记。同时,科学社会主义还要研究共产主义运动发展阶段的划分和各个发展阶段不同的性质,使共产主义运动避免犯"右"的或"左"的错误。

无产阶级解放的条件是什么?马克思说,工人阶级解放的条件就是要消灭一切阶级。实现消灭阶级的目标,需要多方面的具体条件,包括客观的和主观的、物质的和精神的、长远的和当前的、国内的和国际的。在不同历史时期和不同国家里,又必须具备不同的条件。无产阶级解放的条件是个广义的概念,有时和道路是同义语。

无产阶级解放的一般目的,即总目的是实现共产主义,包括最终目的和最近任务两部分。无产阶级解放的目的,体现在马克思主义政党的纲领之中。

无产阶级解放运动的性质、条件和一般目的相互联系,不可分割。实践证明,只有认清无产阶级运动的性质,创造无产阶级解放的条件,明确无产阶级奋斗的目标,无产阶级运动才能发展和胜利。因此,无产阶级运动的性质、条件和一般目的,反映了无产阶级运动的本质内容和客观规律。

科学社会主义认为，无产阶级解放道路一般要经历三个发展阶段。一是在资本主义条件下，通过革命斗争，无产阶级夺取政权，上升为统治阶级，争得民主；二是通过过渡时期和无产阶级专政，建立生产资料公有制、按劳分配的社会主义社会；三是在社会主义条件下，经过生产力的巨大发展和政治、文化的巨大进步，最终消灭阶级差别，使人类社会进入各尽所能、按需分配的共产主义社会。这三个发展阶段是无产阶级解放的康庄大道，是共产主义代替资本主义的必由之路。

二、完整的社会主义理论体系

科学社会主义在以上基础上，形成了完整的理论体系。主要包括：

关于无产阶级历史使命的理论。无产阶级是最富革命性和最有前途的阶级，它承担着团结广大人民群众，推翻资本主义，建设社会主义、共产主义，解放全人类的伟大历史使命。

关于社会主义革命的理论。社会主义革命的目的和任务，是以夺取政权为先导，消灭生产资料私有制，建立生产资料公有制，使无产阶级和劳动群众在政治、经济、思想上获得解放。在经济、文化落后的国家，无产阶级必须坚持民主革命的领导权，团结广大群众，首先进行资产阶级民主革命，尔后转变为社会主义革命。

关于从资本主义向社会主义过渡的理论。在资本主义和社会主义之间有一个革命转变时期，即过渡时期。它的起点是无产阶级夺取政权，终点是社会主义改造基本完成。一个国家的经济文化愈落后，过渡时期愈长。

关于无产阶级专政的理论。无产阶级反对资产阶级的斗争必然导致无产阶级专政。无产阶级专政是无产阶级领导的、以工农联盟为基础的人民民主专政的国家政权。无产阶级专政在社会主义社会各个阶段都必须始终坚持。

关于社会主义社会发展阶段的理论。社会主义社会是一个很长的历史阶段，在这个历史过程中还要划分若干个小的阶段。经济文化落后的国家建设社会主义需要一个很长的初级阶段。

关于社会主义本质及其特征的理论。建设社会主义必须搞清什么是社会主义以及如何建设社会主义。社会主义本质是社会主义本质属性的理论概括，是社会主义一系列层次概念中最高层次的概念。社会主义特征是社会主义基本制度的理论概括，是社会主义不同于资本主义以及其他一切社会形态的主要标志。

马克思正在出席共产主义者同盟会议。

关于社会主义建设的理论。社会主义是高于资本主义的崭新社会制度。社会主义是一个全面发展的社会，必须坚持以经济建设为中心，同时进行民主法制和精神文明建设。实现社会主义现代化，建设富强、民主、文明的社会主义现代化国家，是一个长期的任务和过程。

关于社会主义改革的理论。改革是推动社会主义发展的强大动力，社会主义就是在改革中不断前进的社会。改革是解放和发展生产力，实现社会主义制度自我完善的必由之路。所以，必须坚持改革的社会主义方向。

关于无产阶级政党的理论。无产阶级革命政党的领导，是无产阶级解放事业取得胜利的根本保证。在社会主义时期，必须坚持党的领导，加强党的自身建设。

关于国际主义和爱国主义相结合的理论。无产阶级解放运动是国际性的事业，各国无产阶级和劳动群众联合起来是这一事业取得胜利的重要条件；同时，各国无产者和劳动群众的解放斗争又是首先在本国范围内进行的。坚持国际主义和爱国主义相结合，是科学社会主义的重要原则。

学说发起人	学说发起时间	推荐理由
希尔伯特·斯宾塞	1850年	希尔伯特·斯宾塞是西方社会学古典理论的主要奠基者之一,曾被西方社会学家赞誉为"社会学理论大师"和社会学的伟大先驱者之一。

开功利社会学学科研究之先河的斯宾塞社会学说

背景搜索

希尔伯特·斯宾塞(Herbert Spencer,1820年至1903年),出身于英国英格兰中部德比郡的一个乡村教师家庭。他的父亲是一位学识渊博、勤于思考的人,在数理化方面有很高的造诣,父亲的言行对年幼的斯宾塞有很大的影响。

斯宾塞出生和成长的时期,正是英国工业革命的年月。自然领域的重大发现、发明、新技术在生产中的广泛运用为英国社会带来了经济的发展。居民生活方式的改变、中产阶级的成熟、个人主义的盛行,使英国维持了一个相对安定与繁荣的社会环境。

但是,在这一切发生的同时,英国工业革命的消极后果也逐渐暴露出来,经济竞争日趋激烈,社会问题日渐增多,这就使得一些思想家产生了改善自发的经济竞争所造成的消极后果的想法,斯宾塞的社会学说正产生于这一社会背景下。

斯宾塞的社会学思想主要体现在他众多的学术著作之中。在1850年和1852年,他先后出版了《社会静力学》和《进化的假说》,1855年他又出版了专论其进化哲学思想的《心理学原理》。

1850年后，斯宾塞开始着手以"综合哲学"为题目的庞大写作计划，于1860年至1896年间完成并出版了一系列论著。其中有《第一原理》，《生物学原理》、《心理原理》、《社会学原理》。

1878年，斯宾塞开始研究历史和人种问题，他的有关著作《描述社会学》17卷，从1873年开始陆续出版，直到他去世后的1934年才完全出完。

斯宾塞一生生活淡泊宁静，将其所有精力献给了学术事业，终生未婚。1898年，斯宾塞在客居伦敦55年之后迁居英国滨海城镇布莱顿，1903年12月8日他在布莱顿平静去世，享年83岁。

人们按照他生前的遗嘱，将他的遗体火化，送葬者不戴黑纱，也不举行宗教仪式，虽然葬礼如此清简，他留给世界和后人的却是宝贵的精神财富。

学说内容

斯宾塞的著述如此丰富，其体现出的思想也十分复杂，因此，我们要谈斯宾塞的社会学思想，应从其学术渊源谈起。一般来说，斯宾塞的社会学术主要导源于：孔德的实证主义的社会有机体理论，拉马克、达尔文的生物进化论和边沁的功利主义哲学思想。

对于孔德，斯宾塞部分地接受了孔德的实证主义，认为人们只有通过观察、实验得到的知识才是科学知识，而探索人的经验之外的事物的规律是毫无意义的。同时，斯宾塞还发展了孔德的实证哲学观点，提出了只存在"现象的实际规律"的说法。

其次，斯宾塞社会学说的另一根源是18世纪至19世纪的生物进化论。斯宾塞先是推崇法国动物学家拉马克的观点——进化依赖于后天获得性特征的遗传，提倡人类能通过体力、智力的内在遗传使其进化到完善的程度。

1857年，斯宾塞在其撰写的《进步的法则与原因》中，提出了"适者生存"的原理。达尔文的《物种起源》一问世，斯宾塞对其极为赞赏。因此也有人认为，斯宾塞的社会进化论与达尔文的生物进化论之间存在的不是师承关系，而是一种相得益彰的关系。

斯宾塞社会学的第三个思想渊源是边沁和穆勒的功利主义思想。在边沁看来，功利是大多数人的最大幸福与快乐，极限的功利是人类固有的目的，也是人类首选的普遍原则。英国哲学家穆勒发展了边沁的功利主义思想，提出了快乐和幸福是善，反之则是恶的伦理观。斯宾塞接受了边沁和穆勒的功利主义，并将其结合进自己的社会学理论，形成了他的功利主义伦理道德思想。

工业革命后，社会阶级的两极分化现象日趋严重。法国杜米埃所绘的《三等舱》表现的就是这种情景。

在这上述三种哲学、生物学和伦理学思想的影响下，斯宾塞建立了他自己的社会学体系。这其中主要包括：社会有机体论、社会进化理论与社会变迁模式、社会政治秩序与伦理道德观。

斯宾塞与孔德的相似之处在于，他们均坚持社会是一个有机整体，但是斯宾塞的社会有机体理论比孔德的分析更深入、更全面、更有说服力。他认为社会从本质上讲是同生物体一样的有机体，但社会与生物体之间有明显的异同点——社会是在变化的，其结构和功能在相互联系、相互依赖等方面比起生物体而言，是更高级的"有机体"。

社会这个超有机体的增长变化过程较为漫长，社会有机体的结构极为复杂，其组成部分在进化过程中日趋分化与专门化，各部分均有一定的独立性，而各部分的功能随结构的分化而分化并更加专门化，这种分化和专门化造成其组成部分之间相互联系、相互依赖程度愈来愈高，同时其整体性更加脆弱。

斯宾塞哲学思想是以进化论为基础的，在早期，他将人类社会的变迁看做是一个持续不变的、只有前进而无倒退的直线运行过程。而在1896年出版的《社会学原理》一书中，他修正了以往的观点，指出社会进化虽然总体上前进，但并不排除暂时的倒退，各种社会由于受环境条件差异的制约，进化的过程往往呈发散状态，这也是地球上同时存在各种不同形态社会的原因。

从以上的社会有机体理论和功利主义伦理观出发，斯宾塞提出了他的政治秩序理论。他指出，国家并非社会，只是一种特殊的政治组织，即进行社会调节的组织，政府则只是具体执行调节功能的机构，国家和政府应当维护个人自由和私有财产不受侵犯。由此出发，他反对国家和政府干预经济，力主经济自由放任。

学说发起人	学说发起时间	推荐理由
孟德尔	1851年	因为有遗传，才有稳定的物种。当然，生物间还有代的差异，这指的是生物的进化性。是谁揭开了遗传的秘密呢？他便是奥地利遗传学家孟德尔。

揭开生物遗传之谜的孟德尔遗传因子学说

背景搜索

格里戈尔·约翰·孟德尔（G.J.Mendel，1822年至1884年），出生于奥地利摩亚维亚的海因申多夫村，现今这个地方是捷克境内的海因西斯村。孟德尔的父亲是个农民，酷爱养花。因此，孟德尔自幼养成了养花弄草的兴趣。这也许是这位科学家后来在豌豆实验上成名的一个最初的契机吧。

孟德尔的童年不但平常，而且有些寒苦，整个小学可以说是在半饥半饱中念完的。中学毕业后，主要靠妹妹准备作嫁妆的钱，读了欧缪兹学院的哲学系。大学毕业后，21岁的孟德尔在老师的建议下，进了设在鄂尔特伯伦的奥古斯丁派的修道院当了一名修士，取了一个教名叫格里戈。25年后被选为该修道院院长。

青年的孟德尔饱历了生活道路的坎坷。他不满意于修道院单调、古板的修士生活，兼任了布尔诺一所实验学校代课教师的职务。他曾两次申请转为正式教师，但经考试均名落孙山。在这期间，他还到维也纳大学旁听了植物生理学、数学和物理学等课程。

考试落榜后,孟德尔便在修道院的花园里从事植物杂交的研究工作,并开始了长达八年的豌豆实验。根据豌豆各种各样的生长变化,孟德尔向人们展示了什么是遗传的显性定律、分离定律和独立分配定律。后来,人们尊称他为"遗传学之父"。但是,他的这一发现并不能被当时的人所理解,直到20世纪,人们才能理解他的发现的意义。

孟德尔的成果只发表了很小一部分。除了死后使他成名的《植物杂交实验》(1865年)外,还有《人工授粉得到的山柳菊属的杂种》(1870年)和《1870年10月13日的旋风》(1871年)。

晚年的孟德尔,无妻无子,孤苦伶仃,又因拒绝缴纳当局对修道院征收的一笔税金,而遭受着与当局的僵持之苦。学志未酬而又愤懑填膺的孟德尔,于1884年1月6日因患肾炎不治而与世长辞,享年62岁。

学说内容

孟德尔开始研究植物杂交工作,所用的实验材料是豌豆。他选用了22个豌豆品种,按种子的外形是圆的还是皱的,子叶是黄的还是绿的……等特征,把豌豆分成了七对相对的性状。然后,按一对相对性状和两对相对性状,分别进行了杂交实验,得到了如下的一些结果。

一对相对性状的杂交实验。孟德尔通过人工授粉使高茎豌豆跟矮茎豌豆互相杂交。第一代杂种(子一代)全是高茎的。他又通过自花授粉(自交)使子一代杂种产生后代,结果子二代的豌豆有3/4是高茎的,1/4是矮茎的,比例为3∶1。孟德尔对所选的其它六对相对性状,也一一地进行了上述的实验,结果子二代都得到了性状分离3∶1的比例。

两对相对性状的杂交实验。孟德尔又用具有两对相对性状的豌豆作了杂交实验。结果发现,黄圆种子的豌豆同绿皱种子的豌豆杂交后,子一代都是黄圆种子;子一代自花授粉所生的子二代,出现四种类型种子。在556粒种子里,黄圆、绿圆、黄皱、绿皱种子之间的比例是9∶3∶3∶1。

通过上述实验材料,孟德尔天才地推出了如下的遗传原理。

第一、分离定律。孟德尔假定,高茎豌豆的茎之所以是高的,是因为受一种

1909年，遗传科学获得新发展，英国胚胎学家摩根通过对果蝇的研究证明了遗传染色体理论。

高茎的遗传因子（DD）来控制。同样，矮茎豌豆的矮茎受一种矮茎遗传因子(dd)来控制。杂交后，子一代的因子是Dd。因为D为显性因子，d为隐性因子，故子一代都表现为高茎。子一代自交后，雌雄配子的D、d是随机组合的，因此子一代在理论上应有大体相同数量的四种结合类型：DD，Dd，dD，dd。由于显性隐性关系，于是形成了高、矮3∶1的比例。

孟德尔根据这些事实得出结论：不同遗传因子虽然在细胞里是互相结合的，但并不互相掺混，是各自独立可以互相分离的。后人把这一发现，称为分离定律。

第二、自由组合定律。对于具有两种相对性状的豌豆之间的杂交，也可以用上述原则来解释。如设黄圆种子的因子为YY和RR，绿皱种子的因子为yy和rr。两种配子杂交后，子一代为YyRr，因Y、R为显性，y、r为隐性，故子一代都表现为黄圆的。自交后它们的子二代就将有十六个个体，九种因子类型。因有显性、隐性关系，外表上看有四种类型：黄圆、绿圆、黄皱、绿皱，其比例为9∶3∶3∶1。

据此孟德尔发现，植物在杂交中不同遗传因子的组合，遵从排列组合定律，后人把这一规律称为自由组合定律。

孟德尔清楚自己的发现所具有的划时代意义，于是他又慎重地重复实验了多年。除了豌豆以外，还对其他植物做了大量的类似研究，其中包括玉米、紫罗兰和紫茉莉等，以期证明他发现的遗传规律对大多数植物都是适用的。

学说发起人	学说发起时间	推荐理由
马克思	19世纪中叶	马克思主义、政治经济学全面深刻地揭示了资本主义经济的基本规律及其必然灭亡的历史命运,为世界无产阶级提供了强大的思想武器。

堪称"无产阶级的经济圣经"的马克思经济学说

背景搜索

卡尔·马克思(Karl Marx,1818年至1883年),德国人,伟大的理论家、思想家、社会活动家和无产阶级革命导师。他以顽强坚定的姿态投身于现实的革命实践中,他总结出的马克思主义成为指导无产阶级斗争行之有效的基本原则与方法,受到全世界人民的衷心爱戴与崇敬。

19世纪三四十年代,资本主义在西欧各国都有了很大发展。随着工业革命相继在英、法、德等国的展开和完成,各国建立起了以社会化大生产为特色的雄厚的物质基础,社会生产力急剧上升。这就为马克思提供了揭示资本主义内在联系和发展规律的客观依据。

与此同时,社会财富却越来越集中在少数资本家的手里,无产阶级越发贫困,致使资本主义基本矛盾和阶级矛盾渐趋恶化,无产阶级反抗资产阶级的斗争风起云涌。法国里昂丝织工人起义、英国宪章运动以及德国西里西亚纺织工人起义的爆发与失败,表明了无产阶级亟需科学的战斗理论加以指导,这就为马克思经济学说的产生提供了客观前提。

马克思注意吸取人类思想文化发展中一切优秀成果,他批判地继承了德国古典哲学、英法古典政治经济学和法国空想社会主义,取其精华,去其糟粕,为创建自身经济学说寻找到了合理的思想来源。

学说内容

马克思的经济学说在世界经济史上引起了巨大变革,标志着无产阶级经济学说对资产阶级经济学说的胜利,并在《资本论》这部博大精深的著作中进行了充分有力的阐述。首先,他从分析资本主义社会的经济细胞——商品出发,发现商品的二重性——使用价值和价值。使用价值是商品的自然属性,它不反映任何社会生产关系;价值是商品的社会属性,它反映商品生产者之间的经济关系,是商品的本质属性;二者是在商品这个统一体中相互对立的两个方面。

在此基础上,马克思提出了他经济学说的核心——剩余价值学说。从研究货币转化为资本这一问题开始,资本最初总是表现为一定量的货币,但货币本身并不是资本,在商品交换中它并不能增大价值,只有当货币被资本家投入生产与流通后,实现了价值增殖,带来了剩余价值,货币才能转化为资本。

那么,剩余价值又是如何产生的呢?马克思提出的劳动力转变为商品的学说对此做出了回答。资本家从市场上买到了一种特殊商品,即劳动力。劳动力一旦成为商品也就具有价值和使用价值。劳动力的价值是由生产和再生产劳动力商品所必需的社会必要劳动时间决定的。劳动力的使用价值就是劳动,并通过劳动表现出劳动力的特殊性:其使用价值能创造价值,而且能够创造出比自身的价值更大的价值。而超过劳动力价值以外的那部分由资本家无偿占有的价值就是剩余价值。由此,马克思揭露了剩余价值的真正源泉,这也是资本家剥削的秘密所在。

然而资本家总是贪得无厌,常常采取下面两种办法极力从工人身上榨取更多的剩余价值:一是通过延长工人的劳动时间以创造更多剩余价值,二是通过提高劳动生产率、降低工人生活资料价值以获取更多剩余价值。

为了进一步揭露资本主义剥削实质,马克思还对资本进行了深入剖析。他根据资本在价值增殖过程中的作用,把价值分成不变资本和可变资本。用于购买生

这是1867年出版的《资本论》，是无产阶级革命运动的伟大导师马克思的代表之一。

产资料的资本只是转移自身的价值到新产品，并不会改变价值量的大小，故称为不变资本。而用于购买劳动力的资本由于能带来更多的剩余价值故称为可变资本。这就是说，不变资本只是生产剩余价值的条件，只有可变资本才能带来剩余价值。

有了这样的区分，马克思计算出了剩余价值率，从量上揭示了资本家对工人的剥削程度，创立了资本的有机构成学说，进而发现了资本积累的实质、形式和一般规律，并建立了资本流通和再生产理论、平均利润和生产价格理论以及地租理论等。

马克思就是这样，从剩余价值的生产到它在流通中的实现，再到它在资本家之间的分配，证明了追逐剩余价值是资本主义生产方式的绝对规律，剩余价值是资本主义社会一切剥削收入的源泉，揭露了资本主义剥削制度的本质，揭示出资本主义的基本矛盾，即生产的社会化和资本主义私人占有之间的矛盾将日益尖锐化，其走向灭亡的历史命运是它自身无法克服的必然趋势。

为了最大限度地追逐剩余价值，资本家竭力使资本处于不停止的运动循环与周转中。

马克思和恩格斯在讨论《资本论》手稿中的问题。

就单个资本的循环来说，单个资本必须不停顿地从流通过程进入生产过程，再从生产过程进入流通过程，以不断增殖自己的价值。这种资本从出发点再回到出发点的运动，就叫资本的循环。它分成三个阶段：第一阶段是购买生产资料和劳动力的阶段；第二阶段是生产阶段；第三阶段是出售新产品，实现商品的价值与剩余价值的阶段。

资本的循环是持续不断的，当它周期性地反复循环时，就表现为资本的周转了。一般来说，资本周转的时间越短、速度越快，一年之内周转的次数就越多、利润就越大。

马克思还以唯物史观为理论武器剖析了资本主义生产方式，揭示了资本主义社会发展的基本理论。他提出了经济基础决定上层建筑的原理。经济基础由生产关系的总和构成，建立在此基础之上的政治、法律、社会意识形态等上层建筑一方面伴随经济基础的变更而变化，另一方面也反作用于上层建筑。同时，马克思还阐明了生产力决定生产关系的原理，他指出社会的物质生产力发展到一定程度，便和生产关系发生矛盾，于是这些生产关系由促进生产力发展走向它的反面，成为生产力发展的阻碍，就会爆发社会革命。在此理论的参照下，马克思指出由于资本主义生产方式的矛盾，必然导致无产阶级进行社会主义革命这一真理。

学说发起人	学说发起时间	推荐理由
迈尔、焦耳和亥姆霍兹等人	19世纪中叶	能量守恒和转化定律是自然科学中关于物质运动的最重要的普遍定律之一。恩格斯曾经把它称为"伟大的运动基本规律",是19世纪自然科学三大发现之一。

揭示伟大的运动基本规律的能量守恒定律

背景搜索

能量守恒定律是建立在自然科学发展的基础上的,从16世纪到18世纪,经过伽利略、牛顿、惠更斯、莱布尼兹以及伯努利等许多物理学家的认真研究,动力学得到了较大程度的发展,机械能的转化和守恒的初步思想在这一时期已经萌发。18世纪末19世纪初,各种自然现象之间的联系相继被发现。伦福德和戴维的摩擦生热实验否定了热质说,把物体内能的变化与机械运动联系了起来。这些成就,为建立能量守恒定律做了必要的准备。

能量守恒定律的最后确定是在19世纪中叶由迈尔、焦耳和亥姆霍兹等人完成的。

德国医生罗伯特·迈尔最早是从人体新陈代谢的研究中得出这个重要发现的。罗伯特·迈尔(Julius Robert Mayer,1814年至1878年)于1814年11月25日出生于符腾堡的海尔布隆,他的父亲是位药剂师。少年时代的迈尔,经常跟着父亲去看制作各种药品的试验,最后在父亲的鼓励下,他走上了学医的道路。1838年,迈尔在蒂宾根大学获得学位。第二年，25岁的迈尔正式在汉堡开业行医。1840年，年仅26岁的迈尔在一艘驶往爪哇的船上当随船医生。他在给生病的船员放血时发现，病人的静脉血比在欧洲时的颜色要红些，这引起了他的沉思。他想到热带地区人的静脉血之所以红些，是由于其中含氧量较高的缘故，而氧之所以多出来，是机体中食物的燃烧过程减弱的结果。这使他联想到食物中化学能与热能的等效性，并由此推测，如果人体的能的输入同支出是平衡的，那么所有这些形式的能在量上就必定是守恒的。1842年，迈尔发表了题为《论无机界的力》的论文。他从"无不生有，有不变无"和"原因等于结果"等哲学观念出发，表达了物理化学过程中能量转化和守恒的思想，他分析了25种能量的转化和守恒现象，成为世界上最先阐述能量守恒思想的人。

迈尔于1851年出版了《论热的机械当量》一书，详细地总结了他的工作，并且很有分寸地保护了自己发现能量守恒定律的优先权："我深信焦耳发现了热和力，但他并不知道我的发现；我承认，这位著名物理学家贡献很多，令我非常尊敬；但我仍然认为我有充分的理由重申，热能和动力的当量定律及其数量表述是我首先宣布的（1842年）。"1878年3月20日，迈尔因右臂结核感染在海尔布逝世。

英国物理学家焦耳力图想从实验上去证明能量的不灭。焦耳（James Prescort Joule，1818年至1889年）于1818年12月24日生于曼彻斯特附近的索尔福德，父亲是个富有的啤酒厂厂主。焦耳一生都在从事实验研究工作，在电磁学、热学、气体分子动理论等方面均做出了卓越的贡献，他是靠自学成为物理学家的。焦耳在将近四十年的时间里，研究了电流的热效应、压缩空气的温度升高，以及电、化学和机械作用之间的

瓦特蒸汽机的运行遵守了能量守恒定律。

联系，共做了四百多次实验，用各种方法证实了做功和热传递在改变物体内能上可以收到相同的效果，并找到了热与功的关系。

德国物理学家、生理学家亥姆霍兹是从生理学问题开始对能量守恒原理进行研究的。亥姆霍兹（Hermann von Helmholtz，1821年至1894年）于1821年10月31日生于柏林的波茨坦。1842年，他获得医学博士学位。亥姆霍兹在对生理过程和动物热的来源进行分析的时候，发现著名化学家李比希的活力学说存在着问题。李比希认为活的机体会从一种"活力"中取得能量。亥姆霍兹认为，如果生物机体除了从食物中取得能量外，还可以从某种"活力"中得到能量，那么生物机体就成了永动机，说得通俗一点就是人不吃饭也可以从"活力"中得到能量而活下去。亥姆霍兹认为永动机是不可能实现的，他把自己的观点加以整理，写成《论力的守恒》一文。他全面阐述了能量守恒和转换定律，认为不仅热能和机械能，而且各种形式的能都是等效的。他分析了化学能、机械能、电磁能、光能等不同形式的能的转化和守恒，并且把结果跟永动机不可能制造成功联系起来指出，不可能无中生有地创造一个永久的推动力，机器只能转化能量，不能创造和消灭能量。这部著作是能量守恒定律论证方面影响较大的一篇历史性文献。1873年，他当选为英国伦敦皇家学会的外国会员，被授予柯普利奖章。1894年9月8日，他在夏洛滕堡逝世。

除了他们之外，在19世纪中叶还有一些人也致力于能量守恒的研究。他们从不同的角度出发，彼此独立地研究，却几乎同时发现了这一伟大的定律。能量守恒定律的发现是科学发展的必然结果，因此，它得到了科学界的普遍承认。

学说内容

自然界物质的运动有许多不同的形式，每种运动形式都有相应的能所对应。在研究机械运动的过程中，我们认识了跟机械运动相对应的是机械能；在研究分子运动的过程中，又认识了跟热运动相对应的是内能；此外，跟其他运动形式相对应的还有电能、磁能、化学能、原子能等。各种形式的能又是可以相互转化的。现在我们知道，能量既不能产生，也不能消失，它只能从一种形式转化为另一种形式，或者从一个物体转移到另一个物体，在转化或转移的过程中，其总量不变。这就是能的转化和能量守恒定律。这个定律更准确地来说就是，在任何与周围隔绝的物质系统（孤立系统）中，不论发生什么变化，能量的形态虽然可以发生转换，但能量的总和仍保持不变。非孤立系统由于与外界可以通过做功或传递热量等方式发生能量交换，它的能量会有改变，但它增加（或减少）的能量值一定等于外界减少（或增加）的能量值。所以从总体看来，能量之和仍然是不变的。

霍尔拜画笔下的《科学家的实验室》，反映了当时科学发展的基本状况。

能量守恒和转化定律反映了能量只能在各部分物质之间进行传递，或者以一种形态转换为另一种形态（在发生能量传递的同时，按照质能关系式，相应地也存在着质量的传递）。能量守恒定律的发现，在物理学史上是一个非常重要的事情：它表达了关于运动量不可创造和不可消灭的普遍规律；概括了一切物理现象——力、热、电、磁、光的现象，把它们看成是可以互相转化的运动的不同形式，揭示了这些运动形式之间的统一性，从而达到了物理科学的第二次大综合。自然辩证法认为，自然界中的一切现象都应当是相互联系的，因此，它的发现也促进了对自然现象认识的辩证观点的发展。

学说发起人	学说发起时间	推荐理由
达尔文	1859年	《物种起源》是达尔文进化论的代表作，标志着进化论的正式确立。《物种起源》一书，成为生物学史上的一个转折点，奠定了进化论的科学基础。

引发自然科学界大革命的达尔文生物进化学说

背景搜索

19世纪，人们通常列举的科学中的伟大变革，一般都与自然科学家们的名字联系在一起：哥白尼、笛卡尔、牛顿、拉瓦锡、麦克斯韦、爱因斯坦、玻尔和海森伯。而达尔文，则是这群人中唯一的生物学科学家。而且，他也是唯一一个在理论表述中公开宣布他的学说将产生一场革命的人。

达尔文摧毁了以人为宇宙中心的宇宙观，而且"在人的思想中引起了一场伟大的变革，它比文艺复兴以来任何其他科学都更进步"。西格蒙德·弗洛伊德曾指出：达尔文革命、哥白尼的革命和弗洛伊德本人开始的革命，是给予人类自我陶醉的自我形象以沉重打击的三次革命。

查理·罗伯特·达尔文（Charles Robert Darmin, 1809年至1882年），英国博物学家，进化论的奠基人。22岁从剑桥大学毕业后，以博物学家的身份乘海军勘探船"贝格尔号"做了历时五年的环球旅行，观察并搜集了动、植物和地质等方面的大量材料，经归纳整理与综合分析，形成了生物进化的概念。他于1859年出版的震动当时学术界的《物种起源》一书，成为生物学史上的一个转折点。马克思说，这本书实际上也为历史上的阶级斗争提供了"自然科学根据"。随后的《动物和植物在家养下的变异》、《人类起源及性的选择》等书，进一步充实了进化学说的内容。

达尔文是一位杰出的科学家，他的这一划时代的贡献，为人类科学事业的发展开辟了新的广阔前景。因此，当他在1882年4月19日逝世以后，人们为了表达对他的景仰，把他安葬在另一位科学界伟大人物牛顿的墓旁，享受着一个自然科学家的最高荣誉。

杰出的生物学家达尔文写出留传百年的《物种起源》。

学说内容

年轻的达尔文喜欢环游世界，每到一地，他总要进行认真的考察研究。考察过程中，达尔文根据物种的变化，整日思考着一个问题：自然界的奇花异树、人类万物究意是怎么产生的？他们为什么会千变万化？彼此之间有什么联系？这些问题在脑海里越来越深刻，逐渐使他对神创论和物种不变论产生了怀疑。

在一次爬山过程中，达尔文思考着地壳升降的道理，对自然界的变化有了一个大胆的猜想："物种不是一成不变的，而是随着客观条件的不同而相应地产生变异！"达尔文初步认识到了生物进化的规律。

在历时五年的环球考察中，达尔文积累了大量的资料。他一面整理这些资料，一面又

《物种起源》中文版封面。

深入实践；同时，他还查阅大量书籍，为他的生物进化理论寻找根据。1842年，他第一次写出《物种起源》的简要提纲。1859年11月，达尔文经过二十多年研究而写成的科学巨著《物种起源》终于出版了。在这部书里，达尔文旗帜鲜明地提出了"进化论"的思想，说明物种是在不断的变化之中，由低级到高级、由简单到复杂的演变过程。

达尔文在《物种起源》中，从人类学、形态学、胚胎学、生物地理学、古生物学等方面列举了许多实例来说明他的进化理论，特别是用来论证对这种进化原因给予最完美说明的自然选择理论。

首先，他以自己饲养的家鸽为例，证明人工选择能够引起亚种之间极大的差别。

接着，达尔文从这种人工选择转到自然界的选择，即自然选择。他证明，自然界也有变异和遗传，自然界中代替人工选择的原因是"生存斗争"，或者说是"生存竞争"。

那么，变种如何成为物种？为什么通常在各个物种之间没有过渡？这也是自然选择理论的难点。

为此，达尔文在书中提出了"中间类型性状的分歧和绝灭"的原理，并深入地进行了研究。他认为，竞争者的生活方式和特性越相似，竞争就越激烈。反之，随着新的、不同的特性的获得，竞争也逐渐减弱。

自然界发生的情况也是这样：如果一个类型内部生存斗争很激烈，那么中间类型总是处在不利的情况下，于是被保存下来的只能是在某个方面有专长的极端类型，从而使生存斗争中的竞争有所减弱。任何一个物种的后代越不同，这些后代彼此之间在习性和构造方面的区别越大，那么它们在自然界中就将争得更多的地位。

▲ 达尔文航行途中搭载的"贝格尔"号科考船。

达尔文反复证明,变种是"初期的物种",而物种则是"强化了的变种"。由比较简单的器官发展为比较复杂的器官,由比较简单的本能发展为比较复杂的本能,都是逐渐进行的。

虽然"地质记录"是如此不完整,但是"各种生物在出现时间方面的连续"这一众所周知的事实,在达尔文看来是和他的理论相符合的。而生物的地理分布,特别是生物在难点方面的不同进化情况,都证明了他的理论是正确的。

最后,达尔文分析了生物的分类和体系并以"性状分歧"原则的观点来解释了"系谱表",证明了属于同一类别的各种类型所具有的一般古代性状,为进化论提供了有力的证据。

几乎在每一提要的最后、每一章的最后,都有一句看来是达尔文特别精心编写的结束语,以再一次对有关选择和进化的思想加以强调。为了使读者更加注意这些结尾部分,他常常在结尾处用大写字母写下某个要素的名称,如"变异"、"选择"等等。

总之,达尔文在《物种起源》中得到的结论是,物种通过自然选择而起源的理论要比创造论者的理论优越得多。

所以,恩格斯认为达尔文的进化理论是19世纪自然科学的三大发现(能量守恒和转换定律、细胞学说和进化论)之一。

学说发起人	学说发起时间	推荐理由
凯库勒	1865年	凯库勒提出的苯的环状结构学说，为打开芳香族化学的大门、构建有机结构理论大厦做出了卓越的贡献。

奠定有机结构理论基础的凯库勒苯分子结构学说

背景搜索

弗里德里希·奥古斯特·凯库勒（Friedrich August Kekulé，1829年至1896年）于1829年9月7日出生于德国的达姆施塔特，他的父亲是达姆施塔特公国的军事参议官，与著名的德国化学家李比希是同乡。凯库勒起初学习的课程有几何学、数学、制图和绘画等，但是不久，他就受到李比希富有魅力的讲演与化学教学革新的影响而改学化学。

李比希是当时吉森大学里颇受人敬佩的化学家，声誉极高，凯库勒决定亲自去听听这位闻名已久的科学家讲课。凯库勒的坚强意志深深地感动了李比希，在他的指引下，凯库勒正式走上了研究化学的道路。

为了在化学方面继续深造，1851年，凯库勒在叔父的资助下，自费去法国巴黎留学。经济上的紧张，使他在巴黎只能维持很低的生活水平，但凯库勒全然不顾这些困难，硬是顽强地刻苦学习着，他要充分利用每分每秒的时间来充分吸收法国的新学术思想和学术风格。有一天，他从校园里的布告牌上得知，著名法国有机化学家查理·日拉尔正在讲授化学哲学课，他随即跑去听课，课后他向日拉尔提出了一些相当重要的问题，立刻引起了这位学者的注意。他被日拉尔请到自己的书房里，一起讨论，他们谈得很投机，竟忘记了吃饭，当他告别日拉尔时已是深夜了。就这样，凯库勒在巴黎过着清苦的生活，每天从早到晚奔跑在教室、图书馆和宿舍之间，他的收获很大，掌握了不少新的实验事实和研究方法。随后，凯库勒又先后去过瑞士、伦敦等地进行学术考察与进修，历时六年。1856年他返回德国，任海德堡大学讲师。在海德堡工作的三年是凯库勒科学上成熟的时期，也是他获得完全独立研究的时期。1858年，他发表首篇历史性论文《关于有机化合物的结构和变化以及碳的化学性质》，提出了碳四价与碳原子间成链的思想。不久，凯库勒接受聘请，担任根特大学的教授。在根特工作期间，他在奠定有机结构理论方面又取得了新的进展。

1861年起，凯库勒编著的《有机化学教程》一书分册陆续出版问世。1865年，他发表了具有历史性的论文《关于芳香族化合物的研究》，提出了苯环结构的思想。

1867年，凯库勒回国任波恩大学化学教授。1877年就任波恩大学校长，在那里，他专心从事化学教学与研究工作，培养了一大批化学人才。1896年春天，柏林发生了严重的流行性感冒，早已患慢性气管炎的凯库勒被感染后，病情日益恶化，同年6月13日，凯库勒与世长辞。

学说内容

19世纪中叶，人们认识到的有机化合物可分为两大类：一类是脂肪族化合物，它包括从脂肪中制得的脂肪酸或醇类（也包含甘油等），以及与这些物质相关联的化合物；另一类是芳香族化合物，它一般是指植物性的芳香油、香脂类和树脂类等，以及与此有密切关系的物质。比较而言，芳香族化合物的组成比脂肪族化合物要复杂得多，性质也与脂肪族截然不同。对于脂肪族化合物的性质与结构特征，运用凯库勒的碳四价与碳链理论可以得到十分满意的说明，但对于芳香族化合物的性质与结构，现有的结构理论还不能取得满意的结果。凯库勒充分认识到这一点，并决心改变现状以进一步拓宽原有的碳链理论的思想。

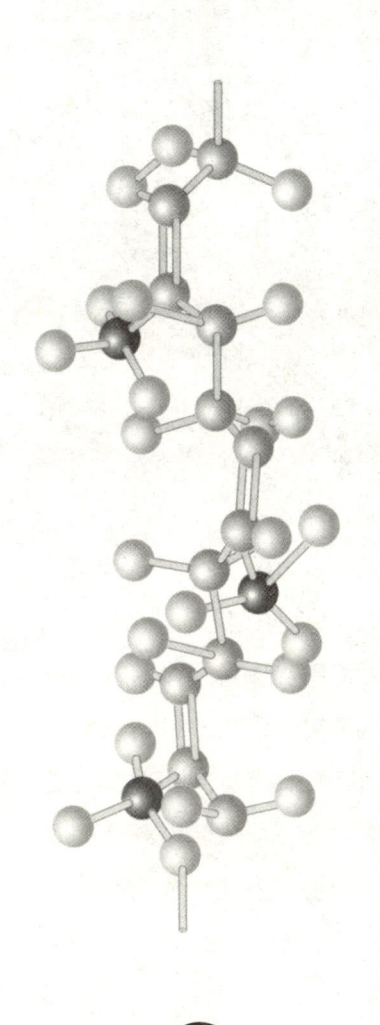

1920年，德国化学家施陶丁格发现聚合物分子结构。

凯库勒首先着眼于在芳香族化合物中起核心作用的苯（C_6H_6）。他认为，恰如从甲烷（CH_4）能导出所有的脂肪族化合物一样，也能够从苯衍生出所有的芳香族化合物。所以，应该首先弄清楚苯的结构以及如何表达这种结构这个问题。凯库勒依靠他那坚韧不拔、努力弄清问题的精神和丰富的想象力取得了成功。俗话说"日有所思，夜有所梦"，凯库勒对于苯的结构的思想，来自于梦对他的启迪。那是1864年冬天的一个傍晚，在比利时根特大学的工作室里，凯库勒由于白天苦苦思索苯的结构，但没有取得什么进展而感到身心十分疲乏。他把椅子转向炉火打起瞌睡来。炉膛里燃烧的木炭所产生的火星，在他朦胧的眼里变成了一个个原子，而这些原子又在眼前跳跃飞舞起来。它们一个个紧密靠近成一长行分子，盘绕、旋转，像蛇一样地运动着。一会儿，这条由长行分子化成的长蛇突然咬住自己的尾巴，呈现出一条环形蛇并虚幻地在他的眼前旋转起来……这时，炉膛里的木炭燃烧发出的爆裂声把他从睡梦中惊醒。但是，环形蛇的具体形象久久地在他的脑海里浮现。凯库勒一夜未睡，索性发挥起自己曾因学过建筑而丰富起来的空间想象力，开始构思起苯的分子结构来。他把梦幻中的环形蛇的具体形象，通过联想抽象为一种描述苯的碳原子结构的苯环结构式。

这是一种通过智力图象而完成的直觉判断，人们通常所说的科学家的几何直觉或物理直觉（包括化学直觉）就是这种智力图象，它可以把由感觉而来的具体形象抽象为一种几何图形并具有综合的特点。凯库勒正是通过这种智力图象以整体识别的方式领悟了苯分子的结构特征，进而构思出了苯环结构式，即碳的六个原子形成一个环；结合在环上的六个氢原子可以被其他各种元素的

223

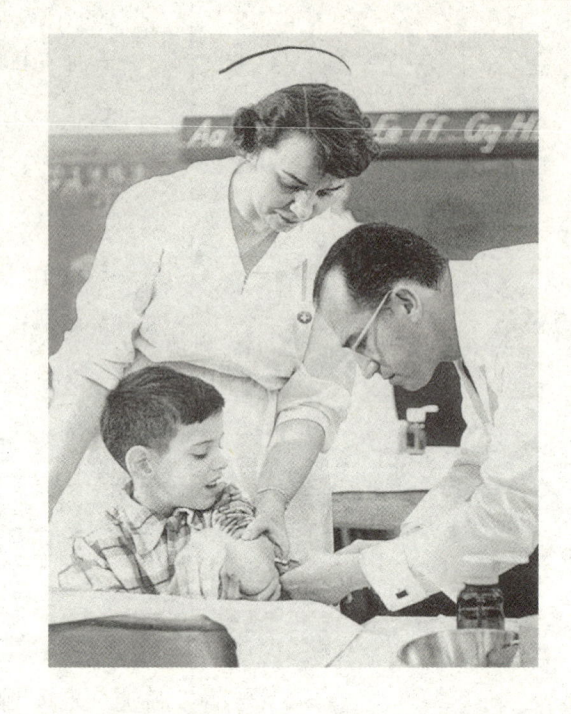

一位小朋友正在接受疫苗注射，正是有机化学的进步才促进了制药工业的发展。

原子或原子团所取代。这样一来，就可以形成各种芳香族化合物。因此，所谓芳香族化合物就是苯的衍生物，是一种以六个碳原子环为核心的环状化合物（与此相反，脂肪族化合物则是甲烷的衍生物，是一种链状化合物）。这个苯的环状结构理论虽然来自梦的启迪，然而它绝不是随意的假说，而是经过了逻辑加工和化学实验的证实。

1865年，凯库勒发表的著名论文《关于芳香族化合物的研究》，阐述了苯环结构思想的由来，并对如何证实这种构想做出了预测与说明。他指出，之所以能构想出这种环状结构式主要来自两点：一是六个碳原子之间的结合（呈六边形结构）往往是相当牢固的（现实生活中不乏其例，如蜂巢的结构也呈六边形，既牢固又具对称美）；二是在把芳香族化合物同脂肪族化合物比较后发现，其分子中碳的百分率显著增大。也就是说，随着氢分量的减少，碳原子存在的剩余化合能力大为增加。凯库勒根据这种结构式进一步论述了苯的六个氢原子应当具有完全等同的性能，并且还说明了当从苯衍生出的许多取代物生成各种同分异构体的时候，根据取代原子或取代基的数目和种类，可以推断出生成的同分异构体数目，以及所生成的各同分异构体的性质差异等问题。

凯库勒还以确定苯的结构式为中心，列举了当时已知的众多芳香族化合物的结构式。之后，凯库勒关于苯的六个氢原子等同的预想以及关于取代物的同分异构体等问题的预测，在以后许多化学家的实验工作中一步一步地得到了证实。

学说发起人	学说发起时间	推荐理由
普鲁东	1866 年	最能体现一个阶级利益的思想便是这个阶级所拥护的经济思想,因此,如果我们要具体而准确地了解普鲁东所代表的小资产阶级的思想,最根本的就是先了解他的经济思想。

确立小资产阶级社会主义的普鲁东经济学说

背景搜索

我们知道,近代法国几乎就是近代革命思想产生的温床。特别是法国大革命以来,近代世界史上的各种革命理论几乎都可以在法国找到同声相应者,所以法国也成为一个盛产思想家的国度。

在法国,理想主义的学说也曾经历过此起彼伏的一个发展状态。自从理想主义的创始人圣西门、傅立叶先后去世之后,法国理想主义也曾出现过相对萧条的局面,就在人们担心这股伟大的思潮有可能会随着两位伟人的去世而随之消失时,另一位思想家应时而生,这就是法国无产阶级革命家比埃尔·约瑟夫·普鲁东。

比埃尔·约瑟夫·普鲁东(Pierre Joseph Prodhon,1809 年至 1865 年),法国著名的社会活动家、革命家、思想家,同时还是一位卓越的批判资本主义的经济学者,也是批判社会主义者,所以从这个角度来讲,普鲁东并不是一位纯粹代表无产阶级利益的革命家。只是因为他反对资本主义的剥削经济,才被马克思称为是法国著名的无产阶级革命者。马克思对此有明确而清醒的认识，所以认为更确切地应称其为小资产阶级革命家。

普鲁东的思想被当时的人们称作是普鲁东主义，也称为无政府主义的代表思想。在1866年的第一共产国际中，还曾出现过马克思发起的反对普鲁东无政府主义的运动。尽管这股思想一出现便遭到了共产国际的反对，社会各界对其也是评说不一，但它确实代表了一部分人，特别是小资产阶级的理想和利益，我们不得不正视它的存在和影响。

学说内容

普鲁东的经济学说主要体现在他的几部经济学著作中，即《经济体系的矛盾》、《贫困的哲学》、《什么是所有权》等。

一切小资产阶级的社会主义代表，都是极为反对资本主义的自由主义的，他们的理想则是根据社会主义的劳动原则组织生产。普鲁东虽然也是小资产阶级的代言人，但他的思想却与此不同。他提倡的普鲁东主义既反对资本主义的自由主义，又反对社会主义的劳动原则。

普鲁东利用黑格尔的哲学公式，建立了一个自己理想的理论公式：以资本主义经济学说为正题，社会主义的经济学说为反题，而他自己的经济学说为合题。

在与资本主义经济学者们论战时，普鲁东极力反对私有财产；在和社会主义经济学者们论战时，他又主张推翻社会主义和共产主义。在这个论战过程中，普鲁东提出了自己的经济理论，其中最著名的就是"财产是盗窃"的言论。

所谓的"财产是盗窃"的说法，是普鲁东针对资产阶级的私有财产的主张。他认为，所有权是一种盗窃行为，实质代表的是剥削。普鲁东反对剥削，他主张每个人必须通过自己的劳动来取得合法的财产。他认为，那些占有大量财产的资产阶级实际上就等于抢劫别人的劳动所得，这种占有的方式主要是通过经济活动中的利息、利润、地租等形式实现的。

尽管普鲁东反对那些大资产阶级占有别人的劳动所得，但是他却并不主张每个人都能拿到自己的全部劳动成果。因为，他认为这样是不平等的。每个劳动者的劳动技能高低不等，如果按照全部的劳动所得来分配财产，这依然会造成财富的分配不均匀。所以，由此我们可以看到，普鲁东所谓的财产平等，只不过是一种分配上的绝对平均主义而已。

同时，普鲁东虽然反对大资产阶级的财产私有制，但他并非反对所有的私有财产。他认为个人的私有财产是必要的，而这里的个人就是指的小资产阶级的私有财产。普鲁东之所以主张保护小资产者的私有财产,是因为这些小资产者在资本主义社会里面,时时会受到大私有产者的威胁和摧残。

普鲁东称小私产为个人领有物。对于小私产的具体概念,普鲁东在自己的著作中有明白而翔实的描写,他说:"个人的领有是社会生活的必要条件;私有权杀害着生命,这已经被五千年来私有权生存的历史所证明了。领有是合乎公理的,私有权利则反乎公理。消灭私有权和保护领有权:只要单单靠这种原则上的改变,你就根本改变了法律、政治经济和一切制度,你就消灭了人间的罪恶。"

从中我们可以看出,普鲁东心中的那个理想的经济国度,实际上是以维护小资产阶级的利益为基础而存在的。所以,马克思称普鲁东的学说为小资产阶级的社会主义。

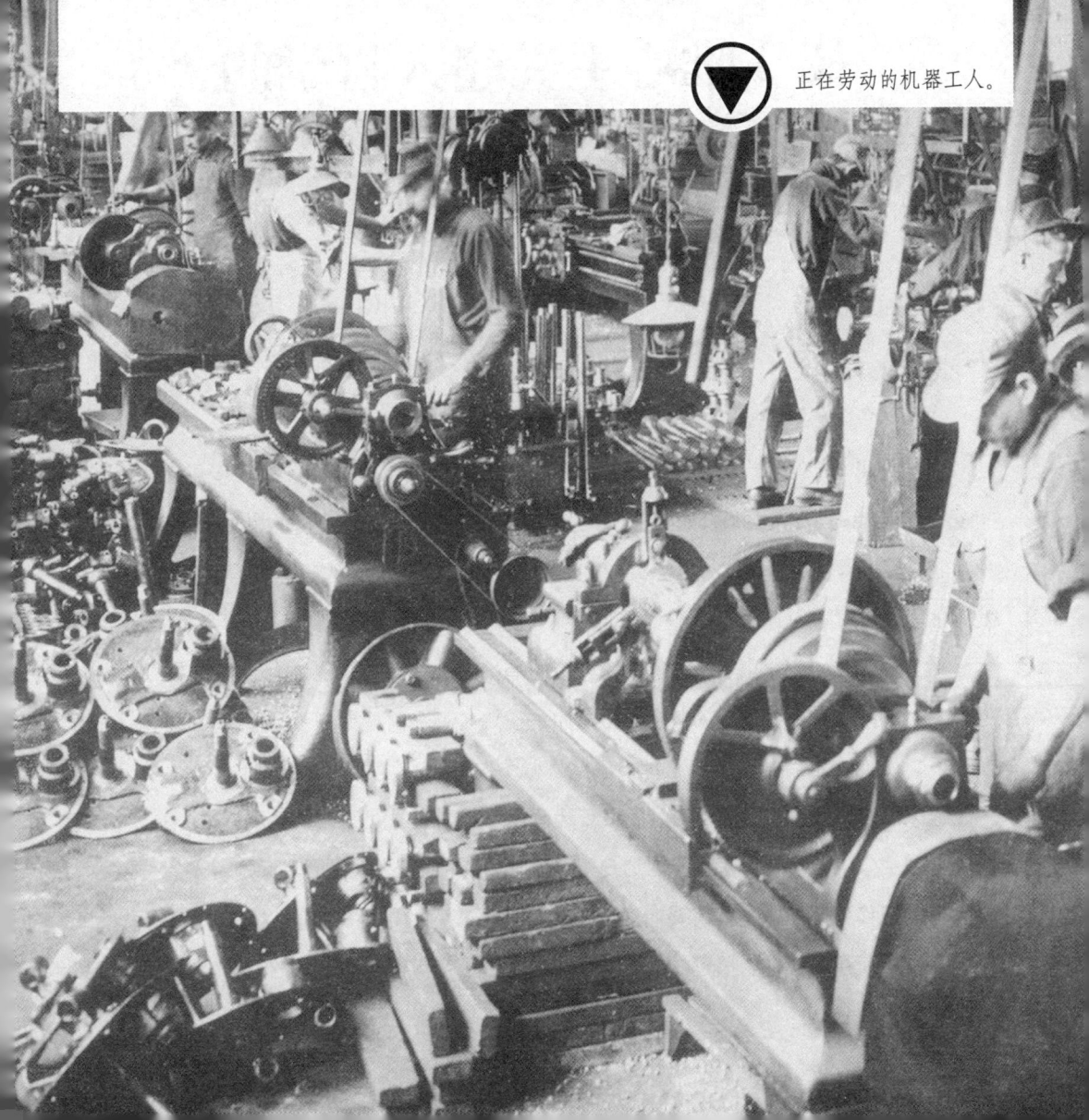

▼ 正在劳动的机器工人。

学说发起人	学说发起时间	推荐理由
尼采	19世纪70年代	尼采是德国著名的哲学家，西方现代哲学的开创者，对生命哲学、存在主义、弗洛伊德主义、后现代主义等哲学流派产生了重大影响。

树立唯心主义超人哲学的尼采权力意志主义

背景搜索

弗里德里希·威廉·尼采（Friedrich Wilhelm Neitzche，1844年至1900年），19世纪下半叶德国著名的思想家，唯意志主义哲学的重要代表人物。他自幼聪慧，在大学里研究古典语言学，才华出众，1868年他担任了瑞士巴塞尔大学的语言学教授，1879年因病退职，从此闭门从事哲学著述，1888年精神失常，直到去世。

他一生创作了很多震惊世界的著作，主要有：《悲剧的诞生》、《不合时宜的考察》、《人性的，太人性的》、《朝霞》、《查拉斯图拉如是说》、《善恶的彼岸》、《反基督教》、《偶像的黄昏》以及他去世后由他妹妹整理出版的《强力意志——变革一切价值的尝试》。

尼采从事哲学活动是在19世纪70年代以后。德国在"铁血"宰相俾斯麦的领导下获得了普法战争的胜利，实现了德国的统一。热血沸腾、野心勃勃的德国渴望进一步成为雄踞世界的现代化强国，这就需要向老牌殖民帝国所主宰的世界格局挑战，实现自身政治、经济、军事和殖民地的扩张。置身于这种狂热社会倾向和集体情绪中的尼采，必然会在自德国著名的哲学家尼采侧面像。

己的学说里相应地反映出时代的愿望与要求。

学说内容

尼采和叔本华一样，都认为世界的本质在于意志，但这个意志不是叔本华说的"生命意志"，而是"权力意志"。尼采说："生物所追求的，首先是释放自己的力量——生命本身就是权力意志。"

对于"权力意志"，尼采主张不能望文生义地把它与权势、权术乃至强权政治等同起来，它是指一种具有支配作用的强大力量，也就是强大生命力对弱小生命力的控制与侵吞。

作为世界本原的权力意志，无所不在，无所不包。

从人到动物，从动物到植物，从有机界到无机界，都由权力意志所主宰和支配。权力意志构成了世界的全部内容，也构成了宇宙的历史过程。尼采从心底发出了这样的声音："这个世界就是权力意志——岂有他哉！"

尼采把自我的权力意志作为唯一的价值仲裁者和是非标准，发起了对理性主义和基督教传统道德文化的猛烈批判。他提出了"打倒偶像"，"重新估价一切价值"的口号。

为什么要对既有的一切价值进行重新估价呢？只因"上帝死了"，而上帝是过去一切

尼采认为，传统价值以道德之名束缚了创造者，这幅《价值体系的束缚》便形象地反映了这一思想。

文化思想的基础，一切传统文化颠覆的时候到来了。

但上帝怎么死的呢？尼采在他的著作中提供了寓言式的解说。在《快乐的科学》里，他写道，有一个疯子大清早手持提灯寻找上帝。"上帝到哪里去了？"他大声喊叫，"我老实告诉你们说，我们杀了他——你和我！我们都是凶手！"

"上帝死了"又意味着什么呢？以前，是上帝为人们的生活提出了目标，赋予了意义。然而现在，"上帝死了"，基督教的信仰全线崩溃，人类的生活不再受到来自上帝的束缚，人获得了自由，自己变成了自己的上帝，人可以自己做决定，可以自己对自己负责。在这个没有上帝的世界里，人类获得了空前的机会，人成为价值的赋予者，一切价值都由人自己建立。

重估一切价值的最高标准又是什么呢？那就是"权力意志"。尼采运用这个标准对传统价值，特别是传统道德价值进行了强烈的攻击和批判。

尼采认为传统的价值都是对权力意志的否定和压制。基督教所宣传的"正义"、"善良"、"同情"、"仁慈"、"怜悯"、"博爱"、"无私"等思想，在尼采看来，都使人变得怯懦、无力、病弱，这是弱者为了限制强者，为了免受强者的践踏而制造的诡计。这是对自我的损害与否定，对生命的扼杀与屠戮，对强力支配弱小的权力意志的违背，"它们抑制了权力意志的发展和人类社会的进化"，导致了"生命的没落"。

尼采以权力意志作为武器猛烈抨击基督教传统道德,实质上就是从非理性主义立场上对欧洲理性主义传统的批判。

"权力意志"尽管既是摧毁过去一切价值的标准,又是建立新的价值体系的基础,但它却不能为全人类提供一个统一的生活目标。于是,尼采将希望寄托在"超人"身上。它是理想类型的人的一个象征,从而为人的生存提供了一个目标,确定了一种意义。

什么是"超人"呢?首先,尼采给予了象征性的说明,诸如大地,大海,云中的闪电,藏在人类石头中的形象等。

其次,在和"末人"的对比中,尼采对"超人"进行了说明。何谓"末人"?他们谨小慎微,猥琐卑劣,丧失了创造的愿望和能力,个性遭到泯灭,自我不复存在,只是浑浑噩噩地过着千人一面的日子。

"超人"正与之相反,他们也是有血有肉、有思想有灵性的人,但他们不会按照基督教道德监禁自己,他们肯定生命,追求生命,升华本能。他们严肃地毁灭一切颓废守旧的东西,不怕痛苦,无畏伤害,他们是新世界的开创者,不受现存世界任何道德法规的约束。简而言之,"超人"就是超越一切传统道德规范、处于善恶彼岸的新人,是有着旺盛的权力意志和健全的生命本能的强者。

尼采的"超人"哲学是建立在"社会不平等原则"的基础上的。他公开提倡社会的不平等,社会和生命的本质是一样的,都是权力意志。每个人的权力意志有强有弱,天生就是不平等的,因此强者剥夺、统治弱者就是天经地义的事情了。社会也正是在这种不平等的动力下前进的。

据此,尼采断言任何社会的人都是不平等的,可分为三个等级:第一等级是少数出类拔萃的统治者;第二等级是法权的执行者和捍卫者;第三等级就是天生受人统治的"凡夫俗子"和"群氓"。

尼采还极力散布种族不平等的思想。他认为不同民族由于权力意志的强弱不同,因而存在着优劣之分。白色人种优于有色人种,而白色人种中的雅利安人种,日尔曼人种又是最优秀的。优等民族天生就具有统治劣等民族的能力。

尼采对妇女也表现出极大的轻蔑。他认为男人的权力意志强于女人,因此男人理所当然地应该统治女人。他曾这样说过:"去你的女人那里吗?别忘了带你的鞭子。"

最终,尼采将最高优越性归结到"超人",视他们为天然的统治者,历史的主宰者。"世界为他而展开,为他而收卷"。

学说发起人	学说发起时间	推荐理由
门格尔	19世纪70年代	19世纪70年代，在西方经济学大舞台上，德、奥、英、法等国家的边际效用学派纷纷粉墨登场，其中以门格尔为代表的奥地利边际学派，以革命生力军的主流姿态威震西方经济论坛。

揭开现代经济学序幕的门格尔边际效用学说

背景搜索

卡尔·门格尔（Carl Menger，1840年至1921年），奥地利经济学家，伟大的边际革命奠基者。他不仅提出了边际概念，而且还揭示了经济与价值现象之间的联系，从而使西方经济学把稀缺性作为分析的前提。显然，他应该算是现代经济学的创始人。

19世纪后半期，奥地利、德意志两国的资本主义都迅猛发展。到1860年，奥匈帝国形成，表面上虽然实行着与德国相同的国内外政策，但它要求与德意志分庭抗礼的倾向性大大增强。经济学上，奥地利长期处于德国学派的笼罩之下，而新近兴起的马克思主义学说更是势如破竹，传统资产阶级经济思想在它的强烈进攻下岌岌可危。同时，工人运动风起云涌，整个资产阶级惊心动魄，惶惶不可终日。这些都促使奥国学术界积极探索一种既代表本国学术，而又根本不同于马克思主义的学术观点。

门格尔的边际效用学说并非空穴来风，而是自有其理论渊源，这主要是受到了德国经济学家屠能和戈森的影响。

▲ 1910年，美国一家砖厂中出卖苦力的孩子们。

屠能在边际学说方面，主要是把李嘉图借以建立地租论的生产力递减观念，应用于土地之外的生产要素分析方面，他的边际概念在工资问题的分析上表现得最为明显。他认为，在生产过程中，若劳动和资本一次又一次地增加，那么，每增加一单位的资本和劳动所获得的报酬必定逐渐减少。不过，最后还是会产出超过其报酬的剩余，有资格享受这个剩余的当是劳动者，如果工资较低话，那一定是由于资本对这个剩余保留得过多。他还设计了一个求得自然工资的公式，以此来说明资本的边际生产力和劳动的边际生产力。

另外，门格尔也从戈森那里得到诸多启发。戈森的边际效用学说弥漫着强烈的功利主义色彩。他将消费置于首位，断言人类行为的根本目的就在于追求最大的享乐。经济学也就是帮助人们获得最大总和的享乐，并以数学方法探讨享乐的规律。而且，他还提出了人类享乐的两大规律。

第一个规律是说：随着人们对某种商品的需要不断被满足，所感到的享乐程度不是相应增加了，而是逐渐递减，直至最后达到饱和状态。享乐为零时，消费就应停止；如再增加则会变成负数，享乐就成为痛苦了。这又称为"享乐递减规律"。比如说第二个面包对一个饥饿的人来说不如第一个面包更有味道，而第三个、第四个将会使他厌恶。

第二个规律是说：人们面对多种享乐选择，但却没有足够时间来完全享乐时，为使满足感达到最大化,就必须使从各种选择的最后一单位享乐中获得的满足程度相等。这也称为"享乐均等规律"。

可见,屠能、戈森都以自己的特色理论奠定了边际学说的基础,为门格尔创建自己的学说提供了丰富的理论营养。

学说内容

门格尔的经济学专著《国民经济学原理》清晰地阐明了他的边际效用学说。在他看来,人类活动由两个因素构成,即人类的欲望及欲望的满足。欲望不仅是人类生存的最一般动因,也是经济上最根本的东西。然而,人类要实现自己的欲望,就一定得拥有能满足自己欲望的物品,即财货。

物品成为财货必须具备两个条件:一是人类对这一物品的欲望要求;二是这一物品具有能够满足人类欲望的属性。

门格尔根据不同标准对财货加以不同的分类。

一种划分的方法是按照财货与满足人的欲望的亲疏远近关系进行等级排列。第一级财货直接用以满足人类欲望,也可称之为消费财货;第二级财货用来制造第一级财货。第三级财货是用来生产第二级财货的。实际上,他说的第一级财货就是通常所说的消费品,第二级以上的财货就是我们一般所说的生产资料。

另一种划分方法是将财货按是否直接满足人类欲望划分为低级财货和高级财货。前者对满足人类欲望有直接因果关系,后者对满足人类欲望有间接因果关系。而且,低级财货制约和决定高级财货。人们往往总是在先满足最紧要的欲望之后,才可能考虑用多余的财货去协助生产其他财货,所以高级财货受制于低级财货,而且二者都是以人类欲望的存在为前提的。

还有一种划分方法是将财货分为经济财货和非经济财货。经济财货相对于欲望来讲是稀缺的,非经济财货则相反,是取之不尽的。不过稀缺与不稀缺并非固定不变,它们随着供需的变化而变化。稀缺的可变得不稀缺,不稀缺的可变得稀缺,因此,经济财货与非经济财货可以互换。从中可见,经济财货归根到底具有主观属性,因为需求本身取决于人的欲望,而经济财货则反映的是人的欲望与人们所能支配的财货数量的关系。价值学说专指经济财货,就是说只有具有稀缺性的财货才有价值。

在价值理论方面,门格尔首先提出价值取决于财货对个人的效用,即个人对商品效用

1889年7月14日，在巴黎召开的世界性的社会主义者代表大会上，将1886年5月1日美国工人争取八小时工作制的斗争日定为国际劳动节。

的主观评价。他说："我们所支配的各种财货，不是其自身具有价值……乃是这些财货在满足我们的欲望上有意义，而这种意义则又为我们的生命与福利所依存。"确实，即使是同一件物品，对不同的人、在不同的时候可能出现不同的效用。如那些能够满足穷人迫切需要的财货，可能只是用来满足富人并不重要的欲望。另外，同样的财货满足欲望的能力会随时间和嗜好的不同而有所不同。在丰收年景里，一仓粮食被烧毁，要比灾年里一仓粮食被毁，意味着更多的损失。对于有烟瘾的人来说，烟草是有用的，但对不吸烟的人而言，烟草就没有任何用处了。同时，门格尔并没有忘记效用必须和物品的稀缺性相结合才能成为决定价值的充分条件。

进而，门格尔指出价值最终是由边际效用决定的，也就是说任何财货的价值都是由用于最不重要用途的那部分物品的效用决定的。因为当物品的数量变得有限，即人所拥有的财货小于其欲望时，他会不得不做出合理的选择，按轻重缓急安排自己欲望的满足，而他最先放弃的效用单位恰恰说明它只有最一般的价值；同时，由于物品的同质性，每一单位都可以相互替换，因此，边际物品的效用也就决定了全部同质物品的价值。

交换也是以边际效用决定的价值为基础进行的，最终指向于人的欲望。而社会的生产在交换的促进下将自发有序地进行下去。为此，门格尔将资本积累视为社会经济进步的主要因素，认为资本积累带来了人类文明的发展、人类知识的积累、低级财货的供应增多等益处。同时，他不遗余力地倡导经济自由的观点，认为有利于生产力发展的规章制度可能、而且确实自发地出现，不需要什么特别的安排或者政府的强迫，毕竟每个人都懂得通过交换以满足自己的需要，社会经济由此得到良性运行。

学说发起人	学说发起时间	推荐理由
阿弗里德·马歇尔	19世纪70年代	马歇尔的经济学说挽救了资本主义古典经济学被历史所淘汰的缺憾,为资本主义经济的发展再一次指明了新的方向、新的道路,使资本主义经济得以继续维持下去。

高举新古典经济学旗帜的马歇尔经济学说

背景搜索

阿弗里德·马歇尔（Alfred Marshall，1842年至1924年），英国著名经济学家，资产阶级经济学剑桥学派的重要代表人物，在英、美资产阶级新、旧古典经济学之间，起着承上启下的作用。他的主要著作有：《经济学原理》、《工业与贸易》和《货币、信用与商业》等，对他的经济学说有着全面系统的论证和阐述。

马歇尔经济学说产生的时代正处于世界资本主义由自由竞争向垄断阶段的过渡时期，此时国际工人运动风起云涌。在政治经济学领域中，自从马克思的《资本论》集结出版后，以往的资产阶级经济理论已经不能担负起为自己的合理性进行辩护的历史使命，迫于社会经济和阶级斗争发展的需要，马歇尔经济学说应运而生。

从英国本国的国情来看，自19世纪70年代之后，英国资本主义在走向垄断的过程中，它的停滞和没落日趋加剧。英国的统治阶级为了保障自己的经济地位，加强了对工人阶级的剥削，从而使阶级斗争进一步激化。在这种情况下，英国统治阶级也迫切需要一种新的货币的发展程度反映了经济交易的发展程度。这是一枚公元4世纪时的东罗马金币。

经济学说为资本主义的统治寻找出路。

马歇尔经济学说正是在这种形势下登上理论斗争的舞台的,在其中发挥着冲锋陷阵的强大威力。

学说内容

马歇尔在自己的经济学说中综合了西方资产阶级政治经济学发展的诸多成果,运用心理分析、数学分析、均衡分析、时间分析、连续原理等方法论,对古典政治经济学进行了改造和发展,形成了新的经济学体系。这个体系主要包括需求理论、供给理论、均衡价格理论和分配理论。

首先,关于需求理论的论述。

马歇尔主张需求理论的出发点是人的欲望,而需求是人的欲望的满足,人的欲望又必须由各种物品的效用去加以满足。因此,效用可被视为欲望的相关词。尽管人的欲望的种类和内容是不断变化的,但每一个人的欲望又是有限度的。人性的这种倾向可表述为效用递减规律:一种物品对任何人的边际效用,随其每一次增加而递减。

其次,关于供给理论的探讨。

马歇尔口中的供给理论,也称为生产理论,主要是研究各种生产要素的特点和生产成本的内容。

在马歇尔那里,需求理论和供给理论是互为补充的,如果只有前者没有后者,则前者是不完全的,反之亦然。

第三,关于均衡价值理论的分析。

1690年的剑桥大学校园景象。

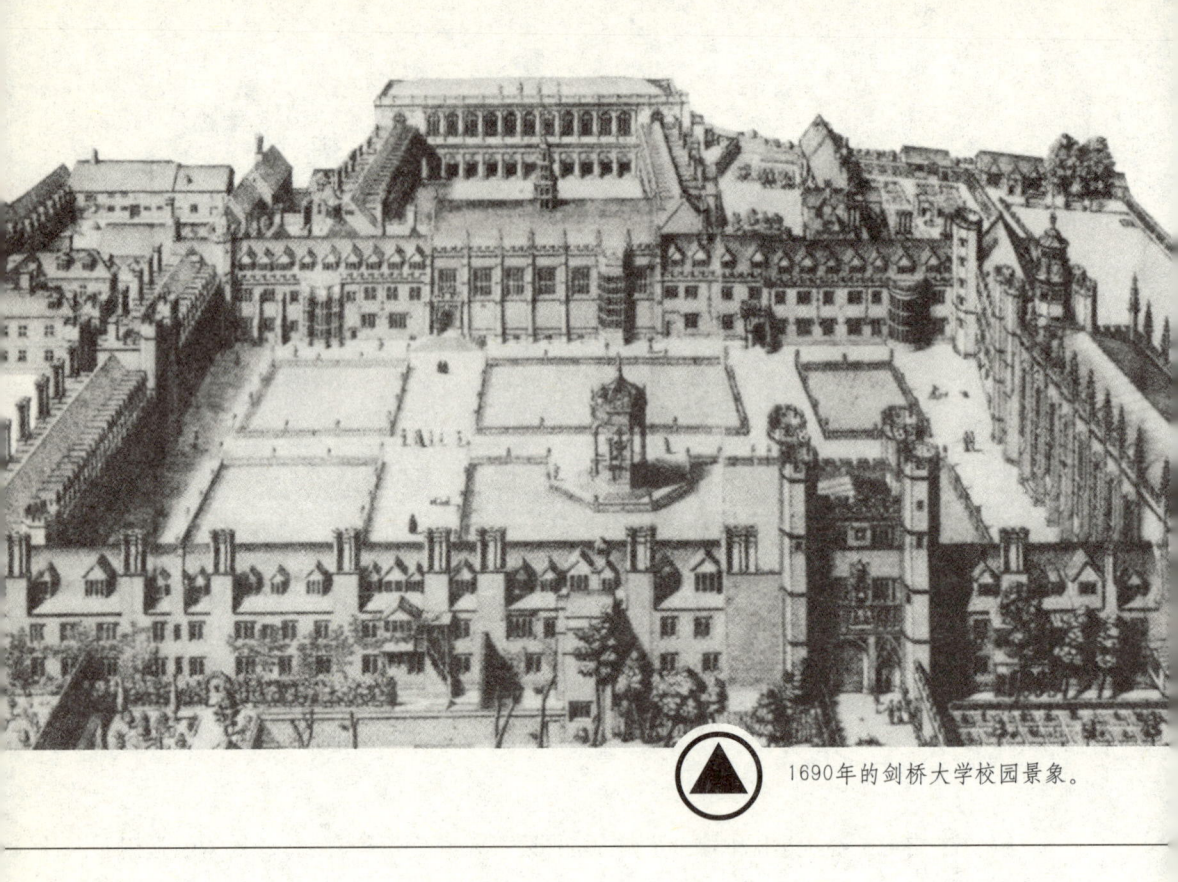

马歇尔的均衡价值理论就是他价值理论的核心，是马歇尔整个经济学说中最重要的部分、中心部分。

马歇尔首先对价值这一概念给予了重新的界定。他认为，价值就是交换价值，交换价值就是价格。

既然价值决定变成了价格决定，马歇尔就可以理直气壮地用均衡价格论来说明价值的决定问题了。所谓均衡就是相反力量形成的均势。就商品价格的决定来说，即在一个市场上，买卖双方作为相反的力量，经过讨价还价的斗争后形成的均衡。这种均衡决定这种商品的价格。这种买卖双方力量形成均势而决定的商品价格，叫做"均衡价格"。一言以蔽之，马歇尔的价值理论就是一个市场供求的均衡价格理论。

马歇尔的均衡价值论，存在两个假定的前提：一是采用了孤立市场的局部均衡分析方法，假定某一商品的价格只取决于它本身的供求状况，它自身既不受其他商品的价格和供求状况的影响，同时它也不会影响到其他商品的价格和供求关系；二是假定货币的购买力是不变的，即不考虑货币本身价值的变动对商品价格带来的影响。这样，他就把对方商品价值的可能变动从这一商品价格的决定因素中排除出去，从而为商品本身的供求关系决定商品价格的分析提供了方便条件。

马歇尔在他的价值理论中很重视时间因素。他把均衡价格按时间长短分成三类：第一类是极短时间内暂时的市场价格；第二类是短时期的正常价格；第三类是长时期的正常价格。三类价格均由供给与需求两方面的因素去决定，但因时间长短不同，供给与需求所起作用的比重大小也有差异。时间越短，则需求方面所的起作用越大；时间越长，则供给方面所起的作用越大。

第四，关于分配理论的阐发。

马歇尔的分配理论是他的均衡价值论的延伸，是他的均衡价值论在分配领域的具体运用。

贯穿于分配理论始末的是国民收入及其分配这一问题。国民收入源于土地、劳动、资本和组织这四个生产要素，是它们共同合作的结果。既然四要素共创了国民收入，那么分配所要解决的也只是生产要素依照自己的价格应该取得的份额。因此，国民收入的分配份额问题，实质上就是确定各生产要素的价值问题。

那么，国民收入的构成就是与这些生产要素相适应的地租、工资、利息和企业经营收入（即利润）。马歇尔是用各个生产要素的需求价格和供给价格相均衡的价格来说明地租、工资、利息和利润理论的。

马歇尔把地租看成是土地的收益。土地的收益可分成两部分：一部分是基于自然赋予的特性而不是由人为努力而取得的收入；这是土地的纯收入，是收益中扣除所消耗资本与劳动以后的剩余部分，即生产者剩余，它是真正的地租。另一部分是基于对土地的投资，使土地改良所获取的收入。

马歇尔又将工资视为劳动的报酬。劳动收益的大小，由劳动的供给和需求去决定。这样，工资就是劳动的需求价格与供给价格相均衡时的价格。

马歇尔还认为利息是资本的价格。利息可分为纯利息和毛利息两种，纯利息指纯粹使用资本的代价；毛利息除包含纯利息外，还包含其他因素，如运用资本的手续费、经营费、投资风险保险费等。但这里所讲的利息是纯利息，而利息就是资本的需求和供给相均衡时的价格。

最后，关于利润，在马歇尔看来，利润是资本家经营管理企业和组织生产以及承担风险的报酬。它包括三个因素的报酬：一是资本供给的报酬；二是使用资本的经营能力的报酬；三是企业的一定组织的报酬。

学说发起人	学说发起时间	推荐理由
马克斯·韦伯	约 1905 年	韦伯所关注的问题是多方面的、广博的,如新教伦理与资本主义精神的关系、有效益的民主政治形式等。他给这些问题加以韦伯式的论断,呈现出一副多学科的、关涉人类命运的学术图景。

透视资本主义精神的马克斯·韦伯的学术精髓

背景搜索

马克斯·韦伯(Max Weber,1864年至1920年),生于德国图林根的埃尔福特市。他的学术观点,包括他的为人处事方式受家庭的影响很大。他父亲经历了经商、为吏、从政多个阶段,母亲则是一个虔诚的苦行主义教徒。韦伯曾在弗莱堡大学、海德堡大学、慕尼黑大学任教。令人惊讶的是,他生前发表的唯一重要著作是1905年的《新教伦理与资本主义精神》,其他的论文和著作在他去世后的1922年才集结出版,题为《经济与社会》。

学说内容

韦伯生活的年代,正是历史书上所描述的资本主义"经济腾飞的时代"。对于德国——韦伯的祖国而言,这点尤其突出。1870年普法战争之后的德国,进入了"铁血宰相"俾斯麦的统治时期,国家的工业化过程迅速得以完成,并逐渐成为仅次于美国的第二大经济强社会学奠基人——马克斯·韦伯。

国。这种飞跃式发展带有浓厚的"德国特色"：组织的高度专断化、统治的高度权威化与高效率、高发展并存，对社会主义运动的严厉压制与高度的社会保障同步；市民阶层沉迷于一种歌舞升平的享乐主义气氛中，逐渐丧失了反观自己身处其间的社会的能力与自觉。韦伯为经济的飞跃而热血澎湃，激动不已，同时又对与这种发展如影随形的悖论感到焦灼。他充满矛盾的声音正是审视这个时代的产物。

从学术思想的影响上看，李·凯尔特给他以方法论方面的重要影响，而以特尼斯为先导的形式和系统社会学，则给了他重要的启示。

"理性化"是韦伯对资本主义文化精神的把握，而"科层制"则是他对资本主义组织结构的设想。这是走近韦伯的两个关键词语，两者也是相互关联的。

首先是"理性化"，这是资本主义经济发展、文化现代化过程中一个不可避免的趋势，是资本主义精神的代名词。

理性化的结果是什么呢？是人不再诗意地栖居在这个世界上了，他们逐渐被物化，变成可以被计算的因素；在社会关系上，具有人情意味的因素渐渐淡化，人与人之间的交往变得非人格化，变成一种冷酷的利益的算计；知识越来越专业化，分门别类越来越精细，教育所给予人的只是文凭，是专门的技术性操作，而非真正的学识；传统的道德原则、价值标准，不管是合理的、不合理的，都一股脑儿地被"工具理性"推到边缘的位置。用一句话来概括，就是所有的行动都被按照成本收益原则加以计算，而不再是行动本身。

韦伯对这种社会日益理性化的现象做出了冷静而近乎残酷的描述,他身处这种理性化的社会中,看到它对效益、对经济发展的重要性,所以欢迎它,推崇它。同时,他又给予自己一个旁观者的角色,保持距离来深刻审视这个过程。所以他对其中的积极因素看得十分真切,同时也对其中的弊端一目了然。

造成这种现象的根源在哪里呢?他找到了宗教。韦伯在新教伦理与资本主义精神之间,发现了一种天然的亲和力。不管是在天主教,还是在其他教派中,韦伯读出的不是对个人奋斗与逐利的激励,而是要求对既定秩序的服从,匍匐在神的旨意下面,听从命运的安排。而新教则相反,它告诉人们要好好关注眼下,关心个人的发展;它让人积极进取,甚至是野心勃勃,追求利益;它告诉人们,只有通过竭力的劳动,才能成为上帝的子民。

这种利益的最大化,个人主义,野心勃勃,不正是资本主义精神最为直观的表述吗?不正是催化了社会"理性化"的过程吗?正是这种逐利的教义,点燃了"理性化"的熊熊大火!

"科层制"是了解韦伯的另外一个关键词,也可以称之为官僚组织结构理论。

韦伯对社会秩序是这样认识的:他觉得在一般情况下,靠风俗和道德的力量可以调节社会秩序,但是如果发生激烈冲突的话,风俗、道德、习惯的力量就不够了,这时就必须靠法律、法规来调节,来惩罚了。所以,一部分人处于统治地位是必要的,要不然,整个社会容易陷于没有秩序的状态。

韦伯接下来把统治分成三种类型,它们分别是传统型统治,适用于靠世袭划分等级的社会,统治者的权威与生俱来,大多适用于封建社会;一种是魅力型统治,统治者靠个人才能与天赋获得权威感;最后是法理型统治,这是韦伯所大力推崇的统治类型。

法理型统治所依据的是法律和理性,韦伯认为这种统治避免了许多人情干涉,会带来效益与效率,这点和资本主义社会日益"理性化"的节拍一拍即合!

"科层制"正是法理型统治的一种有效的组织方式,它的结构、运行由一定的规章制度高度控制着。韦伯对此进行了详细而专门的论证,形成了他的社会学理论中最精彩独到、影响最为深远的理论。

在《经济与社会》一书中,韦伯分析了"科层制"的主要特征,包括:各项活动要依照既定的法律法规;组织上下有序,职能权限分明,不可僭越;成员要经过专职培训,按照成绩决定晋升情况;按章办事,公私分明,淡化人情关系等等。它所强调的是知识化、

韦伯和马克思对宗教观念有着不同的理解。

专业化、制度化、标准化，包括权力的集中化。韦伯认为，从技术角度讲，"科层制"是效率最高的组织形式，它非常适合现代社会。

但是"科层制"也并非完美无缺。韦伯的许多观点只是建立在设想的基础上，正如提供了一种理想化的理论模型，实际操作起来问题重重，这是不可避免的。首先，人是有感情、有思想的，职员不是机器，"科层制"会在无形中扼杀他们的创造力；"科层制"中权力的集中、等级的森严会也许会造成新的官僚主义的产生，因为决策者也是有欲望、有想法的人；"科层制"按章办事，人与人间的非人格化往来，会造成冰冷的组织氛围，同时，缺少协作精神也会使整体的效率降低！

用辩证的态度来看待"科层制"理论，并不是否定韦伯的伟大。随着时代与社会实践的发展，不断审视已成"经典"的理论，才是一种真正科学的态度。

学说发起人	学说发起时间	推荐理由
巴甫洛夫	1878年	巴甫洛夫在血液循环生理学、消化系统生理学、高级神经活动生理学这三个方面结下了丰硕的果实,突破性地推动了整个生物学划时代的进步。

破解高级神经活动奥秘的巴甫洛夫条件反射学说

背景搜索

伊凡·彼得罗维奇·巴甫洛夫（Ivan Petvovich Pavlov，1849年至1936年），俄国卓越的生理学家，俄国第一个获得诺贝尔奖金的科学家，也是世界上第一个获得诺贝尔奖金的生理学家，被誉为"世界生理学家中最杰出者"。

1870年，他进入彼得堡大学学生物，学习异常刻苦。大学四年级的时候，在著名教授齐昂的指导下，他与另一同学合写了一篇关于论述胰腺的神经支配的论文，深得老师的赞赏，获得了学校颁发的金质奖章。毕业后，他留在了齐昂教授主持的教研室里工作和学习，后来在齐昂教授离开后也辞职离去。

1878年，俄国著名临床医师鲍特金聘请巴甫洛夫到他的实验室，名义上巴甫洛夫是实验员，但实际上却成了实验室的领导者。在强烈的创新意识的激发下，他逐渐建立起一整套与过去截然不同的"综合生物学"的观念和慢性的实验方法，在处于正常状态的动物身上做实验，以确保结果的科学性和可靠性，并因出色的表现赢得了金质奖章。

十月革命胜利后，苏维埃政权全力支持巴甫洛夫的工作，但他没有提出任何改善个人生活的要求。晚年的他还在不断的进取中获得了更多、更大的成就。他对高级神经活动，特别是对条件反射的研究成果便是在这一时期取得的。

学说内容

条件反射学说是巴甫洛夫最让世界惊叹的科学成果，一方面他吸取了"俄国生理学之父"谢切诺夫的脑反射学说的精华，另一方面也跟他自己做的两个著名实验分不开。

这两个实验，一个是"假饲"实验。这就需要事先在实验狗身上做两个手术。一个手术是在狗的腹壁和胃壁上安装一个胃篓。通过这个胃篓可以把食物直接放到胃里去，同样，胃里的东西也可以通过胃篓流出来。另一个手术是把实验狗的食管在颈部切断一半，再把食管的断口缝到皮肤外面。这样，狗吃食时，食物就会从食管的断口掉回到食

巴甫洛夫为人类科学的发展作出了重要贡献。

盘里，盘里的食物永远吃不完，胃也永远是空的，但狗的胃液却不间断地分泌出来。这个有趣的实验就是著名的"假饲"实验。如果把支配胃的神经切断，再进行"假饲"实验，就不会再有胃液流出来了。巴甫洛夫由此断定："假饲"之所以使胃分泌胃液，是通过神经产生的一种反射活动引起的。

另一个实验是用灯光或铃声代替食物引起狗的唾液分泌。事先也要在实验狗的唾液腺管上装一个瘘管，再把狗架在实验室的台架上。巴甫洛夫注意到，狗的唾液不是

在食物到了嘴里的时候才分泌出来，而是狗一看到食物就会分泌唾液。如果先开亮电灯或者先响起铃声，接着就给狗喂食，这样多重复几次，那么以后单在电灯发亮或者单响铃声的时候，狗也会分泌唾液。

当食物进入嘴里时，舌粘膜中的味觉神经末梢受到直接刺激，兴奋就由这里传到延脑，再从延脑传到唾液腺，于是唾液就分泌出来了，这就是非条件唾液反射。不过，在一定条件下，即使味觉神经末梢没有受到刺激，也同样会分泌唾液。比如在看到食物、看到电灯发亮或听到喂食的铃声的时候，这就是条件唾液反射。这时的光、声对实验狗来说是食物的信号，从而引起唾液分泌。

巴甫洛夫在总结了这两次实验的结果后，系统地提出了他的"条件反射学说"（又叫做高级神经活动学说）。

巴甫洛夫认为，动物的一切行为都属于反射。反射可以分成无条件反射和条件反射。无条件反射，是由于包括机械的、化学的和温度的正常刺激引起的一种反应。它是动物先天具有的一种功能，不会因为环境的改变而改变，具有永久性、稳定性。条件反射，是在大脑皮层的参与下实现的，是人和动物在后天生活中逐渐建立起来的一种反应。它很容易随着环境的改变而改变，是暂时的、不确定的。这样，它也更灵活、更精确地增强了动物对周围环境的适应能力。

巴甫洛夫在此基础上，进一步探讨了人类高级神经活动的规律，提出了第一信号系统和第二信号系统学说。

巴甫洛夫指出，大脑两半球最基本的一般活动是信号活动。信号的数量多得数不胜数，信号的作用也变化不定，但它们却存在着本质上的区别，所有的信号可分成两大类：一类是现实的具体信号，又叫做第一信号；另一类是现实的抽象化信号，也就是第一信号的信号，所以又叫做第二信号。

人和动物都具有第一信号系统，但第二信号系统却是人类特有的。因为第二信号系统与人类抽象的言语功能密不可分，而动物不会说话，更谈不上什么言语功能了，所以动物的全部高级神经活动只相当于人的第一信号系统活动。这就使人类高级神经活动和动物的高级神经活动发生了本质上的区别。

对人类来说，第一信号系统是感性认识的生理基础，第二信号系统是理性认识的生理基础，它们共同构成了人类高级神经活动发展过程的两个阶段，也是人类认识中的两个不可分割的阶段。

巴甫洛夫的研究还表明，条件反射活动发生在大脑两半球的特定部位上。兴奋和抑制过程是大脑皮层的两个基本神经过程：兴奋过程引起反射，抑制过程制止反射出现。在它们相互作用、相互制约和相互平衡、相互协调下，可以实现机体对外界环境的准确适应。而人类精神病、神经官能症的发生，往往就是由大脑皮层兴奋和抑制过程中平衡遭到破坏导致的。他又对人类的睡眠机制展开了深入研究，发现睡眠是一种抑制过程，睡眠抑制能促使大脑皮层细胞得到充分休息，还能有效恢复大脑的正常工作，因此可以用睡眠抑制来治疗种种高级神经活动失调的疾病。

巴甫洛夫还根据神经的兴奋和抑制作用，把人类的神经类型分成思想型、艺术型和中间型。思想型的人，第二信号系统占优势，抽象的语言思维能力比较强；艺术型的人，第一信号系统占优势，形象的情感活动能力强；中间型的人具有介于第一信号系统与第二信号系统之间的活动能力，而在每个型内又有兴奋型、活泼型、安静型和抑制型之分。这样就很全面地描述了人类高级神经活动的个体差异性。

▼ 晚年的巴甫洛夫对高级神经活动进行了探索。

学说发起人	学说发起时间	推荐理由
詹姆斯	1890年	威廉·詹姆斯被称为"美国心理学之父",他写了许多文章批判机械论,提出了人的意识的重要性,在美国心理学史上占有重要地位。

标志着现代心理学开端的詹姆斯的机能学派理论

背景搜索

威廉·詹姆斯(William James,1842年至1910年)生于纽约,18岁时立志成为一个画家,他甚至曾经声称:艺术是我命中注定的职业。他本来是不想成为一个心理学家和哲学家的,然而当小威廉追求自己喜爱的绘画事业时,他的父亲老亨利·詹姆斯以种种方式阻挠他学习绘画,甚至不惜以死相逼,无奈之下,威廉·詹姆斯只好放弃了自己的艺术梦想。1861年,威廉·詹姆斯遵从父亲的意愿进入劳伦斯科学学院,先是学习自己并不喜欢的化学,后来又极不情愿地进入哈佛大学医学院学医。其父给他造成的心灵伤害和所激发的愤怒之情是常人所不能体味的,这一坎坷的心路历程对他后来成为一位心理学家可能有着极大的影响。

1865年,詹姆斯随同著名生理学家阿加西斯去巴西进行自然考察,1867年又去德国留学,在赫尔姆霍茨、冯特、微尔和的指导下学习医学、生理学和心理学。1869年,詹姆斯在哈佛大学获医学博士学位,1872年在该校讲授生理学和解剖学。由于研究神经生理以

法国画家布鲁叶绘作的《临床授课图》。

及与心理学有关的其他生理学问题,他逐渐转向心理学的研究。1875年至1876年,他在美国第一个开设了心理学课程,讲授生理学和心理学的关系。

学说内容

机能派心理学实质上是实用主义心理学。实用主义哲学的特点,即"存在就是有用",检验真和善的标准是看"它是否于我有利"。詹姆斯将实用主义哲学应用到心理学方面,于1890年发表了奠定机能派心理学理论的专著《心理学原理》。

他的心理学理论有下列主要内容:

一、他认为心理学属自然科学范围,心理学是研究心理生活的科学,研究心理生活的现象及其条件。

二、意识是一种川流不息的状态,被他称为"意识流",它是心理学研究的对象。他说:"意识本身并不表现为一些割裂的片断,像'锁链'或'列车'这样一些字眼并不能恰当地描述它最初所表现的状态。它并不是什么被连接起来的东西——它是在流动着的,'河'或'流'乃是最足以逼真地描述它的比喻。此后我们在谈到它的时候,或把它称之学者威廉·詹姆斯认为心理学是研究精神生活的科学。

为思想流、意识流或主观生活流。"他认为，意识流有四个特征，即它是个人的、经常变化的、连续不断的和有选择性的。意识是经常变化着的，而且"意识总是对它的对象的某些部分发生兴趣，而把其他部分加以排除"，也就是说，意识始终对它的对象进行选择。在詹姆斯看来，意识的内容不如它的效用重要，值得重视的是机能而不是内容。意识的主要机能是选择——"意识总是对客体的一个部分比另一个部分更有兴趣，每当它思考时，它总是欢迎和排斥，或者说选择"。意识引发机体的目的，并服务于这些目的，其首要目的就是通过适应环境以求生存。

三、詹姆斯认为心理学有三种方法，内省法、实验法、比较法。他强调"内省的观察是我们主要而且经常所须依赖的观察……它的意思当然是窥视我们自己的心理并且报告我们在那里所发现的东西"。为了运用实验法，他在哈佛大学建立过一所小规模的心理学实验室。他认为比较法可以补充内省法和实验法的不足，例如，心理学家常把各种动物的本能加以研究，并和人的本能进行比较。

四、詹姆斯还提出了本能论、习惯论、情绪论的观点。他将人类许多复杂的心理现象都归结为本能，认为"每一种本能都是一种冲动"，"人类比之于较低级的动物具有更加繁多的冲动"。至于本能和习惯的关系，他的看法是，"绝大多数的本能都是为了引起习惯的缘故而被赋予的"。他认为"凡是具有天赋倾向的习惯就称之为本能，某些归因于教育的习惯则被绝大多数的人称之为理智的动作"。他在情绪论方面的主要观点是人的情绪不是客观世界引起的，而是由身体内部的变化和外部的表情引起的。"我们之所以感到悲伤是因为我们哭泣，恼怒是因为我们攻打，害怕是因为我们发抖，而并不是因为我们悲伤、恼怒或害怕，所以我们才哭泣，攻打，或发抖"。

学说发起人	学说发起时间	推荐理由
马汉	19世纪90年代	马汉的海军军事学说，尤其是他所宣称的"海权能对国家兴衰和世界历史产生决定性影响"的理论横空出世，搅动了世界上几乎所有国家的海军军事建设。

为美国海军军事理论奠定基石的马汉海军军事学说

背景搜索

艾尔弗雷德·塞耶·马汉（Alfred Thayer Mahan，1840年至1914年），美国海军军官，近代著名的海军历史学家、海军战略理论家，"海权论"的创立者。他在美国海军中享有极高的历史地位，在世界海军中亦颇有声望，对美国乃至世界近代历史都产生了重大影响。美国史学界称他是"带领美国海军进入20世纪的有先见之明的天才"。世界各国的军事院校均把马汉的论著列为必修课程。

他潜心研究海军理论，是位高产的军事著作者，共有著作20部。其中最著名的是海权论三部曲：《海上力量对历史的影响；1660年至1783年》、《海上力量对法国大革命和帝国的影响》、《海上力量的影响与1812年战争的关系》。在书中，他第一次提出了以争夺制海权、控制海洋、消灭敌人舰队为首要任务的海权理论。

时代是任何学说产生的催化剂和孵化器，马汉的海军军事学说也不例外，也是时代的选择、历史的产物。

学说内容

他反复论证和强调的中心思想是,一个国家是否强大甚至能否称雄世界,取决于它是否能通过海上力量来控制海洋。

首先,马汉赋予海权这个概念以新的外延与内涵。他毅然抛开了关于它的传统看法,即把海上力量仅作为一个纯军事概念,主要指海上军事力量的观点。马汉指出:海权"涉及了有益于使一个民族依靠海洋或利用海洋强大起来的所有事情",不仅包括海军、商船队、海外殖民地和军事基地,而且包括国家制度、民族性和生产能力。

这源于他对海洋和海军的深刻认识。海洋不仅仅是人类交往的巨大交通媒介,更是进行海外贸易、使国家和民族迅速繁荣富强的金钥匙。而海军除了作为军队的一部分来保卫国家的安全外,更可以用来保护本国的海上贸易,而且这种保护不仅存在于战争时期,还更多地

上世纪五六十年代的美国航空母舰"小鹰"号正在航行中。

存在于平时。因此,海军不是仅在战争期间为保卫国家的安全和海上利益而存在,更多的是为了保护国家平时的海外贸易而存在。

第二,海权产生、发展的三环节。马汉认为海权的产生与发展从根本上有赖于三大环节:生产,海运,殖民地。

生产是首要的、基础的环节,它特指一种用于交换的生产。因为作为海权重要体现的海上力量是在海外贸易为主体的商品经济活动中产生的,并为控制海上贸易和保证其顺利发展而发展。所以,要建立海上力量,首先就要有为了交换而进行的生产。

▲ 日俄战争中的日本海军旗舰。

海运是一国发展海权的关键和中心。所谓海运即是海上贸易，它是致富的重要途径，是民族繁荣和强盛的主要因素。因此，任何一个大国都要有自己的海上活动自由，控制海洋。而控制海洋的前提是国家要拥有足够的商品进行海上贸易，拥有足够的商务船只和基地，拥有足以保护海上交通线的强大海军。

殖民地对增强海权具有不可轻视的作用。它可以提供丰富、廉价的资源和广大的市场，可以作为提供补给和安全的据点，可以给本国人民谋求更多的职业，使国家更加富强起来。

第三，构成海上力量的六大因素。并非每个国家都可以拥有强大的海上力量，它是有条件的。具体如下：

地理位置，指一国的地理环境决定了它没有必要在陆地设防或实行陆地上的领土扩张，它能够集中使用海上武装力量。同时，它还处于有利的战略地位，港湾林立，攻守自如。

地形，主要指海岸线是否曲折和绵长，有无良好的天然港口。

领土范围，国家发展海上力量必须要有一定面积的领土作为依托，但领土面积也并非越大越好，问题的关键是其领土的大小应与国家人口的数量、资源及其分布等状况相称，同时也必须考虑海岸的长度和港口的特征。

人口数量，也不完全取决于绝对数量的多少，而是在于有多少人力从事与海洋有关的

253

海湾战争中，美国海军韦斯康辛号对着伊拉克海岸开火时的情景。

活动，或有多少人能受雇于航海事业和开发海洋的事业。

民族性，一个民族是否具有喜欢海外贸易和进行商品生产的特点，是影响一国发展海权的又一个重要因素和又一人文特征。

政府的特点和政策，对国家建立和发展海上力量起着决定性的作用。马汉在总结了英、荷、法等国经验之后，指出平时政府政策应该鼓励发展和海外贸易有关的产业，在战争时期，应保持一支强大的海军，并能有适当的机构去动员和组织人民参加和建设海上武装力量。

第四，军事上，不能忽视建立强大的海军。要控制海洋必须建立起一支由装备着大口径火炮的重型战列舰组成的强大海军。它必须保持对敌优势，能够在海洋上积极进攻和机动作战。应该反对两种错误主张：建立单纯防御的要塞舰队，即把舰队作为要塞防御的手段；建立存在舰队，即认为舰队可以不要基地、要塞而存在。

第五，强调以优势兵力歼灭对方舰队，或对其实行有效的海上封锁，以夺取制海权。为了便于随时集中兵力，马汉主张将舰队配置在"中央位置"，以保证能随时向主要作战方向机动。同时他主张控制海上战略要点，立争内线作战，时刻注意保护自己的交通线。

学说发起人	学说发起时间	推荐理由
涂尔干	19世纪末期	涂尔干率先提出理性地研究社会现象，他的学说、观点使社会学逐渐新生、明确，他率先扛起了全新的进行社会学研究的大旗！

开垦社会学"自己的园地"的涂尔干理论尝试

背景搜索

埃米拉·涂尔干（Emile Durkheim，1858年至1917年），生于法国洛林省的厄皮纳尔市。二十几岁时他在巴黎求学，师从哲学家布特鲁和史学家库朗热，这两位学者对涂尔干学术思想体系的形成影响非常大；接下来他又师从德国心理学家、哲学家冯特，开始崭露头角。

他的主要著作包括《社会学方法论》、《社会分工论》、《论自杀》、《宗教生活的基本形式》等。从理论的设定到具体现象的剖析，涂尔干给我们提供了一幅比较严密的学术图景。涂尔干声称自己是孔德和斯宾塞的继承者，主要继承的是他们的实证主义作风。分析涂尔干的理论，我们可以看出这种继承是一种批判式的、创新式的继承。

学说内容

涂尔干首先做的，是发表类似于独立宣言的《社会学方法论》，该书以大刀阔斧的气魄，宣告了社会学的研究对象与方法。说它类似于独立宣言一点也不过分，它直接展现了涂尔干为社会学独立化所做出的努力。这是一套系统工程的开始，后来涂尔干关于各种社会现象的研究，也正是建立在这些理论基础之上。

社会学应该有自己的园地，不管大小如何，这样才可能成为一门独立的学科。它的研究对象到底是什么呢？涂尔干认为是现实社会中各种各样的社会现象。这种社会现象最大的特征是"集体意识"，它是集体意识的体现。集体意识虽然产生于林林总总的个人意识中，但是涂尔干认为它是一种独立的存在，是一种由道德、宗教、法律等形成的强制性力量，直接或者间接地作用于个体。从集体意识入手，分析社会现象，这给社会学研究打开了一个开阔的视野，不拘于一人一物，而深入到本质上去。

对象问题解决了，接下来是方法论问题。在《社会学方法论》这本著作中，涂尔干提出，要理性地对待社会现象，就像自然科学领域的研究一样，用科学的方法，用实验、用数据来说话，不要想当然，不要加入太多个人的感情。这种界定并不非常明确，但是从中可以看出，理性、实证是涂尔干所推崇的研究态度和方法。

《社会分工论》、《论自杀》、《宗教生活的基本形式》是涂尔干在自己的理论宣言下进行的具体操作，对分工、自杀、宗教这些社会现象进行了自己的分析。

对于分工这种社会现象，涂尔干是在分析"社会团结"的两种形式中提出的。他的社会学研究关注的是集体形态，而不是个体。"社会团结"这个概念也是他的创造，他认为团结是一种人类社会独有的现象，这种团结维系着社会的存在。

这种团结有两种形式，一种是"机械团结"，一种是"有机团结"。"机械团结"发生在相对封闭的部族，发生在没有分工或者分工不多的社会中，大家在道德、观念、意见方面差别很小，只有遗传造成一定的差异；他们约定俗成，没有太多自我意识，团结或者说是组合成一个群体。"有机团结"是经济不断发展的结果，社会分工越来越细，专业化越来越明显，这样的话，人和人之间的差异性就大了，在很多方面，包括爱好、信仰，甚至是对具体事情的道德判

1978年，在南美洲圭亚那的琼斯敦，九百多名人民圣殿教徒集体自杀。

断方面；于是，成员主要不再是因为血缘、地域、种族的力量而聚合在一起，他们采用的是契约，是协议。

分工被涂尔干视作区分两种"社会团结"形式的关键。他认为，"机械团结"形式分工很少，是低级的、古代的、种族的；"有机团结"形式强调分工，是高级的、近代的、工业的。对所有社会来说，从机械式走向有机式，从蒙昧走向理性，从本能走向理智，这是一个必然的过程，虽然经历的时间有长有短。这样的话，涂尔干从分工这个社会现象入手，解读了人类社会漫长庞杂的发展史。他的结论是，分工带来了社会的进步与人类的发展。

分工产生的原因是什么？涂尔干认为是人口密度的增加。人越来越多，交往也就不断辐射开来了。在面对有限的资源、机会时，人与人的竞争不可避免，生存压力越来越大。通过分工，区分或者增加工种，可以起到引流的作用，不让洪水一泻而下，而是打开不同的出口，分散水流。这样，洪水的冲击力和破坏力就相对小一些。涂尔干的结论是，分工是生存斗争的结果。

涂尔干还对自杀现象进行了专门研究，他一开始就把它视为一种社会现象。在涂尔干之前，已经有过各种各样的研究，有的从个人精神的病态因子入手，有的认为是贫穷、失恋等事件引起，有的从遗传和种族因素入手，总之，大多强调自杀是个人事件。涂尔干对此不以为然，他坚信，和社会分工一样，自杀属于一种社会现象，要用社会学的眼光和方法去研究，应该更多关注社会环境因素。工业危机、劳资对立、阶级对立、社会贫富差距不断加大……这些才是研究自杀现象需要关注的因素。个人的因素不能排除，但个人是受社会大环境支配着的。

涂尔干在大量分析有关统计资料的基础上，把自杀分为三种主要类型：自私型，变态型，利他型。第一种主要发生在独身者和离婚者身上，因为他们有很强的孤寂感，社会认同感相对低；第二种主要由于生活平衡状态遭到破坏，这是自杀最容易发生的因素，大多发生在破产者、失业者身上，这种类型也是涂尔干最为关注的；第三种则主要发生在集体利益至上的群体中，必要时个人的牺牲与舍弃是受到推崇的，舍小家、保大家讲的正是这个意思。

对于怎么减少自杀现象，尤其是减少最为严重的变态型自杀呢？涂尔干建议，一方面，社会组织、团体要不断完善，尽量做到公平和开放；另一方面，个人要节制欲望，遵守纪律，要知道，没有绝对的幸福和自由。当然，要想消除自杀现象是不可能的，涂尔干也找不到灵丹妙药。

宗教，是涂尔干大力关注的第三种社会现象，他对建立宗教社会学贡献很大。与研究分工与自杀现象一样，他认为宗教的起源问题要从社会本身来看。

涂尔干认为宗教产生于激动人心、狂热的氛围。原始人群在聚集活动中，相互刺激，狂饮、酣舞，产生出狂欢的气氛，对于这种狂热，原始人没有办法解释，他们认为有一种神力在起作用，于是宗教在无意识中产生了；狂热的、动荡的社会——例如法国大革命的最初几年——也是产生宗教的温床。

宗教的作用和实质是什么呢？涂尔干认为，宗教把世界分为两大块——神圣的和世俗的。它让人们在世俗生活中听到有一种理想化的世界在召唤他们。宗教鼓励人们追求善，追求宽容，向那个神圣的世界聚拢；告诫人们不要自甘堕落、欲望无度、自私，否则永远不能到达那个美好的世界。它起到的作用是在潜移默化中，在精神上把人与人联系在一起。在这个分工越来越细、人与人越来越隔阂的物质化社会中，它给人们提供了良知、一种集体性良知，协调着这个"有机团结"的社会。

涂尔干对宗教的形式、特质、存废等问题的考察，也充分显示了他自己一以贯之的社会学研究方法。

学说发起人	学说发起时间	推荐理由
克拉克	19世纪末	克拉克建立起的以边际效用理论为基础的完整经济学体系,力挽资本主义旧经济学说的全面衰颓之势,开辟了美国经济史上的新时代!

开创美国经济学史新天地的克拉克经济学说

背景搜索

约翰·贝茨·克拉克(John Bates Clark,1847年至1939年)是19世纪末20世纪初美国最著名的经济学家,边际主义在美国的主要代表人物。他的杰出代表作《财富的分配》,奠定了美国资产阶级经济学说的理论基石。

克拉克身处美国自由资本主义向帝国主义转变的初期。随着资本主义的迅猛发展,无产阶级和资产阶级的矛盾日益尖锐化,资本主义旧的经济学说如笼中困兽,大势已去。美国资产阶级迫切渴望新的有力学说的出现,以支持自己的立场,维护自己的利益,而克拉克的经济理论正是在此时应时而生的。

学说内容

克拉克的整个经济体系由三个部分构成:新经济学三分法、边际效用规律与价格理论、边际生产力与分配理论。

克拉克的新经济学三分法不同于传统经济学的分类法——三分法或四分法。所谓三分法是把经济学分成生产、分配和消费三部分，所谓四分法是将经济学分成生产、交换、分配和消费四部分。在这一问题上，克拉克独树一帜，另辟蹊径。他通过研究分配去研究生产，由此提出新的经济学三分法，并把这种分类法作为自己整个分配论的前提。

他认为，经济学应分为：一般经济学，静态经济学，动态经济学。

一般经济学是研究一切经济形式的最一般的规律。这些规律是基本经济规律，只涉及人与自然的关系，是没有交换和组织时的生产与消费。它在任何情况下都发生作用，既适用于最进步的社会也适用于最原始的社会，而且它的正确性是无需加以证明的。

静态经济学是研究静态条件下的经济规律。"静态"是指交换和其他经济组织的形式和活动方式不变，即人口、资本、生产方法、产业组织形式、消费者需求的五种经济因素都固定不变的状况。静态条件下的财富生产和分配的规律，就是所谓的"静态经济规律"。

但是，静态的社会只是一种假想，实际社会都是不断变动的。如上述静态条件下的五

▽ 20世纪20年代，苏联实行农业集体化政策，其生产与分配制度严重打击了农民生产的积极性。

种因素发生变动，那就是经济的"扰乱因素"，而阻碍自由竞争和资本、劳力自由转移的因素则是"摩擦因素"。真正的静态是完全排除"扰乱因素"和"摩擦因素"的。然而，现实中并不存在这种静态条件。

既然如此，为什么还要"大胆假设"这一静态经济呢？克拉克认为只有在理想的假定静态中，才能真正发现自然的、正常的经济规律，才能真正看出这些规律的作用和后果。此外，充分自由竞争下所达到的均衡状态，也是很接近静态状况的。

动态经济学是研究动态条件下的经济规律，也就是研究在经济中已经有交换和其他经济组织，而且人口、资本、生产方式、产业组织形式、消费者需求等都发生变化时，财富生产和分配的规律。克拉克认为，动态是静态被"扰乱因素"和"摩擦因素"干扰、破坏的结果，现实社会是变动的。因此，研究动态更符合实际。但是如果没有动态中的干扰，自然规律就会纯粹地起作用。于是，有必要排除干扰与阻力去研究静态经济。

克拉克把静态经济学和动态经济学二者看成是属于"社会经济"的，以区别于一般经济学，即反映人和自然之间关系的"一般规律"。他认为，一般经济学是静态经济学与动态经济学的前提，而在后两者中，静态经济学是基础与核心。静态分析是抽象的，动态分析是具体的。

所谓边际效用规律，是克拉克的"普遍规律"之一。边际效用价值论本是奥地利学派的理论核心，克拉克把它搬移过来，略加发挥，提出了"简单商品"和"复合商品"的概念。所谓"简单商品"，是指只能满足人们一种需要的"最粗糙、最简陋的东西"。而同时具有几个不同用途，不同效用的复合体就是"复合商品"。

他主张，"简单商品"的价值，就像奥地利学派指出的那样，由它的边际效用决定；但"复合商品"的价值却更复杂些，因为"复合商品"具有几个不同效用，所以它的价值要由各个边际效用所决定的价格总和来决定。

分配论是克拉克的理论中心。在他看来，分配比生产具有"不可估计的重要性"。为此他结合传统的"生产力论"以及形形色色的资产阶级分配理论，运用他的边际分析方法，制定了一套所谓的边际生产力与分配理论。

他把分配作为"社会经济"的范畴，把分配规律作为"社会经济"的规律，第一次世界大战中,美国资源十分短缺,人们不得不排队买食物。

又将社会收入分成工资、利息和企业家利润。静态经济中有工资和利息,动态经济中有利润。而且,他把重点放在静态经济中。至于地租,他认为那是资本的一种特殊形态。

他把他的边际生产力理论分为劳动生产力递减和资本生产力递减两个方面。他用劳动生产力递减来解释工资的决定,用资本生产力递减来解释利息的决定。

所谓劳动生产力递减,克拉克的意思就是在资本数量不变的条件下,如果工人的人数不断增加,则每增加一个单位的工人,就使每个工人平均分摊到的工具设备减少,从而使每一单位劳动生产的产品要比原来减少,因而追加的新工人的劳动生产力依次递减,最后增加的那一单位工人的劳动生产力也最低。克拉克把最后增加的那一单位工人的劳动生产力叫做边际生产力,把工人的工资说成是决定于工人的边际生产力。这就是他说的"工资规律"。

所谓资本生产力递减,是指在工人人数不变的情况下,如果使用越来越多的资本,则追加每一单位的资本所生产的产品就递减,而最后追加的那一单位资本的生产力最低,就是资本的边际生产力。在静态条件下,利息就是决定于资本的边际生产力。这就是他说的"利息规律"。

在克拉克那里,劳动和资本共同创造了财富和价值,劳资双方的利益是一致的,这体现在收入的提高都依赖于生产力的提高。他还认为工资和利息都受自然规律的支配,都受静态条件下边际生产力的支配。工资和利息谁也没有互相剥削,它们都按各自的边际生产力取得本身应有的份额。这样,资本主义就是可以为人们接受的了。

262

学说发起人	学说发起时间	推荐理由
詹姆士	1897年	实用主义是西方现在哲学的一个重要哲学流派,形成于19世纪末的美国,是典型的美国哲学,被称为"美国的特产"。

标志着美国特色实用主义发端的詹姆士经验主义学说

背景搜索

威廉·詹姆士(William James,1824年至1910年),美国著名哲学家和心理学家。他自幼受到宗教的影响,早年在普林斯顿神学院学习,随后在哈佛大学学医,获医学博士学位。最后,他将兴趣转向哲学和心理学,并于1897年后专任心理学和哲学教授。

詹姆士的学说是美国精神的体现和张扬。美国是个移民国家,它的国民主要来自欧洲大陆,面对艰难的生存境况,他们培养起强烈的开拓意识和冒险精神。为了生存,他们更注重自身行为产生的后果,更在乎行为的效用。在这种精神激励下,詹姆士的经验主义学说功利十足。

学说内容

詹姆士主要通过下面的几本书传达了自己的哲学主张:《心理学原理》、《实用主义》、

《真理的意义》、《多元的宇宙》、《彻底经验主义论文集》等。

詹姆士宣称自己的哲学是彻底经验主义。哲学必须与生活相关并对生活有用，必须能运用到我们日常生活的具体经验上，这是詹姆士思考一切哲学问题的出发点。

他认为世界是由"纯粹经验"构成的，但这种经验不是一般人们所感知的那种经验，而是比这种经验更高的经验形式。它是一种"原始素材或质料"，是物质和意识、主体和客体的构成部分，只不过在"纯粹经验"中，物质和意识，主体和客体还是混沌不分的。此外，它还是"感觉的一种原始的混沌"、"纷繁庞杂的混乱"。

尽管这种"纯粹经验"存在着，但它却是无以名状的东西，是人们心灵思想的极限，但人们又绝对不能把握到它，除非人们摈弃理性，不再进行任何思考，任凭本能的流动，处于下意识中才能体会到它。

既然人们无法离开意识和理性，那么人们就不能把握"纯粹经验"了。那人们能把握的又是什么呢？詹姆士认为人们所把握的只是经过人类思维加工制作的东西，人们按照自己的兴趣、爱好和需要，对这些不确定的、零碎的、混沌的"纯粹经验"进行选择与组织，形成自己的经验。

在这个基础上，詹姆士指出他的经验主义与休谟的经验主义的不同。休谟仅仅承认人们所能

◀ 上帝依次创造出了世界上的各种事物。

感知的那些经验，对人们感知不到的经验不予认可。詹姆士则承认在人们的感知之外还存在着不以人的意识为转移的经验，即"纯粹经验"。所以，他把自己的经验主义加上"彻底"这个词，以和休谟相区别。

詹姆士的"彻底经验主义"是从他的意识流学说中发展出来的。从心理学角度，他把"纯粹经验"又称为"思想流"、"意识流"或"主观生活之流"，这是一种由于神经系统受到刺激而引起的一种连绵不绝的"感觉的长流"，是世界的本原。万事万物之所以产生，就是由于人的注意力从这种"感觉的长流"中抓住了某些要素形成了人们所说的事物，而这些事物就是我们的世界。所以，"纯粹经验"是构成现存世界的原始材料，而构成什么样的世界取决于人们自己的兴趣、需要、要求等。所以，世界是人们自己打造出来的。

对于真理的理解是詹姆士经验主义学说的重要组成部分。

詹姆士认为，只要我们对事物的观念有利于我们解决问题，可以为我们带来方便，带来好处，那么这个观念就是真理。这样，他将真理和效用直接等同起来：凡是有用的都是真理，凡是真理都是有用的。效用成为衡量真理的唯一标准。

但是每个人的主观需要是不同的，对真理的评判尺度也是不同的，真理成了因人而异的东西。为了避免这种混乱，詹姆士进一步提出真理是一种兑现价值和信用制度的观点。某种观念经人证实能满足人们的某种要求，具有某种功效，那么这种功效就是所谓的"兑现价值"。只要人们相互之间能接受被别人证实的、具有"兑现价值"的观念，那么这个观念就成为共同的真理了。

詹姆士认为实用主义只不过是一种方法、一种态度，它并不去关注那些与人无关的抽象的概念、原则等，而是关心那些与人的生活息息相关的行动及效果。他提出在现实生活中，有许多争论不是关于效果的争论而是关于原则的争论，这类争议并无实际的意义。比如唯物主义和唯心主义的争论就属于这种性质，世界的本源是物质还是精神，二者并没有什么实质性的区别，实用主义都可以接受它们。

詹姆士的实用主义方法论带有较浓厚的相对主义色彩。他认为只要是有用的，就可以把它当做是真的。所以，他对各家各派的哲学采取了折中的态度。这虽然在学术上表现出了一种宽容精神，但也犯了相对主义的毛病。

在历史观上，詹姆士认为社会是由人性决定的。人生来就具有一种原始的"有机的心灵结构"，这种结构包括人的本能、情感、习惯和各种原始观念。詹姆士将人的心灵结构归结为动物的本能，正是由于人们心灵的活动产生了各种欲望，才推动了社会历史的发展。

学说发起人	学说发起时间	推荐理由
弗洛伊德	1900年	弗洛伊德创立的精神分析学说，最初作为一种独特的理论方法，产生于精神病领域，后来发展成为一种心理学理论，是20世纪影响最为重要的流派。

揭开斯芬克斯谜底的弗洛伊德精神分析学说

背景搜索

西格蒙德·弗洛伊德（Sigmund Freud，1865年至1939年），奥地利的著名医生和心理学家。他出身于一个犹太人家庭，早年在维也纳大学学医，毕业后进医院工作，从事神经系统疾病的研究，后从事精神病患者的心理分析研究，开创了精神分析心理学流派。

人们把弗洛伊德比成"心灵的哥伦布"，"心理世界的牛顿"。他的主要著作有：《梦的解析》、《心理分析导论》、《自我和本我》等，为人类打开了一扇认识自身心灵的窗口。

学说内容

弗洛伊德的精神分析学说建立在他的两大发现基础上：一是发现在意识活动的底部还有一个广阔得多的"无意识"存在；二是发现"性本能"是人类精神活动的支配力。

弗洛伊德把人的心理描述成含有三个层次的结构，具体分为意识、前意识和无意识。

弗洛伊德1905年摄于维也纳贝热塞19号的照片。

弗洛伊德认为，意识是人的心理状态的最高形式。它在人的心理因素这个大家庭中的扮演着"家长"的角色，统治着整个精神家庭，使之能够协调行动。正是在意识的管辖和指挥下，人的精神生活才得以正常进行。

意识的下面是前意识。这是个一度属于意识的观念、思想，因与目前实际生活关系不大或根本无关，被意识所遗忘，而留在意识的近旁。在意识活动过程中，前意识随时可以"溜"出来，参与人的活动。一旦完成一定的使命后，它就又很快地退回到自己所属的前意识领域中。

无意识又在前意识之下。它位于心理结构的最底层和最深处，但又是最不安分守己的分子，总是千方百计地冒出来，不断寻求发泄满足自身。只有意识这个心理结构中的最高统治者才能控制住它，使它老实地待在原处不乱动。

但弗洛伊德认为意识、前意识和无意识这样的心理结构给人一种静止不动的印象，后来在他晚期著作中做了一定的修正和补充，提出了他的人格理论，认为个体人格可分为本我、自我和超我三个组成部分。

本我就是一种原始情欲和本能冲动，它给人的整个心理过程提供能量。但它遵循着"快乐原则"，一味追求自我满足，不顾条件，不计后果，野蛮粗暴，任性妄为。

本我的一部分不可避免地会在与外界的接触中不断遭到打击而失败。这一部分被迫进行修改，经过修改的本我就是自我了。

自我是一个意识系统，是一切感觉、知觉和理性思维的主体，遵循着现实原则，服从着外部的需要。自我也是本我和外部世界的调节者，既限制本我，也在一定程度上满足和实现本我。

但在幼年时期，由于自我刚刚形成，还不足以驾驭本我，这就要借助父母等外界秩序的威信，从而形成超我的雏形。

超我就是伦理规范和宗教戒律的体现者，它支持自我去和本我作斗争。超我能引起恐惧感和罪过感，导致赎罪和自我惩罚。

弗洛伊德又通过对梦的分析证明了心理过程中起作用的主要是无意识，而且也开始涉及精神分析的另外一个方面的内容：性的冲动是神经病和精神病的起因。

弗洛伊德认为，尽管有少数梦是由人的体内刺激和体外刺激这些生理因素引起，但大多数时候梦却是由人们心理生活中各种复杂内容所决定的。梦并非来源于什么神秘超自然的力量，而是无意识的表现，是人的一种心理表现。

梦有"昼梦"与"夜梦"之分。昼梦是幻想的结果。昼梦中的情景和事件，或者用来满足昼梦者的野心，或者用来满足他的情欲。

弗洛伊德主要研究的是夜梦。夜梦也是对"欲望的满足"，这些欲望主要是指在日常生活中受到压抑的愿望与情绪，包括两大类欲望：一是"死的愿望"，这个愿望大多起源于梦者无限制的利己主义，而且常为梦的主因；二是指过度的性欲。当然，在弗洛伊德那里，"性"是广义而非狭义的，不是专指生殖的或者生殖器的快感，而是指身体一切敏感部位的快感。而当人睡着的时候，意识的活动减弱，它对无意识的压制也随之减弱，无意识就乘机表现出来成为"梦"了。

一般说来，梦都不是欲望的简单满足，更多的是被压抑的愿望的改装的满足，由此更清楚地证明了无意识的普遍存在。当然，梦是对欲望的满足，但不是所有的梦都是对性欲的满足。

弗洛伊德在证明了无意识本能对人类活动的支配性之后，进一步提出性本能是人一切本能的基础。

之所以得出这样的结论，是因为弗洛伊德理解的"性本能"是人的内部世界蕴含的强烈要求得到发泄和满足的心理能力，给人的全部活动、本能和欲望提供了动机和力量。

性本能是人与生俱来的一种本能，它影响着人一生的心理发展。他将人类性的发展划分为四个大的时期。第一个时期是自恋期（1～2岁），这一时期幼儿的性觉区先在口腔、后在肛门，幼儿通过为吸吮而吸吮的动作和排泄的动作而自淫。第二个时期为俄狄浦斯情

1936年左右,弗洛伊德与他的中国犬约菲在上坡路19号办公室内的留影。

结期(3~5岁),这时幼儿的性爱对象从自身转移到父、母亲,已忘掉了自己的性目标的某一部分。第三个时期是潜伏期(6~12岁),儿童由六岁或八岁起,性的发展便呈现一种停滞的或退化的现象。第四个时期为青春期(12~18岁),这一时期及其后,人们将在异性身上全力寻求性满足。性的正常发展一般经历从第一阶段到第四阶段的全部过程,但也可能停滞或退化到初期的阶段,这就会出现神经病或性倒错、性变态等。所以,在人不同的性发展阶段上,应因势利导,培养健康的人格。

在这些理论的基础上,弗洛伊德提出了自己的道德理论,主要内容有:第一,利己与利他的关系。他认为,一个人也许是绝对的利己主义,但假使他的自我要在一个客体上谋求欲望的满足,那么他的欲望对客体也会产生强烈的依恋,这种依恋就是"爱情"。由爱情产生的利他主义将完全吞没主体。第二,弗洛伊德对传统道德持明确否定态度,指出道德行为常常都是虚伪的。第三,主张在性的释放与禁欲之间做出适当的选择。第四,在健康与道德的关系上,道德应服从于健康。第五,精神分析乃是一种再教育,它是为了培养健全的人格。

总之,弗洛伊德的精神分析学说,将人的本质归结为一种核心为性欲的、生物的本能冲动,强烈呼吁人们对它给予重视。

学说发起人	学说发起时间	推荐理由
胡塞尔	1900年	正是胡塞尔第一次提出了以"现象学"命名的哲学理论与方法,在他建立现象学理论以后的几十年里,现象学的影响逐渐作用于精神生活的各个领域。

开启现象学研究新纪元的胡塞尔哲学反思学说

背景搜索

埃德蒙特·胡塞尔（Edmund Husserl，1859年至1938年），德国哲学家，现象学创始人。1859年，胡塞尔出生于当时属于奥匈帝国的摩拉维亚的一座小城——普罗斯涅兹。同20世纪初众多的哲学家一样，胡塞尔也是从数学入手开始其学术生涯的。后来，对数学基础的探求使他转向对逻辑基础的探求，并在心理学家和哲学家布伦塔诺的影响下完全转向了哲学的研究。

在胡塞尔的现象学哲学中，反思自始至终是现象学思维的一个不可或缺的重要前提。无论是在前期的《逻辑研究》和《纯粹现象学与现象学哲学的观念》中，还是在后期的《笛卡尔沉思》和《欧洲科学的危机与先验现象学》中，胡塞尔的现象学描述分析都是在反思中进行的。甚至可以说，反思是胡塞尔现象学的最显著特征。现象学之所以为现象学，之所以不同于自然的、非哲学的观点，正是因为它不是直向的思维行为，而是一种反思的活动。"反思"，就是使这些意识行为本身和其内在的意义内涵成为对象。

为现象学的建立倾注了毕生精力的德国哲学家胡塞尔。

学说内容

胡塞尔的现象学思想经历了一个漫长的发展过程,其发展分为三个时期,即前现象学时期(1900年以前)、现象学前期(1901年至1913年)和现象学后期(1913年以后)。

一、前现象学时期,即以《算术哲学》(1891年)为代表的心理主义时期。

胡塞尔早期的哲学生涯开始于对数的基础的哲学研究,由于受到布伦塔诺心理学思想的影响,他把数的观念看做是在直觉等心理活动基础上的构成物。

胡塞尔发表的第一部著作是《算术哲学》。在《算术哲学》中,胡塞尔认为逻辑规律是奠基于心理规律之中的,因此,这部著作一经发表即招来了众多的指责,尤其是他受到了来自当时著名的数理逻辑学家弗雷格的尖锐批评。弗雷格认为他把数学和逻辑的规律还原成了心理的规律,从而混淆了意识的对象(数的观念)和意识的行为(构成活动)。这一批评引发了胡塞尔深刻的反思。

二、现象学时期,即以《逻辑研究》(1900年至1901年)为代表的本质现象学时期和以《纯粹现象学和现象学哲学的观念》(1913年,以下简称《观念》)为代表的先验现象学时期。这一时期是他现象学思想的最重要的时期。

胡塞尔的《算术哲学》受到了弗雷格的批评，而且另一方面，随着研究的深入，胡塞尔自己也对心理主义产生了怀疑。因此，他逐渐放弃了在《算术哲学》中所持的心理主义观点。此后，胡塞尔主要的研究兴趣就集中在"纯粹逻辑学"上。而这一研究的最终成果，就是他于1900年发表了《逻辑研究》第一卷。正是这部著作的发表，标志着现象学的建立，并由此引发了欧陆哲学中蔚为壮观的"现象学运动"。由于这部著作是对心理主义的批判，胡塞尔在这一时期的思想又被称为批判心理主义（反心理主义），胡塞尔自己则称这个时期的思想为"描述心理学"的现象学。

1913年，胡塞尔发表了《纯粹现象学和现象学哲学的观念》第一卷。这部著作的发表公开表明了胡塞尔的现象学思想进入了一个新的阶段——先验现象学时期。

《逻辑研究》主要批判的是当时哲学界流行的心理主义思潮，但他的这本书中有大量的分析意识活动的因素和结构的篇幅，并且胡塞尔本人也称这一时期的现象学为"描述心理学"。不仅如此，胡塞尔在《逻辑研究》中还大量重复他在《算术哲学》中的研究。这样，他给人的印象是他自己本人并没有脱离心理学，或者说，现象学仍然是一门心理学。如果这种看法成立的话，人们会认为他在《逻辑研究》中对心理主义哲学所做的批判无任何意义，这显然不是他想要的结果。

另外，在这个时候，胡塞尔认为他的现象学的研究对象不是人类的心理现象，而是纯粹的意识，人类的心理现象只不过是纯粹意识的一个实在的例子而已。为此，胡塞尔认为他的现象学应该是一门纯粹的意识论。基于这样的原因，胡塞尔在《纯粹现象学和现象学哲学的观念》第一卷的书名中就运用了"纯粹现象学"来区别他现在的现象学（先验现象学）与之前的"本质现象学"（描述心理学）。当然，这种区分并不只是术语使用上的差别，而在于两者的本质区别。于是，在这部著作中，胡塞尔指出，"纯粹现象学是一门本质上全新的科学"，它"不是心理学，而且既不是对其领域的偶然划定，也不是其术语系统，而本质的基础才使其不被纳入心理学。不论现象学被认为对心理学方法具有多大意义，不论它为后者提供的'基础'多么必不可缺，它本身（已经是一门观念科学）绝不是心理学，正如几何学不是自然科学一样，甚至前一区别比所类比的后一区别更为根本"。

三、以《笛卡尔的沉思》为代表的交互主体性现象学及以《欧洲科学的危机和先验现象学》为代表的生活世界理论。

1931年，胡塞尔发表了《笛卡尔的沉思》一文。在这里，他提出了一个重要的概念：

文艺复兴时期的油画《七艺塔》，其第一艺为逻辑。

交互主体性。"交互主体性现象学"成了胡塞尔在这一阶段的主要特征，胡塞尔通过"交互主体性"问题的提出，实现了先验现象学从"单个的主体"到"复数的主体"、从"先验自我论"到"交互主体性现象学"扩展的意图，从而在某种程度上摆脱了"唯我论"和"自我论"的指责。另外，胡塞尔的"交互主体性"也表明了各个主体之间存在着某种共通性。

《欧洲科学的危机和先验现象学》是胡塞尔生前出版的最后一部著作，也是一部带有总结性的著作。在这本书中，胡塞尔提出了"生活世界"的概念。在胡塞尔看来，客观的科学世界已经远离了活生生的主观的生活世界，从而必然陷入一种深深的危机；而摆脱这种危机的唯一出路就是对"生活世界"进行反思，通过观点转换达到纯粹意识的世界。很多著作都把生活世界理论简单地称为"生活世界现象学"，其实这是不严格的。因为在胡塞尔看来，"生活世界"是在自然态度中的世界，因而是一个必须得到还原的世界，它只是先验现象学的一个"前史"，从"生活世界"向"纯粹意识世界"的转变则是从自然态度到哲学态度的转变。当然，"生活世界"相对于另外两个世界而言，具有着某种奠基性的地位，不管是客观的科学世界还是纯粹的意识世界，它们都得以"生活世界"作为前提。

学说发起人	学说发起时间	推荐理由
H.J.麦金德	1904年	20世纪初，英国著名的地理学家麦金德被公认为是英国地理学界的"老祖宗"。他提出了"地理中枢"的概念，开创了地缘政治学的基础。

标志着地缘政治学学说重要成就的"心脏陆地"学说

背景搜索

"心脏陆地"学说是地缘政治学的主要流派之一，它由英国地缘政治学家麦金德于1914年提出。地缘政治学产生于19世纪末，它的基本观点是，全球或地区政治格局的形成和发展受地理条件的影响甚至制约，它根据地理要素和政治格局的地域形式，来分析和预测世界地区范围内的战略形势和有关国家的政治行为，是西方国家制定国家政治、军事战略和对外政策的一种理论依据。

1904年，英国地理学家H.J.麦金德在其代表作《历史的地理枢纽》一文中首次提出"大陆心脏说"。他在分析了人类数千年的历史与各种战争后，认为东欧、中亚和俄罗斯的部分地区组成了历史、经济和战争史上最重要的心脏地带。他强调地理位置和地势因素的重要性，特别是当时铁路的出现，使麦金德深信陆地力量将给过去的海洋霸权带来冲击和挑战。他认为，谁能控制东欧，谁就能统治亚欧大陆心脏，谁控制亚欧大陆地带，谁就能统治世界岛，从而主宰世界。他的观点被称之为"陆权派"。

麦金德（公元1861年至1947年）1861年2月生于林肯郡的盖恩斯巴勒，1880年入牛津大学学习自然科学和近代史，1899年担任牛津大学地理系主任，1903年担任伦敦经济学院院长。他还是英国国会议员，英国枢密院顾问兼帝国经济委员会主席（1926年），英国皇家地理学会会员，一度被选为英国皇家地理学会副主席。主要论文及著作有：《历史的地理枢纽》（1904年）、《民主的理想与现实》（1919年）等。

1904年，麦金德在英国皇家地理学会上宣读了题为《历史的地理枢纽》的论文，把地理学思想应用于政治之中，率先从全球角度来考虑世界政治地理的结构，对世界上大陆与水域分布的政治意义提出了独到的见解，首创"心脏地带说"，这种思想在其后的《民主的理想与现实》中得到了进一步发展。1919年，他在《民主的理想和现实》一书中补充修正了"大陆腹地说"，进一步发展了"心脏地带说"的思想。1943年，麦金德在《世界地理与和平实现》一文中提出以北大西洋及其属海和与之连接的江河流域为区域范围，以英国为海岛航空港、法国为桥头堡、美国和加拿大为强大基地的"地中洋"概念，认为这一地区不久就可以同心脏地带分庭抗礼。1949年北约的建立被认为是受到这一思想的影响。20世纪40年代，美国国际关系学者斯皮克曼提出了"边缘地带说"，成为"陆权论"的又一派理论。

一战后，由于资源极度短缺，人们到处寻找食物，甚至在垃圾堆中搜寻。

学说内容

麦金德认为，世界的政治力量主要可分为陆上力量和海上力量。世界海上力量的中心主要是欧亚大陆边缘地带诸国，包括美国、英国、日本、澳大利亚和拥有撒哈拉沙漠的非洲。陆上力量最强的是欧亚大陆，欧亚大陆北部为冰块所围绕，其他三面为水域包围，是地球上最大的陆块。在这块大陆中部，北以广阔的亚极地森林和沼泽地带为界，西面从匈

▲ 纳粹德国士兵进入斯大林格勒的一家被占领的工厂。德国进攻苏联，与地缘政治学说的影响和传播不无关系。

牙利的普斯塔斯到中国东北的小戈壁，绵延六千多千米，构成欧亚大陆的"心脏地带"。

麦金德的主张，本意是为英国服务的。他认为，无论是历史上还是现实中，世界政治力量的对比主要是陆上力量和海上力量的对比。虽然蒸汽机和苏伊士运河的出现增加了海上强国的机动性，但横贯欧亚心脏地带的大铁路更增加了陆上强国的机动性，这条铁路西起维尔巴伦，东到海参崴，全长达九千多千米，比起海洋运输要便捷得多，因此，处于心脏地带的陆上强国俄国势必仍是一个枢纽区域——"欧亚大陆上那一片广大的、船舶不能到达、但在古代却任凭骑马牧民纵横驰骋、而今天又即将布满铁路的地区，不正是世界政治的一个枢纽区域吗"？如果这个枢纽国家再向边缘地区扩张，并利用其巨大的大陆资源来建立舰队，建立世界帝国仍然是可能的。因此，麦金德主张，海上力量必须在法国、意大利、埃及、印度和朝鲜这些桥头堡部署部队，阻止俄国集中全力建立舰队。

麦金德将德国、奥利地、土耳其、印度和中国看成一个地缘政治区，称之为内新月形区，内新月形区包围着"心脏地区"的国家；而另一个地缘政治区域是由英国、南非、美国、加拿大、澳大利亚和日本组成的第二道包围圈包围着的地区，称为外新月形区。麦金德得出的结论是：将中东和中亚（即北印度洋地区）视为世界霸权必须控制的"心脏"地带。巴尔干与南亚地区是捍卫世界"心脏地带"的两块必需的战略基石。由此，麦金德提出了著名的三段论："谁控制了东欧，谁就可能控制世界的心脏地带；谁控制了世界的心脏地带，谁就可能控制世界岛；谁控制了世界岛，谁就可能控制整个世界。"

学说发起人	学说发起时间	推荐理由
爱因斯坦	1905年	著名物理学家、英国皇家学会会长汤姆逊称赞爱因斯坦的相对论"是自从牛顿时代以来所取得的等同于万有引力理论的最重大的成果","他的相对论是人类思想最伟大的成果之一"。

开现代科学研究之先声的爱因斯坦的相对论学说

背景搜索

阿尔伯特·爱因斯坦（Albert Einstein，1879年至1955年），当代最伟大的物理学家，20世纪贡献最大、声誉最卓著的科学家。有人无不崇敬地称他为"20世纪的牛顿"、"20世纪的哥白尼"。

1905年，他在《论动体的电动力学》论文中宣告了狭义相对论的创立，一下子就驱散了当时笼罩在科学家头顶的层层迷雾，从此，物理学发生了翻天覆地的根本变化。

爱因斯坦生长在物理学急剧变革的时代，他的相对论正是对时代最为有力的响应。

19世纪末20世纪初，物理学陷入了无力自拔的困境中，科学家们将自己禁锢在牛顿创建的经典物理学体系中，认为那是不可动摇的大厦。可是，物理学上一系列无法解释的新现象接踵而来，以太漂移实验、光电效应、黑体辐射、放射性、电子……都成为充满矛盾的难题，经典物理学对它们已经无能为力了。

当时让科学家深感惶惑的是：麦克斯韦电动力学应用到运动物体上就会引起不对称，

所以为解决这些不对称又提出了"以太说"。可是迈克尔的以太漂移实验，却证实了"以太风"是不存在的。科学家们又相继提出"拖曳理论"、"发射理论"、"收缩理论"，企图在保留"以太说"的同时解释这些实验现象，但都无法自圆其说。物理学家们被牛顿的经典力学束缚得紧紧的，始终走不出以太的死胡同，科学处在了非常严重的危机中。

牛顿认为，时间是绝对的，不与外界发生任何联系，空间也是绝对的、静止的，它是容纳一切物质的容器。时间与空间没有任何关系，时间自己像流水一样不停地流逝，空间也是一个绝对静止的坐标系，而其他坐标系都要参照它。适用于这个绝对空间坐标系里的运动规律，也同样适用于绝对空间作匀速直线运动的惯性坐标系。所以麦克斯韦电动方程式变换到运动物体上，就必须要有静止的以太作为参照系。牛顿的这些看法，与人们日常生活的经验很一致，很难使人怀疑它的正确性，物理学家们也深信不疑，不能自醒。

时代焦渴地期盼着有那么一个人，还自己那个尘封已久的真实。爱因斯坦的相对论就这样应运而生了。

学说内容

狭义相对论突破了牛顿的绝对时空观，把时间、空间和物质的运动联系起来，这就从根本上动摇了经典物理学，解决了很多经典物理学无法解决的问题，物理学危机的警报终于可以解除了。

爱因斯坦指出，既然麦克斯韦电动力学的种种实验都没有发现以太，以太的假说又那么离奇，那就应该放弃这种"绝对静止"的参考系——它根本就不存在。这样，所有惯性系就都可以用来描述自然规律，自然规律的研究与选择什么样的惯性系就没有任何关系了。而且既然在所有惯性系的所有方向上都测不出光源运动对光速有什么影响，那就可以接受光速恒定不变的这个新事实。这就成了狭义相对论的基础：相对性原理认为物理学的定律在所有惯性系中都是相同的，没有什么特

爱因斯坦（左）与罗伯特·奥本海默在交谈。

殊的惯性系；光速不变原理认为在所有惯性系中、真空中光的速度具有相同的值。

从这两个基本原理就可以很自然地推出惯性系中新的变换关系——洛仑兹变换。利用这个新的变换关系，爱因斯坦得出了狭义相对论的几个重要推论：同时性是相对的，在一个惯性系中同时发生的事情，在另一个运动着的惯性系中测量便不是同时发生的；运动着的尺子要缩短；运动着的时钟会变慢；运动中的物体的质量会变大；在任何惯性系中，物体的运动速度都不能超过光速，也就是说，光速是物质运动的极限速度；物体的能量等于物体的惯性质量乘以光速的平方——这就是著名的质能关系式：$E = mc^2$。其中，E 表示能量，m 表示质量，c 表示光速。

狭义相对论在很多方面都冲破了经典物理学的约束，但爱因斯坦还是很冷静地看到了它的不足，虽然它推翻了存在着以太的绝对静止的惯性系的神话，把相对性原理用在了作相对匀速运动的惯性系里。这是一大进步，但为什么惯性系在物理学中又比其他坐标系都优越呢？比如非惯性系，也就是非匀速运动或加速运动系统。爱因斯坦敏锐地意识到他的狭义相对论只在匀速直线运动范围内有效，但还不能解释加速运动和万有引力的问题。为了在相对论的框架里得到令人满意的引力理论并解释其他物理学问题，他又开始了新的探索。

如果从相对性原理来看非匀速运动,将会产生什么结果呢？爱因斯坦进行了艰苦的钻研，他发现传统物理学中使用的数学工具——欧几里得几何学并不适用于他的广义相对论，后来在朋友的帮助下，他找到了四维空间的非欧几何学和张量分析，作为建立自己广义相对论的数学工具。他坚持相对性原理普遍适用于自然界里的一切现象，并借助于马赫的观点，把相对性原理推广到加速运动系统，将研究重心转移到引力上。他通过升降机突然向上加速说明了加速系统可以人工制造引力，进而形成了他的广义相对论基础——等效原理，也就是说加速度和引力的效果是相同的。爱因斯坦还断定，等效原理不仅对机械现象，而且对所有自然现象，包括光学的、电子的、甚至生物的都适用。

广义相对论是关于时间、空间与万有引力关系的理论，它指出空间和时间不能离开物质独立存在，空间的结构和性质取决于物质的分布。真实的空间并不是平坦的欧几里得空间，而是弯曲的黎曼空间。爱因斯坦还运用广义相对论进行计算并提出了三个推论，都先后被证实了。广义相对论获得了有力的支撑。

一是水星近日点的进动。按照牛顿的引力理论，行星的运动轨道是椭圆形的，太阳位于椭圆的一个焦点上。天文学家早已发现，牛顿理论得出的水星近日点进动的计算值与观测值是有出入的，但按照广义相对论得出的计算值却相当接近。这就证实了广义相对论的第一个预言。

爱因斯坦正面照。

二是光线在引力场中的偏转。按照广义相对论，光线穿过引力场时，由于受到引力场作用，它不再走直线，而是发生了弯曲。1915年爱因斯坦预言了光线越过太阳表面的精确值，他希望天文学家通过对日全食的观测去验证他的预想。1919年英国派出了两支远征观测队，一支到巴西的索布拉尔，一支到西非的普林西比岛，拍摄了日全食的照片，证实了恒星发出的光确实在太阳引力场的作用下发生了偏转，而且得到的观测值与相对论的预言值很符合，但却比牛顿理论计算的结果大了一倍，这又一次证实了广义相对论的预言。

三是光谱线的引力频移。由于引力场使时钟变慢，来自巨大星球的光的频率与地球上相应的光谱线比较起来，会发生位移现象。1925年美国天文学家亚当斯通过对天狼星的密度很大的伴星的观测，确认了光谱线的引力频移现象，爱因斯坦的预言再次被证实了。

在这三个预言的充分证明之下，爱因斯坦的相对论无疑是科学的、可信的理论。

学说发起人	学说发起时间	推荐理由
孙中山	1905年	三民主义学说就是中国近代资产阶级民主革命运动的先驱——孙中山先生为中国的独立与富强创立的一整套学说。作为理论核心的三民主义更集中地反映了他的精神和思想。

指导中国近代革命行动的孙中山三民主义学说

背景搜索

孙中山（1886年至1925年）名文，字德明，号日新，后改为逸仙；在日本从事革命活动时曾化名中山樵，是广东香山（今中山市）翠亨村人，近代伟大的民主革命先行者，为中华民族的解放事业献出了自己的心血和生命。

他高瞻远瞩，目光如炬，为中国的独立与富强建立了一整套学说。作为其理论核心的三民主义，更集中地反映了他的精神和思想。

三民主义是中国半殖民地半封建社会阶级矛盾与民族矛盾发展的产物。19世纪末叶，人们生活在水深火热之中，中国已经沦落为半殖民地半封建社会。民族压迫和阶级压迫日趋严重，以清政府为代表的封建势力与广大人民的矛盾和侵略中国的帝国主义与中华民族的矛盾上升为社会的主要矛盾，这就为三民主义的产生提供了历史缘由和政治基础。

三民主义也是中国民族资产阶级发展的产物。从19世纪中期洋务运动开始，中国民族资产阶级开始出现，到19世纪末中国民族资产阶级达到一定规模。他们自觉吸收西方资产阶级革命思想，力争推翻清政府的封建统治，建立资产阶级共和国。他们要求发展民族企业，建立为民族资本服务的统一的国内市场和对外贸易，同时，也强烈反对帝国主义对中国的垄断与控制。这就为三民主义的产生提供了经济基础和阶级基础。

三民主义是中国人民长期革命斗争实践的产物，尤其是在全国范围内掀起反封反帝革命狂潮的太平天国运动，为三民主义的产生提供了丰富的思想资料和宝贵借鉴。

学说内容

1905年，孙中山在《民报》发刊词中公开提出了三民主义学说，也就是通常所指的旧三民主义，包括民族主义、民权主义、民生主义三部分。1924年，孙中山又提出了新三民主义，它深刻精要，气势恢宏，是中国资产阶级民主革命的政治理论纲领。主要要点如下：

首先，民族主义是三民主义体系的首要问题，是整个体系的基石。

孙中山提出了"反满"、"排满"的口号，以推翻满族占统治地位的、腐朽落后的清政府。这并不意味着盲目地反对、排斥一切满族人，而是反对满族贵族为主的清朝统治。其实质就是反对封建主义，进行资产阶级民主革命。

孙中山进一步主张通过"民族自决"来解决民族问题。他指出，中国国内各民族一律平等，坚决反对任何形式的民族压迫，各民族应相互尊重，相互支持，团结互助，实行自决自治，实现民族同化。

孙中山也已清楚地认识到中华民族只有反对帝国主义的侵略，才能实现真正的民族解放和独立。这是他的民族主义思想发展成熟的显著标志，增添了反对帝国主义的内容。他指出，民族主义有两方面的含义：一是中国民族自求解放，二是中国境内各民族一律平等。他特意把"中国民族自求解放"作为民族主义的第一层含义，表明了他对这个问题的高度重视，这一条的核心内容就是反对帝国主义。

其次，民权主义是三民主义体系的核心组成部分。它的基本原则是推翻封建君主专制，建立资产阶级共和国，实现资产阶级为领导和主体的人民自主的民主权利。具体从以下几个方面加以阐述：

国民革命。正是由于封建暴政造成了中国贫困和落后的面貌，因此中国仅进行民族革命是不够的，必须把民族革命和政治革命结合起来，去掉恶劣政治的根本，建立民主立宪政体，其主要途径就是国民革命。

孙中山在法国组织同盟会分会时的留影。

　　五权宪法。孙中山吸收了西方资本主义三权分立的政体思想以及中国传统的考试、监察制度中的合理成分，创立了他的"破天荒"的五权分立政体。它是民权主义的发展和具体化，是对"三权分立"的完善。主要是指在中国未来的宪法中，在行政权、立法权和裁判权之外，要加上考试权和监察权。

　　人民主权。它是五权宪法的基础。人民有选举、罢免、创制、复决四权，称为政权，而政府所具有的权力应该分立，即五权分立，称为治权。政权属于人民，治权属于政府，人民是政府的原动力，政权是治权的基础。主权在民，民是权的主人；而官员则是为人民服务的，犹如仆人。人们对官员有决定取舍去留之权，合则用之，不合则弃之。

　　自由平等。孙中山把自由、平等当做民权主义的重要组成部分，争自由、争平等是争民权的重要内容。

　　自由观可分为三个层次：第一个层次是国家、民族、政府、政党的自由，第二个层次是个人的自由，第三个层次是合理限度的自由。孙中山认为，自由的主体与目标主要是国家和民族。个人的自由不可不争，但不能放在国家、民族之上。

　　平等观也可分为三个层次：第一层次是对"天赋平等"论的否定，平等不是天授的，而是要去争取的。第二层次是消灭不平等的途径——革命。第三层次是平等就要真平等，反对假平等。

　　最后，民生主义是三民主义体系的重要组成部分，是孙中山提出的社会革命纲领。它的指导思想是要防资本主义的祸患于未然，"举政治革命、社会革命毕其功于一役"，基本口号是"平均地权"、"节制资本"。

1911年4月27日,孙中山领导的同盟会组织了广州起义,部分革命义士被俘。

平均地权。孙中山认为,土地问题既是中国国内社会经济生活的重要问题之一,也是造成西方资本主义国家祸乱的根源,为此,应当预先解决土地问题,而解决的方法就是平均地权。

它的内容有:第一,自报地价;第二,照价收税;第三,照价收买;第四,涨价归公;第五,耕者有其田。

节制资本。在孙中山那里,这一理念包含了既要发展资本主义大工业又要防止资本主义发展而产生的弊害之间的深刻思想矛盾。

它的内容有:

第一,限制私人资本的活动范围,凡企业规模巨大者、凡企业具有独立性或垄断性者、凡企业不宜或不能委托个人经营者,只能由国家经营;第二,对于那些已由私人资本经营之企业,国家可以视需要收买、赎回或以法律收回;第三,建立合作经济;第四,用累进税率,多征资本家的所得税和遗产税;第五,节制外国资本。

节制资本的最终目的是为了发展国家资本,即发展实业。只有拥有发达的国家资本,才能使中国繁荣富强起来。

学说发起人	学说发起时间	推荐理由
索绪尔	1906年—1911年	索绪尔是现代语言学的奠基人、结构主义语言学的创始人，他提出了全新的语言理论、原则和概念，为语言的研究和语言学的发展奠定了科学的基础，被称为"现代语言学之父"。

开现代语言学理论之先河的索绪尔语言学学说

背景搜索

　　费尔迪南·德·索绪尔（Ferdinand de Saussure，1857年至1913年），瑞士语言学家。1857年出生于瑞士日内瓦，1875年至1876年在日内瓦大学学习物理学和化学，1876年加入巴黎语言学会。1878年，索绪尔写的《论印欧系语言元音的原始系统》一书运用系统的观点分析了印欧语言的古代元音成分，成功地解决了印欧语历史比较研究中的一个难题，使同时代的老一辈语言学家大吃一惊，从而震动了学术界。1880年2月，他以论文《论梵语绝对属格的用法》获莱比锡大学最优生博士学位。而真正推动语言学发展并给予他世界声望的还是在他逝世后，由他的学生编辑整理的《普通语言学教程》一书。这本书是1906年至1907年、1908年至1909年、1910年至1911年索绪尔于日内瓦大学三度讲授"普通语言学"的讲课记录。索绪尔生前最后几年一直在讲授这门课程，但没有写成书籍或讲义。1913年，索绪尔因病去世后，他的学生巴利和薛施蔼根据同学们的笔记及索绪尔本人的一些手稿编辑整理成《普通语言学教程》一书，于1916年在法国巴黎出版。该书一经问世，立即被翻译成多种文字，在世界范围内的语言学研究领域内产生了相当深远的影响。

《教程》共分五部分，另在第一、第三部分各有一个附录。该书内容十分丰富，涉及了语言研究的各个方面，语言、言语、共时性、历时性、同一性、现实性、符号、能指、所指、组合关系、聚合关系、系统、价值、形成、实体等现代语言学理论的基本概念在该书中都有专门的论述。因此，索绪尔的《教程》"半个多世纪以来始终是现代语言学的基石"，对语言学的发展产生了深远的影响。

手语的出现，为与聋哑人的交流架起了一座桥梁。

学说内容

索绪尔的语言学理论有几个重要的概念，如语言的社会性、语言符号的任意性、语言和言语的区分、语言的系统性、语言的价值等。它的主要观点是：

一、区分语言和言语。这个问题的提出有其独特的历史背景，在索绪尔时代，在语言学研究中占统治地位的仍然是历史比较语言学的研究方法，语言和言语的概念也是混同在一起的。许多人并不了解索绪尔除了是一个比较语言学家还是一位普通语言学家，在这种情况下，他认为区分言语和语言并加以重新定义的问题显得十分必要，他指出："在我们看来，语言和言语活动是不能混为一谈的，它只是言语活动的一个确立部分，而且当然是主要部分……整个看来，言语活动是多方面的，性质是复杂的，同时跨着物理、生理和心理几个领域，它还属于个人领域和社会领域。相反，语言本身就是一个整体，一个分类原则。"索绪尔语言理论以语言和言语的区分为基础,认为语言学只能"就语言而研究语言",排除任何非语言因素(如社会的、物理的、言语的……)的干扰,其著名的公式是:言语活动＝语言＋言语。言语活动除去言语剩下语言后,这才是"语言学的又完整又具体的对象"。

索绪尔受到法国社会学家涂尔干关于社会发展、社会分化的社会学理论的影响,同时也在一定程度上受到了塔尔德等人对涂尔干理论的批评意见的影响,他把两种观点结合起来,并运用到语言学理论中,因此他的语言学观点带有浓厚的心理学和社会学的色彩。但是,索绪尔并没有满足于将语言和言语区分开来,在谈到语言和言语的关系时,他说:"无疑,这两个对象紧密地联系着,并且是互为前提的。"当然,为了跟传统的语言历史研究相抗衡,他特别强调了言语研究的重要性。

此外,索绪尔还认为提出区分共时和历时。他认为,就语言来说,必须区分共时和历时,这是继区分语言、言语后的"第二条分叉路",是第二个"两条道路的交叉点"。他认为,语言学是只研究共时的语言系统,应排除任何历时因素的干扰;而就共时的语言系统研究来说,它只研究形式,不研究实质,"语言是形式,不是实质"的论断就是索绪尔思想的集中体现。而语言形式概言之就是组合关系和聚合关系,所以,组合关系和聚合关系是索绪尔语言理论的核心。

二、符号理论。人们一般认为符号学和语言学是两门科学,虽有联系但彼此独立,但符号学却源于索绪尔的思想,现代语言学是符号学获得理论构架和研究方法的主要依据。第一次把对符号的研究当做一门新学科提出的,正是索绪尔。他在其《普通语言学教程》中预言,将有一门专门研究"符号系统"的学科出现,并为其做了初始的理论准备。索绪尔提出:"我们可以设想有一门研究社会生活中符号生命的科学……我们管它叫符号学。"他最早指出,语言符号联系的不是事物和名称,"而是概念和音响形象"。他还指出,"语言符号是一种有两面的心理实体",他用"能指"和"所指"这两个术语来分别指称符号的"两面",并进一步提出"能指"和"所指"之间的联系是不可分割的,语言符号具有任意性和线条性的特点。

三、系统理论。索绪尔提出"语言是一个在其内部一切都互相联系的

> 语言是人们在长期与自然界斗争和与他人交往的过程中形成的。

系统",并进一步提出内部语言学和外部语言学的概念。在索绪尔看来,内部语言学和外部语言学是两种不同的研究语言的方法,前者按照语言自己固有的秩序研究语言,而后者是从语言学和其他领域的关系上去研究语言。他指出,语言的定义是要把一切跟语言的组织、语言的系统无关的东西,简言之,一切我们用外部语言学这个术语所指的东西排除出去,因为只有内部语言学才是研究系统及其规律的科学,"语言是一个系统,它只知道自己有个秩序"。从表面上看,索绪尔似乎特别偏向于语言"内部"的研究而极力排斥"外部"的研究,实则不然。因为索绪尔区分语言和言语受制于当时社会的认识,偏重于共时语言的研究,那不过是方法上的侧重点不同而已。索绪尔指出,语言有"句段关系"和"联想关系"两类关系,他创立了一系列新的概念,如"差别"、"对立"、"价值"、"实质"和"形式",这样就使"系统"的概念超出了分类和描写的狭隘框框。

除此之外,索绪尔语言学还涉及到音位学等内容。另外,现代语言学中的音位概念,也源自于索绪尔的思想。索绪尔关于"系统"的一个定义已包含了音位理论的基本思想:"在词里,重要的不是声音本身,而是使这个词区别于其他一切词的声音上的差别,因为带有意义的正是这些差别。"

学说发起人	学说发起时间	推荐理由
汤因比	20世纪初	汤因比被视为"当代最伟大的历史学家",虽然有人说他的理论是一种玄学式的冥想,但是,这种挑战与质疑无损于他的影响力。

为历史研究开创新思路的汤因比"文化形态史观"

背景搜索

　　阿诺尔德·约瑟夫·汤因比（Arnold Joseph Toynbee，1889年至1975年），英国著名的历史学家。他一生写了很多历史方面的著作，如《民族与战争》、《新欧洲》、《战争与文明》等等，最引人注目的是他十二卷本的《历史研究》。

　　汤因比自己说："我们观察一下伟大历史学家的心路历程，将发现大多数情况下，激起历史诊断的，多半属于震撼性的公众事件。"这个判断同样适用于汤因比自己。他经历了两次世界大战，经历了资本主义与社会主义的"冷战"，这些都成为其研究历史的动力。《历史研究》一书，正是在面对第一次世界大战之后，一个有历史危机感与使命感的学者给人类敲起的警钟。

　　汤因比的史学观是"历史哲学"的延续与复兴。"历史哲学"是在18世纪由法国的伏尔泰首先提出，经过了意大利思想家维科的补充完善，由赫尔德真正创立。18世纪是历史哲学兴起与发展的黄金时期，经过19世纪一个世纪实证主义的压抑，在20世纪初惊人地复兴。汤因比正是这一复兴浪潮中的顶尖人物。

学说内容

"文化形态史观",又称"历史形态学",是汤因比史学理论的核心,它对历史研究的对象,文明的分类,各种文明之间的关系,文明的发展进程、归宿等等做出了回答。

"文化形态史观"这个概念不是汤因比的首创,而是由德国学者施本格勒首先提出来的,汤因比对他进行了批判式的继承。他认同的部分是,人类社会表现为各不相同的"文明",文明的发展要经历从"发生"到"死亡"的各个阶段。但是,施本格勒是绝对悲观的,他认为文明的死亡是不可挽救的,而汤因比是积极的,认为通过一定措施可以防止文明的死亡。

关于历史研究的范围,汤因比认为,不应该局限在一个国家,或者一个时代,且只作国别史研究和断代史研究,这样的研究视野很窄,不会有满意的结果。举例来说,研究英国史,不能就英国谈英国,而要看到它后面整个的西方文明。"文明"构成了汤因比研究历史的基本单位。

有关文明的定义,汤因比认为,文明是按照宗教来划分的,是在一定的时间和空间内存在的,有着共同文化和生活方式的人群,或者说社会整体。他认为从古到今有26种文明形态,包括西方基督教文明、东正教文明、伊朗文明、古代印度文明、古代中国文明、古代埃及文明、巴比伦文明等等。

汤因比认为,虽然各种文明的生命力有长有短,但是它们都有自己的长处和短处,在价值上是平等的,不能歧视某一种文明。虽然在其内心,他更认同自己身处其间的西方基督教文明,但是他表面上对文明一视同仁的态度还是很积极的;文明的发展有先有后,但是汤因比认为从哲学意义上说,它们是同时代的,是可比的。因为人类社会存在了100万年,文明发展的历史只有6000年左右,对比起来,只是弹指一挥间而已;文明又是各个不同的,每一种都有自己的主导倾向。比如说,古代埃及文明倾向于美学,古代印度文明倾向于宗教,而古代中国文明倾向于伦理道德。

施本格勒认为文明的发展正如四季草木的荣枯,要经历"发生","成长","破坏","崩解","死亡"五个阶段。汤因比则有自己的"四阶段"说:一、经过混乱时期,大一统帝国建立;二、间歇时期;三、建立起大一统的教会;四、"蛮族"大迁徙,新的文明建立,又一轮循环开始。这听起来很复杂,其实与施本格勒的观点大同小异。

汤因比用文明的兴衰循环来解释历史,认为这是世界历史发展的规律。濒临死亡的旧文明将成为新文明产生的摇篮,曾经处于边缘、被镇压的文明可能走向舞台的中心,一个个文明兴起伴随着一个个文明的没落,正如花开花落,周而复始,历史就是这样在文明的循环更替中发展。

关于文明的未来,文明的最终归宿,汤因比认为是宗教。在他那里,文明是按照宗教分类的,最终还是要走向宗教,一个融基督教、大乘教、伊斯兰教和印度教于一体的统一宗教。汤因比对这种宗教形式充满向往,他认为,这是一种更高形式的文明,即"第三种文明",它能解决道德、感情、心灵等方面的问题,这是科学技术、物质手段难以解决的问题。到了"第三种文明"阶段,人类能和谐相处,不再有暴力与战争,是一种理想的状态。

布尔日大教堂这一极富特色和蕴含着人类文化的建筑,彰显着人类的文明。

汤因比史学理论体系中最具生命力的概念之一是"挑战"与"应战"。这组概念如今被频繁用于各种学科和各种场合,足以见其影响力之大。

什么促成了这组概念的提出?汤因比说,他是在读歌德的名著《浮士德》时,产生了灵感。上帝自己制造的魔鬼,开始对上帝提出了挑战。正是这种挑战,重新激活了上帝的创造力,如果没有魔鬼的刺激,上帝在已经完美的世界面前就会无所作为,失去生机与创造力。"挑战"与"应战",就像打火石和钢铁,两者相互摩擦、冲撞,才创造出火,创造出光明。由此,汤因比看出,挑战一方面带来危机,另一方面也带来生机与希望。生命的火花可能在两者的碰撞中熊熊燃烧，也有可能就此熄灭，就看你怎么去面对与应战了。

在历史发展中接受挑战，做出应战的主体是谁？汤因比是个主观唯心主义历史学家，他认为是少数富于创造性的"英雄"、"天才人物"左右着历史发展，是历史前进的动力源泉。如果他们能对挑战做出正确的应战，解决好摆在面前的那些棘手的问题，那么"文明"就会继续、甚至更加繁荣；如果不能的话，那么这个他们的"文明"就会慢慢衰落、枯萎，甚至死亡。人民群众在汤因比眼中是没有生气的，他们被"天才人物"领导着，被动地接受着安排。但是汤因比也看到，"天才人物"也有丧失生命力的时候，不是永恒的，当他们的统治变得腐朽，决策变得不合潮流时，在广大的"普通人"中，有可能产生新的"天才"。这是可以相互转化的。

在汤因比那里，"挑战"又称为"刺激"，他把刺激分成五种：困难环境的刺激、新的生活环境的刺激、打击的刺激、压力的刺激、遭遇不幸的刺激。这五种刺激，集中概括了人类文明起源所面临的种种挑战，有来自自然环境的挑战，更有来自人为环境的挑战。

关于挑战与应战的关系，汤因比认为，在挑战面前，如果顺应时代要求，正确应战，社会就能良性发展；但是有时候挑战的力量是难以抗拒的，它代表了历史的方向，这时候应战越激烈，旧有秩序越是崩溃得快。前者好理解，后者是什么意思呢？举例说，如果一个政权或者是制度已经不符合历史发展的潮流，统治者还是想死死抱住自己腐朽的统治，疯狂镇压社会上的反抗。这样做其实是加速了自己的灭亡，他们的应战是一种垂死挣扎，注定失败。

所以审时度势，把握历史发展的潮流，这是在应战时应该注意的问题。

学说发起人	学说发起时间	推荐理由
阿伦纽斯 等	20世纪初叶	地球上的生命源于何时何地？为此，人们付出了艰苦的探求，进行了无限的遐思。从"神创论"到"自然发生说"，以及"化学进化论"还有"泛孢子论"无不接受着世人的评判和挑战。

不断追问生命起源奥秘的
纵观生命起源说

背景搜索

生命最初从哪里走来？不同历史时期的人们受制于自己的认识水平和科学的发展程度，提出过种种不同的臆测和猜想。

"神创论"可谓是解释生命起源最早的假说了。它认为地球上的生命是由神或上帝创造出来的，最典型的莫过于基督教《圣经》里宣扬的"诺亚方舟说"和"亚当夏娃说"，他们说，上帝用六天的时间创造了天地、万物和人类。中国古代神话中的"盘古开天地"和"女娲造人"的故事也流传甚广。但随着人们科学水平的提高，相信神创论的人越来越少了，几近乎无。

接下来的是"自然发生说"，它是在与"神创论"的论战中产生的。它认为生物是从非生物的物质中产生的，例如青蛙从泥中长出，蛆虫从腐肉中生出。一些著名学者如古代的亚里士多德，近代的牛顿等人都是这种说法的信奉者。但19世纪下半期法国微生物学家巴斯德做了一个否定"自然发生说"的重要实验。他的实验证明，如果把肉汤放在密封

的容器中加热到杀死里面的一切的生物,同时制止一切生物进入,那么在这种情况下就再也不会出现微生物了。然而食物的腐败和变性却是由微生物的活动造成的,一旦容器中不再出现微生物,那么肉汤就不会腐败变质了。

链结构如此简单的生物都不能自然发生,更何况结构复杂的鱼类、两栖类、爬行类、鸟类动物了。巴斯德的实验宣告了"自然发生说"的彻底破产。于是,巴斯德又得出这样的结论:生命来源于生命自身。这正是"生源说"的典型观点。但它只能解释生命进化阶段中生命的发生问题,对于生命的来源问题仍是未能解答。为有效解释生命起源的奥秘,人类还得继续探索。

学说内容

随着现代科学的发展,"化学进化说"和"宇宙胚种说"成为当前生命起源的两大学说,双方支持者各持己见,互不相让,孰是孰非,难以定夺。

"化学进化说"认为,原始生命是在原始地球形成之后,由非生命物质在极其漫长的时间内,经过极为复杂的化学途径演变而成的,生命的物质基础是核酸和蛋白质等生物分子。但在原始的地球上没有任何一丝生命的痕迹,更谈不上这些生物分子的存在了,它们只能通过原始地球上现存的非生命物质相互间的化学作用产生,然后进一步形成具备全部生命特征的生命体。

那么,生命起源在"化学进化说"中到底是怎样的过程呢?获得公认的是,生命的化学进化过程包括了四个阶段:

一、从无机小分子物质生成有机小分子物质

在原始大气中,某些无机小分子物质在闪电和太阳照射等自然能量作用下,生成了第一批有机小分子物质,如核酸的组成成分核苷酸、蛋白质的组成成分氨基酸等。随着地球降温,水蒸气凝结成水,大气中的有机小分子顺着水流到原始海洋里。整个原始海洋就像一锅营养丰富而又温热清洁的"有机汤",成为了生命起源的第一批有生命的物质。

二、从有机小分子物质生成有机大分子物质

在原始海洋里,这些有机小分子物质,经过长期的积累和相互作用,许多小分子连在一起形成了大分子,这些大分子就是原始的蛋白质和原始的核酸分子,它们都是些有机大分子物质。这一阶段的变化,和上一阶段的变化一样,都得到了实验的证明。

三、从有机大分子组成有机多分子体系

在某些外部条件作用下,这些有机大分子物质浓缩分离出来,相互作用聚集成小滴。这些小滴的外面是最原始的界膜,使小滴内部与周围的海洋环境分开,形成独立的多分子体系。这种多分子体系又渐渐地开始与外界环境进行一种原始的物质交换活动,从而维持自身的稳定与发展。

四、从有机多分子体系演变为原始初级生命

这是生命起源过程中最复杂、最具有决定性意义的一个阶段,但是目前在实验室里还没能得到全面的验证。

对于多分子体系如何具体演变成原始生命这一问题,奥巴林曾提出了"团聚体"假说。他把团聚体作为生命发展过程中一种可能的模式,并用实验的方法得到了这种团聚体小滴。

但是,他的假说却存在着两个问题:一是团聚体形成所需要的蛋白质,在原始地球上是如何形成的这个问题还没弄清;二是团聚体形成

清代画家任颐绘《女娲补天图》。

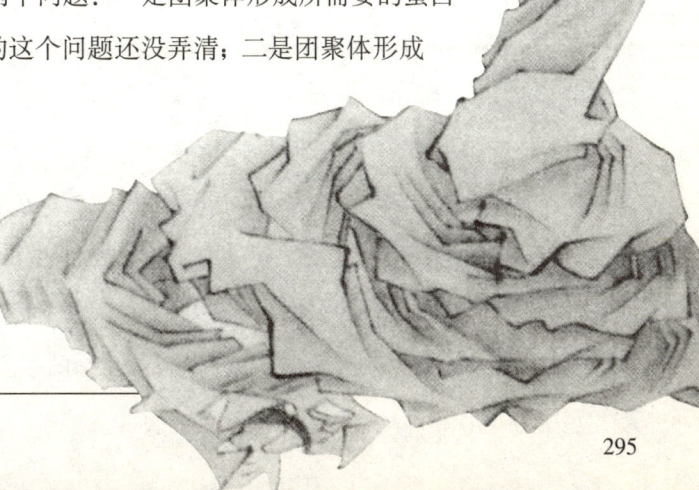

《圣经》宣扬是上帝创造了亚当与夏娃，又由亚当与夏娃创造了人类。

需要在极浓的有机物溶液中，而地球上稀薄的"有机汤"如何浓缩到能形成团聚体呢？有人补充说，火山附近的小水池在高温影响下会蒸发，从而使"有机汤"浓缩。但有人马上反驳说，由于蒸发，水中盐的浓度比有机物的浓度升高得更快，所以团聚体的说法虽有一定的合理性，但也存在一些难以解决的问题，令人不能完全信服。

当人们无法在自己的星球上为生命的起源找到合理的解释时，人们开始把目光投向了茫茫宇宙。"宇宙胚种说"，或者又称为"天外来源说"兴起了。

"宇宙胚种说"是20世纪提出来的，它认为地球的原始生命是从天而降的。宇宙空间普遍存在着生命物质，它们通过陨石、彗星等载体降落到地球上，最后在地球上发展起来。

早在20世纪初，瑞典化学家阿伦纽斯就提出了生命天外来源的第一个学说——"泛孢子论"。他认为宇宙一直就有生命，生命在光辐射的推动下穿过宇宙空间不停游动，直到掉落在某个行星的表面，再在那里定居下来，使那个行星有了生命。很显然，阿伦纽斯只考虑了光辐射作为宇宙"孢子"的推动力，而没有想到在宇宙空间中强烈的射线，单单太阳紫外线就足以把生命"孢子"杀死了。这个学说本身是难以自圆其说的，而且它还缺乏直接的证据，在奥巴林提出"生命化学说"后，它被彻底打入冷宫。

到了20世纪60年代，在天文学、化学和航天技术飞速发展的带动下，尤其是陨石中氨基酸、彗星有机分子以及星际分子的发现，各种生命从天而降的"宇宙胚种说"又悄然而生。

科学家们在一种富含碳元素的碳质球粒陨石中，总共发现了74种氨基酸，其中8种存在于生命体中，11种具有生物化学作用，剩下的55种只有在来自地球之外的样品中才能找到。彗星保存了它诞生时的太阳系原始星云物质。而通过光学望远镜的观测，发现在彗星中有水、甲烷等多种简单分子。科学家们又通过新型射电天文望远镜的测查，竟然发现在星际空间中也存在有几十种星际分子，而且大多数都是有机分子。这就是说，在地球之外也在进行着由原子形成简单分子、由简单分子再形成复杂分子的生命前的化学进化过程。于是，科学家们进行了大胆设想，有可能是彗星把这些在生命起源过程中起着重要作用的有机物带到原始地球上来的。更有人认为，在星际空间可能原本就存在着"微生物"，正是这些"微生物"来到原始地球，为地球上生命的起源播下了种子。

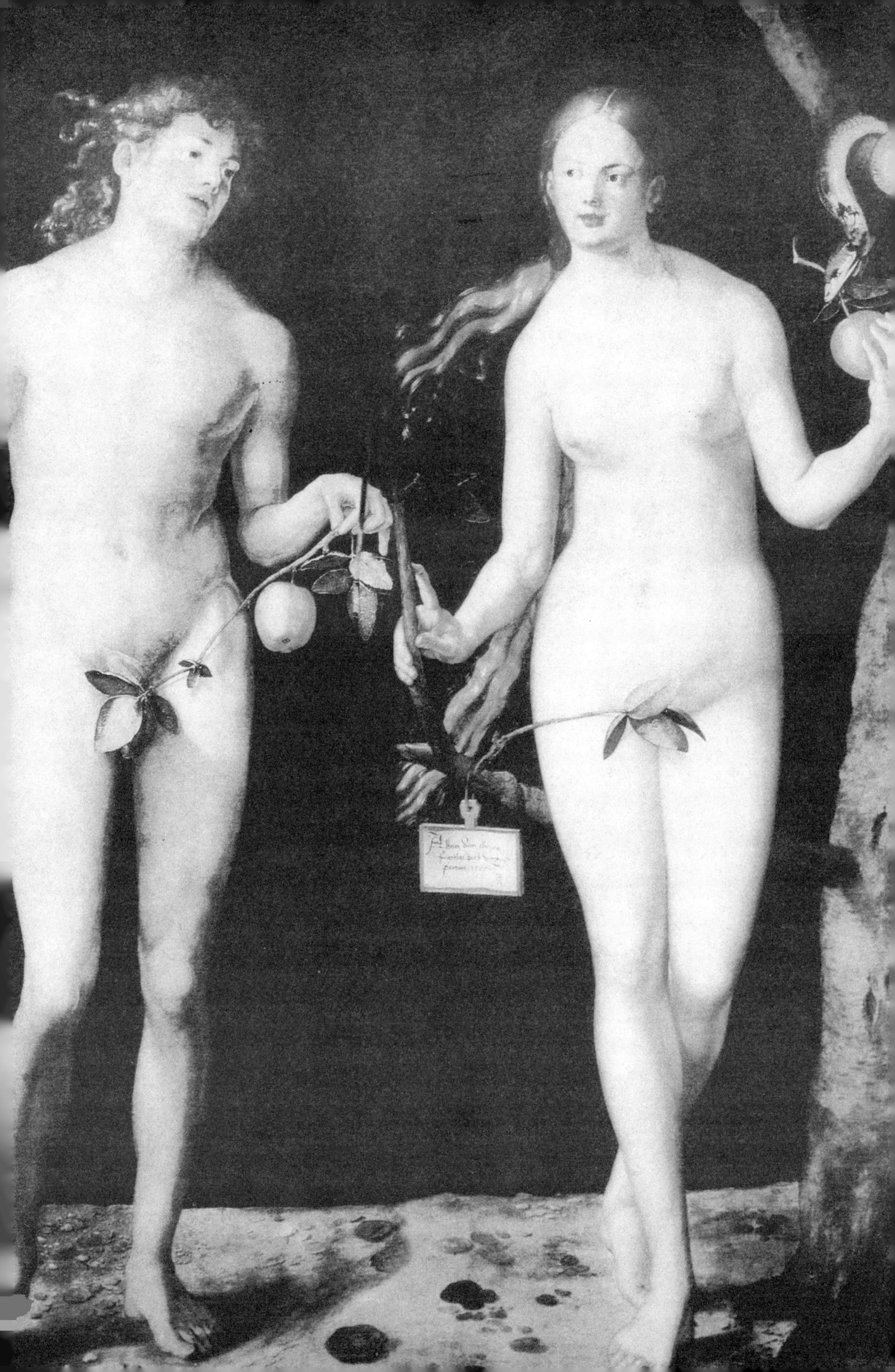

学说发起人	学说发起时间	推荐理由
魏格纳	1912年	由魏格纳开创的大陆漂移学说，第一次提出了大陆运动的思想，为后来的海底扩张说和板块构造论提供了基本的指导精神和学术方向。

标志着地质学进入新纪元的魏格纳大陆漂移学说

背景搜索

阿尔弗雷德·路萨·魏格纳（Alfred Lothar Wegener，1880年至1930年），德国著名地质学家，兼天文、气象、地球物理学家和极地探险家。他出生在德国柏林一个孤儿院院长家里，曾在多所大学学习，1905年获得天文和气象学博士学位，毕业后主要担任气象观测和教学工作，1924年任奥地利格拉茨大学气象学和地球物理学教授。1930年在赴格棱兰探险的征途中，他不幸遇难身亡，长眠于冰山雪地之中。

学说内容

偶然的契机，思维的活跃，苦苦的探求，成就了魏格纳大陆漂移学说的建立。

1910年的一天，魏格纳在端详世界地图时，突然发现大西洋两岸的非洲和南美洲的海岸线是那么惊人的相似，他觉得，如果把它们拼合在一起，正好可以吻合。这种奇特的现象吸引着他,但一时又找不到合适的答案。难道陆地可以移动吗?他的头脑里不时迸发出这样的思想火花,这太不可思议了!他酷爱冒险的血液燃烧着兴奋的激情。

不久,他在一本文献中看到有人从古生物学方面提出证据,认为在南美洲和非洲等大陆的地层中,发现了同种小型恐龙的化石。文章认为,这表明了在太古时代,这两块陆地是以"陆桥"的方式连结在一起的。这又激发了他标新立异的想象。

陆桥说与魏格纳的想法恰好相反,但在他的逆向思维中,陆桥说以另一副面孔凸显出了自己的价值。陆桥说认为,在远古时代,大陆之间虽然隔着大洋,但还有一些小陆地或一系列的岛屿,就像桥一样,把隔洋的大陆联系起来,古生物可沿着这些陆地桥梁从一个大陆迁徙到另一个大陆,这就造成了隔洋大陆生物的相似性。但后来这些陆桥被海洋吞没沉入海底,大陆也就被海洋隔开了。

但魏格纳认为陆桥说虽然可以解释大陆之间生物的亲缘关系,但却无法解释大陆在古气候、地层构造以及岩相方面的相似性。所以,他提出了自己的大胆设想:各大陆之间生物的相似性,并不是因为它们之间有什么陆桥的联系,而是由于这些大陆本来就是连在一起的,到后来才被大洋分裂隔开了。

为了证实自己的想法,魏格纳以非凡的毅力纵观博览,从古生物学、地质学、地貌学、古气候学、大地测量学等多方面搜集资料,通过对各大洲相关因素的对比和整理,寻找大陆漂移的重要证据。随着研究的深入,魏格纳越来越坚信大陆漂移学说是正确的。

1912年,魏格纳发表了大陆曾经彼此连结、后发生移动漂移的很多见解,1915年他写成了专著《海陆的起源》,对大陆漂移问题进行了全面的介绍。

根据大陆漂移学说,魏格纳认为,大陆由较轻的硅铝质组成,漂浮在较重的粘性的硅镁质大洋壳上,大陆可以做水平移动,向西漂移或者离极漂移。在两亿到三亿年前的古生代后期,全球大陆是连接在一起的原始泛大陆,周围是一片广阔无垠的泛大洋。大约从两亿年前的中生代以来,由于地球自转的离心力和太阳、月球的潮汐力的作用,泛大陆开始分化瓦解。北美洲离开了欧洲,南美洲向西漂移,形成了大西洋。非洲向西漂移时有一半脱离了亚洲,它的南端与印度次大陆分离,中间出现了印度洋。南极洲和澳洲也同亚洲分离,慢慢漂移到现在的位置。这些移动就这样逐渐造成了当今世界诸大洋、诸大洲的面貌。

魏格纳还为自己的大陆漂移说找到了四大证据:

一是从地貌学看,在大西洋两岸,南美洲东部海岸线与非洲西部海岸线的轮廓非常吻

我们生活的这颗蓝色星球在过去有过哪些变化？未来又会变化成什么样子？

合。如果对其他大陆的外形轮廓进行比较，也会发现类似的情况，这么普遍的现象就绝不是偶遇、巧合了。

二是从地质学看，非洲最南端的兹瓦特山脉，恰好与南美洲的布宜诺斯艾利斯以南的山脉相同，都是东西走向的，且同属一条二叠纪褶皱山系，地质结构上可以相连。同样，欧洲的挪威、苏格兰和爱尔兰的古生代褶皱山系，它们正好和北美纽芬兰的加里东褶皱带相衔接。而且，在印度、马达加斯加和非洲，南极洲与澳洲之间的较老地层结构，也都有程度不等的对应关系。

三是从生物学和古生物学看，根据物种起源的单祖论，同一物种必定起源于同一地区，然后传播和扩散。在远隔重洋的大西洋两岸，许多现代生物之间存在着亲缘关系。例如，某种庭园蜗牛分布在大西洋两岸的德国、英国和北美洲等地；远隔重洋的南美洲、非洲和澳洲，都生活着同种淡水肺鱼和鸵鸟等等。古生物化石也有力地揭示了古代生物的亲缘关系，例如，爬行类动物中恐龙的古化石分别出现在巴西和南非的石炭—二叠纪地层，其他地方都没有。

四是从古气候学看，地层考古发现，北半球各大陆有大量石炭—二叠纪热带或温带植物化石。相反，同一时期南方诸大陆却布满冰川遗迹。

魏格纳对这些科学事实进行了合乎逻辑的推论，深信现有各大陆曾经连成一片，后来才漂移开来。

魏格纳的大陆漂移说，是对当时占地学界统治地位的大陆固定论的一种公开挑战，立刻引来了地学界的激烈论战和轩然大波。那些反对者的怀疑也不是毫无道理的，因为在魏格纳的学说中有一个明显的薄弱环节，那就是他对大陆漂移动力的说明不是很能令人信服。因为地球自转的离心力和日月的潮汐力相对来说都比较小，不足以推动庞大的陆地做那么长距离的漂移。

学说发起人	学说发起时间	推荐理由
尼尔斯·玻尔	1913年	尼尔斯·玻尔是原子物理学的奠基人。他提出的一整套关于原子运动的新观点，有力地冲击了经典理论，为现代微观物理研究开辟了道路。

彻底突破经典物理学说的玻尔原子结构学说

背景搜索

尼尔斯·亨瑞克·戴维·玻尔（Niels Henrik David Bohr，1885年至1962年），出身于丹麦哥本哈根的一个知识分子家庭。

1903年，玻尔进入哥本哈根大学数学和自然科学系，主修物理学。1907年以有关水的表面张力的论文获得丹麦皇家科学文学院的金质奖章，并先后于1909年和1911年分别以关于金属电子论的论文获得哥本哈根大学的科学硕士和哲学博士学位。随后他又去英国学习，先到了剑桥汤姆逊主持的卡文迪什实验室，几个月后转赴曼彻斯特，加入了以著名实验物理学家卢瑟福为首的科学集体，从此和卢瑟福建立了长期的密切关系。也是从这时候起，玻尔的主要兴趣开始集中在原子和原子核问题的研究上。

19世纪末20世纪初，人类对物质结构的了解向前迈进了一大步。1909年之前，比较流行的汤姆逊的模型被形象地称为"枣式结构"，他设想一个质量、电荷均匀分布的正电球体内部含有许多电子，它们成环状配置。1909年3月，卢瑟福和他的助手的"α粒子散射实验"证明了原子的正电荷和绝大部分质量集中在一个很小的核心上，直接否定了汤姆

丹麦物理学家尼尔斯·玻尔。

逊模型。随后，卢瑟福在1911年提出了一个类似行星的"核式结构"，电子围绕集中全部正电荷和绝大部分质量的核回转，但这个有核模型在电稳定性和线光谱的说明上遇到了困难。按照古典电动力学，电子绕核回转会发射连续的电磁波，因而损失能量并且很快就陷落到原子核上。那么，如何解决卢瑟福的原子模型有实验根据、但却与古典理论不符这个尖锐的矛盾呢？这是当时原子物理学家们面临的难题。

在曼彻斯特停留的短短四个月，让玻尔从经典电动力学不适用于原子领域这个观念向前跨出了关键的一大步，他决定把普朗克的量子假说推广到原子内部。这个假说是普朗克1900年在研究黑体辐射时提出的。在那里，他假设能量是分立存在的。当时物理学界对这个假说很冷淡。另外一位对玻尔很有启发的人是他的朋友汉森，在他的建议下，玻尔将当时先进的光谱分析引进到原子结构的研究中来。

回到丹麦后第二年的7月、9月和11月，尼尔斯·玻尔连续发表了长篇论文《论原子构造和分子构造》的三个部分，提出了他的著名理论。

其后，玻尔于1918年初次阐述了他的后来被称为对应原理的理论。这一原理成为了从经典理论通向量子理论的桥梁，而且后来也形成了海森伯矩阵力学的直接前奏。

1921年，玻尔阐述了光谱和原子结构理论的新发展，诠释了元素周期表的形成，对周期表中各种元素的原子结构做了说明，同时对周期表上的第72号元素的性质做了预言。1922年，科学家发现了这种元素——铪，证实了预言的正确。1922年，由于对于原子结构理论的贡献，波尔获得了当年的诺贝尔物理学奖。

1962年11月16日，玻尔在哥本哈根逝世。

学说内容

20世纪前三十年是量子论形成并逐步发展成为比较完善的理论的年代,玻尔的理论在其中起到了里程碑式的作用,大致经历了三个阶段的发展:

一、把量子概念引入原子结构,极大地扩大了量子论的影响,加速了量子论的发展

经典物理学认为运动、能量都是连续的。1913年,玻尔大胆地把卢瑟福模型和普朗克的量子论结合起来,把原来只用于能量的量子概念推广到角动量,创立了量子化轨道原子结构理论,为以后各种物理量的量子化打开了大门。他著名的原子理论有两个基本假设:原子系统只能处在一系列能量分立的定态上;原子系统可以从一个稳态跃迁到另外一个定态上,这时伴随着光辐射量子的发射或吸收。在《论原子构造和分子构造》中,玻尔给出了这样的原子图像:电子在一些特定的可能轨道上绕核作圆周运动,离核愈远能量愈高;可能的轨道由电子的角动量(必须是$h/2\pi$的整数倍)决定;当电子在这些可能的轨道上运动时原子不发射也不吸收能量,只有当电子从一个轨道跃迁到另一个轨道时原子才发射或吸收能量,而且发射或吸收的辐射是单频的,辐射的频率和能量之间的关系由$E=h\gamma$给出(h为普朗克常量)。玻尔的理论成功地说明了卢瑟福原子核结构的稳定性和氢原子光谱线规律。

二、为了更深入地探索经典理论和量子理论之间的关系,玻尔提出了对应原理

玻尔的原子结构理论提出后,在解释氢原子光谱的频革规律方面取得了相当圆满的结果,在说明星体光谱中某些线系的起源方面纠正了流行的看法,他的定态概念得到了越来越确切的实验验证,他的某些理论预见也得到了实验的证实,成就十分巨大。但是,在开始时,这种理论还不能很好地说明其他元素的光谱,而且根本无法说明任何一条光谱线的强度和偏振,而玻尔的宏伟目标却从一开始就是要说明各种原子和分子的形形色色的物理性质和化学性质,特别是要说明显示这些性质的变化情况的元素周期表。为此,在1918年这个理论中,他认为:按照经典理论来描述的周期性体系的运动和该体系的实际量子运动之间存在着一定的对应关系,具体地说,就是体系的经典广义坐标傅立叶系数和体系的跃迁几率之间存在着简单的对应关系。

沿着对应原理的道路,人们不再把力学定律写成电子的位置和速度的方程,而是写为电子轨道傅立叶展式中的频率和振幅的方程,找到同发射辐射的频率和强度相对应的那些

站在推演物理公式的黑板前的玻尔。

量之间的关系，建立矩阵形式的量子力学。在玻尔的启发下，他的学生海森堡于1925年和玻恩、约丹一起把量子力学发展成为系统的矩阵力学。1926年，狄拉克更进一步将其发展成为q数理论。在薛定鄂将量子力学发展为另一种等价的形式——波动力学的过程中，对应理论同样起了指导作用。

三、互补原理的提出及其哲学观点特性

1927年，海森堡在《关于量子力学的运动学和力学的直觉内容》的论文中论证了他的测不准原理，即人们不能像在牛顿力学中那样以任意精度同时测定电子的位置和速度，这两个量的不准确度的乘积不应小于普朗克常数除以粒子的质量。海森伯原理的提出引起了一系列的争议。物质微观运动的基本规律统计性是否是实质的？是否必须放弃或推广决定论或因果原理？能否将量子力学看成一种"完备的"理论？微观客体和测量仪器之间到底是什么样的关系？人对事物的认识有没有最终的界限？如此等等。

为了回答这类问题，玻尔于1927年9月在意大利科摩举行的纪念伏打（1745年至1827年）逝世100周年的国际物理学讨论会上首次公开发表了他关于互补原理的一些思想。他认为，粒子图像和波动图像是同一个实在的两个互补描述。这两个描述中的任何一个都只能部分正确，使用粒子概念和波动概念都必须有所限制，否则就不能避免矛盾。这个解释通常被称为"哥本哈根解释"。

玻尔认为他的互补原理是一条无限广阔的哲学原理。在他看来，为了容纳和排比"我们的经验"，因果性概念已经不敷应用了，必须用互补性概念这一"更加宽广的思维构架"来代替它。因此他说，互补性是因果性的"合理推广"。尤其是在他的晚年，他用这种观点论述了物理科学、生物科学、社会科学和哲学中的无数问题，对西方学术界产生了相当重要的影响。

学说发起人	学说发起时间	推荐理由
费尧	1916年	亨利·费尧是西方古典管理理论在法国的最杰出代表。他提出的一般管理理论对西方管理理论的发展具有重大的影响，成为管理过程学派的理论基础。

堪称"现代行政管理学始祖"的费尧行政管理学说

背景搜索

亨利·费尧（Henri Fayol，1841年至1925年），法国工业家。费尧于1841年出生在土耳其一个小资产者家庭里，15岁那年就读于里昂一所公立中等学校，并在那里度过了两年。两年后，即在他17岁时，他经考试合格转入圣艾蒂安国立矿业院，并在19岁毕业时取得矿业工程师资格。1860年他被任命为高芒特里福尔尚布公司的高芒特里矿井组工程师，不久，他从一名工程技术人员逐渐成为专业管理者；1885年起，他担任这个法国最大的矿冶公司的总经理达30年，于1918年12月31日退休。1925年，费尧卒于巴黎。

费尧办矿的成功是法国工业史上最精彩的一页。第一次世界大战时，法国没有费尧的这几个煤矿就不可能打得起四五年的仗。而这个伟大的成功，费尧认为应该归功于管理。

费尧是一位在理论上有特殊发现的地质学者，他一生中写了很多著作，其内容包括采矿、地质、教育和管理等等，代表作有《一般管理和工业管理》等。他在实践中逐渐形成了自己的管理思想和管理理论，提出了管理功能理论，对管理学的形成和发展做出了巨大的贡献。

▲ 管理活动早已成为人们工作、生活中的重要内容,通过有效的管理,企业和社会才得以正常、有序地运行。

学说内容

费尧对管理理论最主要的贡献在于三个方面:从经营职能中独立出管理活动,提出管理活动所需的五大职能和十四条管理原则,这三个方面也是其一般管理理论的核心。其主要内容如下:

一、从企业经营活动中提炼出管理活动

费尧区别了经营和管理,认为这是两个不同的概念,管理包括在经营之中。通过对企业全部活动的分析,费尧将管理活动从经营职能中提炼出来,成为经营的第六项职能。进一步得出了普遍意义上的管理定义,即"管理是普遍的一种单独活动,有自己的一套知识体系，由各种职能构成，管理者通过完成各种职能来实现目标的一个过程"。

费尧还分析了处于不同管理层次的管理者其各种能力的相对要求，随着企业由小到大、职位由低到高，管理能力在管理者必要能力中的相对重要性不断增加，而其他诸如技术、商业、财务、安全、会计等能力的重要性则会相对下降。

二、提出了五大管理职能

费尧将管理活动分为计划、组织、指挥、协调和控制等五大管理职能，并进行了相应的分析和讨论。

费尧认为，"计划"就是仔细研究未来并安排行动的计划，可以简单地描述为目标和经营规划，他认为"统一性、持续性、灵活性、精确性，这些是一个好的行动计划的一般特征"。"组织"就是说要建立企业的双重结构——物质的和社会的，它是为企业提供一切有助于实现其职能的东西：工具、原料、资金、人员，是为完成已确定目标的过程中各种资源的有效合作。"指挥"就是说要人员去工作，它是一种有效的领导艺术，使组织能充分发挥作用。"协调"意味着公司所有活动的和谐，使企业经营顺利进行。"控制"是要一切工作都符合成文的规定和明确的命令，检查和指出工作中的缺点和错误，以便加以纠正和避免重犯。"管理五职能论"是费尧管理理论的核心，他认为，管理的五大职能并不是企业管理者个人的责任，它同企业经营的其他五大活动一样，是一种分配于领导人与整个组织成员之间的工作。

三、提出了一般管理的十四项管理原则

费尧根据自己的工作经验，归纳出简明的十四条管理原则。

（一）分工。

（二）职权与职责。他认为职权是发号施令的权力和要求服从的威望。职权与职责是相互联系的，在行使职权的同时，必须承担相应的责任，有权无责或有责无权都是组织上的缺陷。

（三）纪律。

（四）统一指挥。指组织内每一个人只能服从一个上级并接受他的命令。

（五）统一领导。指一个组织，对于目标相同的活动，只能有一个领导、一个计划。

（六）个人利益服从整体利益。即个人和小集体的利益不能超越组织的利益。当二者

不一致时,主管人员必须想办法使他们一致起来。

(七)个人报酬。报酬与支付的方式要公平,给雇员和雇主以最大可能的满足。

(八)集中化。这主要指权力的集中或分散的程度问题。要根据各种情况,包括组织的性质、人员的能力等,来决定"产生全面的最大收益"的集中程度。

(九)等级链。指管理机构中,最高一级到最低一级应该建立关系明确的职权等级系列,这既是执行权力的线路,也是信息传递的渠道。

(十)秩序。指组织中的每个成员应该有其各自的岗位,"人皆有位,人称其职"。

(十一)公正。主管人员对其下属仁慈、公平,就可能使其下属对上级表现出热心和忠诚。

当今行政工作已经离不开电脑了。

(十二)保持人员的稳定。如果人员不断变动,工作将得不到良好的效果。

(十三)首创精神。这是提高组织内各级人员工作热情的主要源泉。

(十四)团结精神。指必须注意保持和维护每一集体中团结、协作、融洽的关系,特别是人与人之间的相互关系。

费尧强调指出,以上十四条原则在管理工作中不是一成不变的、绝对的东西,在同样的条件下,几乎从不两次使用同一原则来处理事情,应当注意各种可变因素的影响。因此,这些原则是灵活的,是可以适应于一切需要的,但其真正的本质在于懂得如何运用它们。这是一门很难掌握的艺术,它要求智慧、经验、判断和注意尺度和分寸。

学说发起人	学说发起时间	推荐理由
列宁	1917年	列宁坚持马克思主义的科学态度，运用最彻底的唯物辩证法，深入考察了世界形势的新发展，及时总结了国际共产主义运动以及俄国革命的新经验，捍卫和丰富了马克思的国家学说。

对马克思经典学说进行有益发展的列宁国家学说

背景搜索

列宁，原名弗拉基米尔·伊里奇·乌里扬诺夫（Vladimir Ilyich Lenin，1870年至1924年），是继马克思和恩格斯之后国际共产主义运动的伟大领袖，全世界无产阶级和劳动人民的伟大导师。他创造性地、全面系统地发展了马克思主义，把马克思主义推进到列宁主义阶段。

他在革命斗争的三十多年中，写过很多文章和著作。在他极其丰富的理论宝库中，关于国家的学说是最突出的、最重要的一部分。列宁对国家问题的论述，主要集中在《马克思主义论国家》、《国家与革命》、《无产阶级革命和叛徒考茨基》、《论"民主"和专政》、《论国家》、《无产阶级专政时代的经济和政治》、《怎样改组工农检查院》、《宁肯少些，但要好些》等著作中。

学说内容

列宁进一步发展了马克思关于国家问题的观点，阐明了无产阶级革命和无产阶级专政的一系列重大问题，有力地驳斥了第二国际修正主义者对马克思国家问题的歪曲。

那到底什么是国家？国家的实质是什么？它的作用又是什么呢？这些问题的解决，关系到整个无产阶级思想的纯洁和统一，具有迫切的现实意义。列宁根据马克思主义的相关论述，从国家的产生、特征及其作用等方面，深刻揭示出国家的本质。

列宁指出，在人类社会出现阶级以前，并没有国家。当社会生产力发展到一定阶段，出现了私有制和经济利益相互冲突的两个阶级以后，由于阶级之间的矛盾无法调和，剥削阶级为了维护自己的利益，就组织起一种强力机关，来镇压被剥削阶级，保障自己顺利进行剥削和压迫，于是就产生了国家。因此，国家是阶级矛盾不可调和的产物和表现。在阶级矛盾客观上不能调和的地方、时候和条件下，国家便产生了。反过来说，国家的存在证明了阶级矛盾不可调和。

国家的基本特征鲜明地体现在它具有实行镇压的特殊力量，国家机器的主要部分不仅有武装的人，还有物质的附属物，如监狱等各种强制机关，而常备军和警察是国家权利的主要强力工具。每当被统治阶级反抗统治阶级的时候，统治阶级就会利用国家这个暴力工具实施镇压。可见，国家是统治阶级的机关，是一个阶级压迫另一个阶级的工具。

无产阶级要推翻资产阶级的统治，就需要通过暴力打碎资产阶级的国家机器。但列

列宁为社会主义制度的建立进行了有益的实践和摸索。

宁并没有把暴力革命绝对化，这仅仅是无产阶级革命的一般规律。在《国家与革命》中，列宁在阐述暴力革命是马、恩全部学说的基础时，还谈到恩格斯曾认为在一定历史条件下也是"可以设想"向社会主义进行和平发展的。列宁很赞成恩格斯在对待革命途径这个问题上，既小心谨慎又没有被束缚在书本上。事实上，无产阶级夺取国家政权的革命斗争是一件极其复杂的事情，它不可能在每一个国家都千篇一律地采取同一种模式，无产阶级只能根据当时的条件和本国具体情况，从实际出发去探索实现社会主义的方法和道路。

无产阶级专政学说是马克思主义国家学说的核心，列宁做了进一步的丰富和发挥。他认为无产阶级专政是社会主义革命取得胜利的主要条件之一，它的发生是历史的必然。因为在无产阶级夺取政权以后，在从资本主义向社会主义改造的过程中，在推翻资产阶级并完全消灭资产阶级的过程中，资产阶级绝不会心甘情愿地退出历史舞台，必然进行疯狂的反抗。无产阶级为了镇压这种反抗，为了领导广大劳动人民成功实现向社会主义的过渡，就必须建立自己强有力的国家，即无产阶级专政。

关于民主和专政的问题，列宁认为，民主作为一种政治制度，意味着由谁来统治，谁来掌握国家权力。无产阶级专政就是无产阶级和广大劳动人民当家做主的政治制度，它本身就已经包括了无产阶级民主的内容，它保障劳动人民真正参加国家管理，享受广泛的民主权利，是阶级社会中最高类型的民主。而且没有无产阶级民主，就会失去广大劳动人民的拥护和支持，无产阶级专政也就无从谈起了。

列宁又指出，无产阶级专政的国家政权根本区别于一切剥削阶级的国家政权，它所建立的是新型民主和新型专政的国家。资产阶级民主，只是少数富人的民主，是虚伪的，残缺不全的，它的实质是资产阶级专政。无产阶级专政的国家政权，除了对极少数剥削者实行必要的镇压外，第一次为大多数人民提供了充分享受民主的权利，是真实的，有效的。无产阶级也只有最大限度地不断发展民主，才能更快地推动社会前进。

列宁还强调无产阶级专政的国家必须坚持无产阶级政党的正确领导，否则无产阶级就不能担当起反对资产阶级的人民革命的领导作用，就不能领导全体人民去推翻资本主义和建设社会主义。

同时，列宁也深刻认识到无产阶级专政是领导者的无产阶级和被领导者的非无产阶级（主要指农民）间的特殊形式的阶级联盟。工农联盟是无产阶级专政的阶级基础，是无产阶级专政的最高原则。

列宁在集会上发表演说。

关于国家消亡的问题,列宁清楚地指出国家终究是一个历史的范畴,它有一个产生、发展和消亡的过程。

在共产主义社会的第一阶段,即社会主义社会,国家不会完全消亡。无产阶级还需要国家来保卫生产资料公有制,来保卫劳动的平等和产品分配的平等。

只有到了共产主义的高级阶段,即完全的共产主义社会,国家才会完全消亡。到那时,工人和农民之间、城市和乡村之间、脑力劳动和体力劳动之间的差别都已经消失了,阶级也就彻底消灭了。而且,劳动不再是谋生的手段,它成为人们生活的第一需要,人们能自觉地习惯于为社会的利益贡献自己的才能。社会生产力高度发达,人们实现了"按需分配",彼此之间的贫富差距彻底消失。这样一来,产生违反社会公共生活规则行为的社会根源彻底铲除了,不再需要任何强制力量了,就连社会主义的非政治国家制度也成为过时的东西而不再需要了。只是存在一些公共事务的管理机构,但它已不再带有阶级统治的性质。管理工作人人都可以承担,工作人员也大大减少。共产主义社会将是一个没有国家的生产者自由平等的联合体。

列宁意味深长地说了这样的话:"我们只能谈国家消亡的必然性,同时着重指出这个过程是长期的,它的长短将取决于共产主义高级阶段的发展速度。"列宁的话,恰如一盏指路的明灯,给我们提供了国家消亡的正确思想。

学说发起人	学说发起时间	推荐理由
杜黑	1921年	意大利军事理论家杜黑对空战的推崇、空军的重视等一系列想法，推动了欧洲各国的空军建设跨上了一个崭新的台阶，使战争由平面转为立体，跃入了富有革命气息的三维空间！

奠定现代空军军事理论的杜黑空军军事思想

背景搜索

自古以来，人类都对自由飞行于蓝天充满了无比的期盼和热切的渴望，当1903年美国莱特兄弟把第一架飞机送上天空时，人类便开始不断拓宽自己的活动空间，同时也为战争开辟了新的领域。

两次世界大战为杜黑的空军军事思想的诞生提供了多方面的条件。

一战期间，空军的协助参战，带给了杜黑很大的思考空间。虽然在一战中，飞机的数量有限，性能低下，作战规模也不大，但其发挥的作战威力却不容忽视。然而各国由于忙于战事，都还没来得及系统地总结空中作战的经验教训，没有形成系统的空军学术思想。这就为杜黑的空军军事思想的产生提供了现实基础。

而在两次世界大战之间的时间里，飞机的性能有了很大的发展，航程、速度等方面都有了明显的提高，飞机的专业分工也随之日趋完善，为飞机的作战使用提供了物质基础。许多军事理论的先驱者都开始从飞机性能上来预测未来战争中飞机能够做什么，并提出了空军的作战使用理论，杜黑成为其中富有卓见的代表人物。

朱里奥·杜黑（Giulio Doubei，1869年至1930年），意大利军事理论家。他于1921年写成的《制空权》一书，全面宣传了空军制胜论学说。这一学说奠定了现代空军军事理论的基础，带来了传统军事理论的又一次革命。后来杜黑又著述了多本空军军事著作，从不同侧面对他的空军军事思想进行了深入的补充与完善。

学说内容

杜黑用明确的语言指出，航空为人类开辟了一个新的活动领略——空中领域，其结果必然会形成一个新的战场。对于住在地球表面的人类来说，天空比海洋具有更大的重要性。因此，没有什么理由能阻止这一结论的降临——天空是个同等重要的战场。

杜黑提出飞机用于军事必将引起战争的革命，导致传统战争样式发生革命性变化，空中战场将是未来战争中的决定性战场。

飞机在行动和方向上享有高度自由，这样空中武器就扩大了进攻的优势，缩小了防御的优势，它能以闪电般的速度给敌人以致命的打击，快速结束战争。而在地球表面上的人们根本不能做任何事情去干扰、打击在空中自由飞行的飞机。凭借这些优势，空军必然成为一个在战争中能在其他军种以前取得决定性胜利的力量。

尽管杜黑突出了空军的重要性，但是这并不意味着杜黑主张仅仅通过空军就能单独赢得战争。相反，他认为陆、海、空三军是一个不可分割的整体，为了获得最大的胜利，陆、海、空三军应相互协调，三军按某一定比例保持某种合理的配置。其中，空中力量应给予最高值。

空中力量的作战使用应遵循三条原则：一是空中力量永远应当集中使用；二是在尽可能短的时间内给敌人造成最大的损害；三是要在准备承受敌人空中进攻的同时，对敌人进行最大可能的进攻。

最关键的是，杜黑提出空军要获得战争的胜利，必须"夺得制空权"。所谓"制空权"是绝对制空权，不是相对制空权，它指的不是高度空中优势或航空兵器的优势，而是指既能阻止敌人飞行，又能保护自己飞行的这样一种态势。

那么如何夺取制空权呢？杜黑一再强调只能通过空中进攻，只能依靠一支强大的空军，只有具有足够力量的独立空军才能确保国防安全。

具体地说，空中进攻就是力争把敌人的飞机消灭在机场上和工厂里。它最大的优势就

▲ "二战"中，德国的轰炸机编队。

体现在掌握着战争的主动权，自由地选择攻击目标，并集中优势兵力，突然给敌人以猛烈打击，从而最大限度地摧毁敌人的空中力量，夺取制空权。

另一方面，杜黑之所以如此重视用空中进攻来夺取制空权，还因为他认为通过空战是无法夺取制空权的。如果使用空军在空中寻找敌人，那将会劳而无功，是一种直接或间接的失败。

所谓"独立空军"，就是组成能够夺得制空权的空中力量的所有航空兵器的总体。

一支独立空军的构成包括最大限度的轰炸力量和与敌人实力成比例的空战力量。其主要成分永远是轰炸机和战斗机，尤其是轰炸机。

成为一支合格的独立空军必须满足以下两个条件：一是能够夺得制空权，这是最重要的条件；二是夺取制空权后，有力量摧毁敌人物质和精神上的抵抗，这是必需条件。一旦

▲ "二战"中,日本突袭珍珠港后,美国于1942年4月18日出动16架战斗机对日进行大规模空袭。

具备了这两个条件,那整个战争的结局就将决定性地取决于独立空军的力量了。

独立空军夺取制空权最有效的方法是摧毁敌机于地面,这道理与想要打下空中飞翔的鸟,却去袭击它在地面上的巢和蛋的事理如出一辙。

对于防空问题,杜黑持有自己独特的见解。他反对把防空作为战略问题来考虑,他认为防空应只限于那些能减小空中进攻效果的做法。

防空方式无论是空中防御还是地面防御,在他眼里都是不足取的。

真正有效的防空只有采取进攻的方式将敌人的空中力量摧毁在地面上,才能真正削弱敌方的空中力量,阻止敌人的空中进攻。未来的战争只能是"用进攻来防御"。

杜黑还提出了军事航空后备力量建设的思想。为了国家安全,他建议国家应该促进民航的发展,作为空军的后备力量。民航活动本身就是储备国防力量的一种手段。在战争期间,要创造条件使它们尽可能迅速转换为战争工具,努力建成一支在国家需要时能改造为强大军用空中力量的强大民航。

他也主张发展各种民间航空活动,如举办航空比赛、飞行表演、航空展览等,以吸引广大民众尤其是青少年关心航空事业的发展。

杜黑呼吁成立军事学院和军事科学院,以培养一批与时代同步的军事人员。

学说发起人	学说发起时间	推荐理由
梅奥	1924年	梅奥的人际关系学说强调人的因素，这是对西方传播管理思想的一个革新，开辟了关于人的心理与行为的研究，对今天的社会人际关系有着深远的影响和指导意义。

开启现代管理艺术之门的梅奥人际关系学说

背景搜索

爱尔顿·梅奥（Elton Mayo，1880年至1949年），是原籍澳大利亚的美国人，美国艺术科学院院士。1926年开始在哈佛大学任教，并于次年接手了对管理学影响巨大的霍桑试验，他以试验结果为基础，形成了自己的管理思想，即"人际关系理论"。他的代表作是《工业文明中人的问题》，这本书包括了梅奥主要的管理学思想。

霍桑试验大体上由三个阶段组成，即实验室研究（1924年至1928年）、访谈研究（1928年至1931年）和观察研究（1931年至1932年）。

实验室研究包括两个试验，一个是车间照明试验，一个是继电器装配试验。通过对比，试验人员发现，车间照明条件的变换与工作效率并没有必然的关联，他们无法确定改善照明对于生产效率有什么积极的影响；在第二个试验中，研究人员发现，把工人从融洽的人际关系中隔离开来，即使不断提高福利，也没有提高其生产积极性，然而让被试者回到自己熟悉的工作氛围中，取消那些福利措施，生产并没有减少，反而提高了。继电器装配试验的结论是：人际关系比福利措施显得更为重要。

通过大规模的访谈，他们得出一个更具体的结论：管理者与工人的人际关系是决定管理效率的最重要的方面。

第三个阶段是观察研究，研究指向员工中形成的非正式组织，研究这些非正式组织在提高生产效率、维持良好的人际环境方面的积极意义。

梅奥的人际关系理论正是在这一系列的试验、访谈、观察中形成的，霍桑试验的结论成了梅奥管理学理论的主要来源。

学说内容

霍桑试验的结论构成了梅奥的人际关系理论，具体体现在他的专著《工业文明中的人的问题》中，发表于1933年。

人际关系理论与此前以泰勒为代表的科学管理思想形成了强烈对照，主要内容可以概括为以下四点：

第一点，梅奥提出，工人是"社会人"，他们不仅追求物质，追求金钱，还有精神、社会、心理等方面的需求，比如追求友情、安全感、归属感，还有被人尊重、被人承认的感觉，不是单纯的"经济人"；工人不只是生产过程中的"机器"，他们不是整齐划一、机械地存在，而是有创造力、有各自特点、有各自想法的个体。所以应该用一种人性化的眼光，把他们看成不同的个体，分别对待。把他们看成"社会人"，尊重他们多方面的需求，这样才能提高他们的生产积极性。

具体应该怎样去做呢？梅奥提出了许多可供借鉴的经验：用适时并且恰如其分的夸奖，让员工得到被承认的喜悦感；在精神和物质两方面嘉奖表现突出的员工，以鼓励先进，激励士气；诚心诚意关心员工的福利和生活状况；用各种方式对员工进行培训，给他们创造继续深造的环境，帮助他们成长；广开言路，发挥员工的创造力，为公司的发展注入活力等等。这些措施在今天的企业

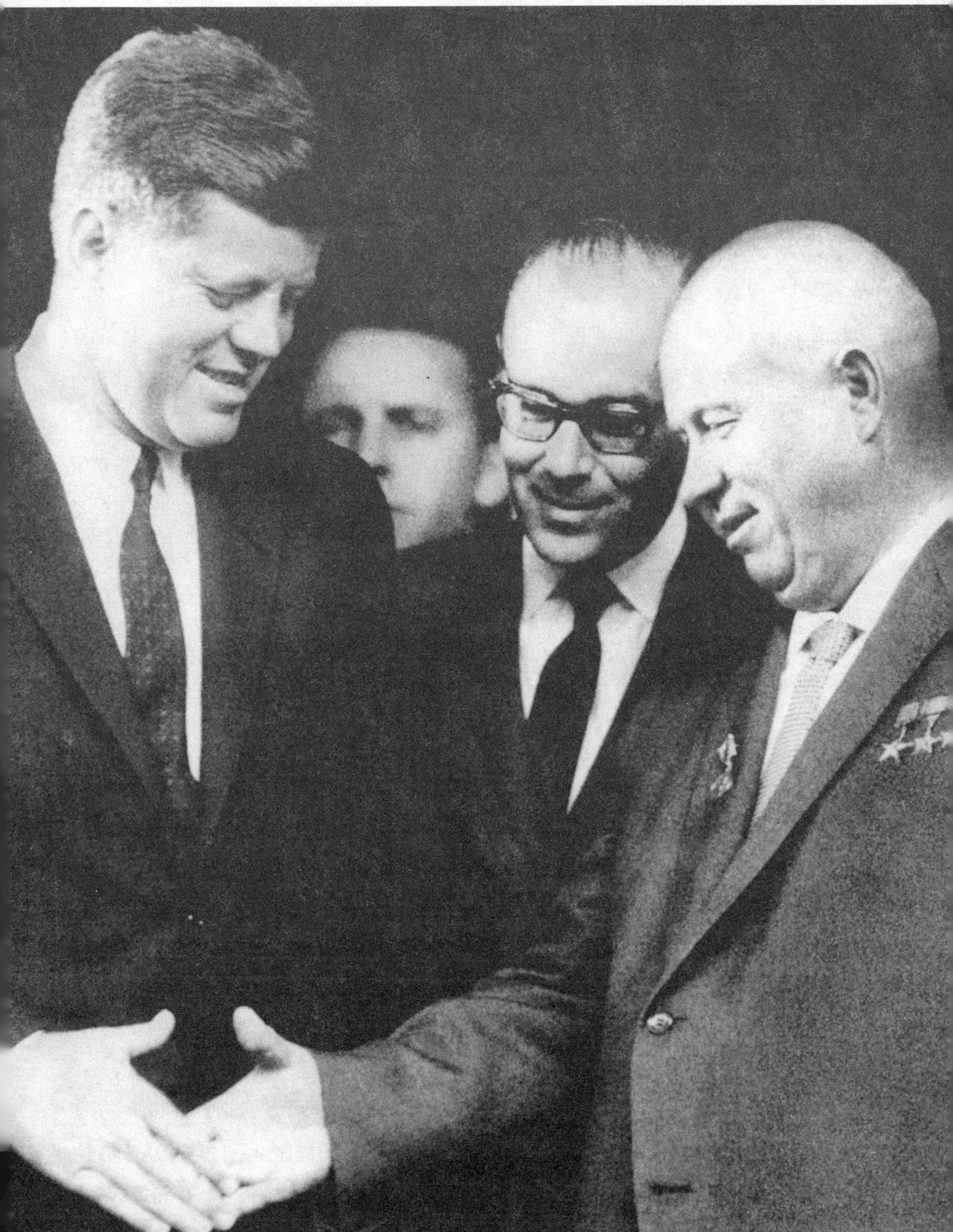

管理文化中，仍然具有很强的指导意义。

第二点，梅奥认为，在企业这个正式组织中，存在着各种非正式组织。企业成员因为共同的兴趣爱好走到一起，逐渐形成企业中的非正式组织。在这里起作用的不是规章制度，而是感情；非正式组织中的成员相互谈论的话题可能和工作有关，也有可能是桥牌、或者电影这些和枯燥的工作没有关系的事情；他们可能是上、下级关系，也有可能是同级的关系，可能是一个部门的，也有可能是跨部门的，但是在非正式组织中，这些人的往来基本和这些因素没有关系，他们之间相互是平等的。

对于非正式组织，企业管理者应该怎样正确对待呢？首先是重视其存在，看到它的存在是一种普遍现象，不应该置之不理。其次，应该加以一定的引导，使之有利于正式组织目标的实现。

第三点，梅奥通过霍桑试验认识到，工人的工作态度和士气是影响工作效率的关键因素，而这些因素和工人的满足程度相关。所以，提高生产效率的途径主要是提高工人的满足感和工作满意度，用梅奥的一句形象的话说，"快乐的工人是生产效率高的工人"。

是什么因素决定着工人的满意度呢？梅奥指出六个主要因素：薪金与报酬、工作本身、晋升机会、管理方式、工作中的人际环境、工作条件。

高明的管理者应该能使自己的员工充满干劲，提高他们的工作满意度。具体有哪些经验可供参考呢？

首先是用人之长，没有一个人是十全十美的，管理者应该多注意员工各自的长处，并让这些长处充分发挥，不要老想着他们的毛病；和员工保持良好的感情，注意多进行沟通和交流，聆听他们对于工作的想法和创见，甚至是他们苦恼的私事；学会表扬和肯定员工的每一分努力，以及取得的成绩，这样做，可以使员工有一种被承认的感觉，从而产生一种使命感，更加努力地投入到工作中；分配工作的时候要因人而异，对于那些喜欢挑战的员工，不要安排单调的、轻易就可以完成的工作，对于那些年轻人，要放手让他们接受挑战。

第四点，企业的管理人员必须具备处理人事问题的能力。其实这点正是梅奥在前三点中一再强调的。

员工是"社会人"，不是生产环节中的"机器"，企业的运转不仅包括物质生产，还有复杂的人事关系。这种关系包括了下属成员之间的相互合作与沟通，还有领导者和员工这样的上、下级关系。管理者应该有处理这些关系的能力，为企业营造出一个相互理解、高度合作的氛围。

学说发起人	学说发起时间	推荐理由
海德格尔	1927年	存在主义是20世纪影响最大的哲学流派之一。海德格尔对存在问题的执着追问和深刻思索，给人们带来了心灵上的震颤，引起了现代人普遍的关注和探究。

标志着存在主义发端的海德格尔存在主义哲学

背景搜索

马丁·海德格尔（Martin Heldegger，1889年至1976年），德国著名哲学家。他作为这一学派的创始人，集众家之长，将很多现象学的方法融会贯通于自己的理论中，形成了气势恢弘、博大精深的海德格尔存在主义哲学学说。

海德格尔的主要著作有：《存在与时间》、《什么是形而上学》、《真理的本质》、《论人道主义》、《关于技术的追问》、《林中路》等，从本质到现象，从抽象到具体，无一不是对人的存在的反思。

20世纪上半期，两次世界大战的爆发给人们造成了前所未有的破坏和危害，人们的心灵遭受到空前的震撼与伤害。战争把人的尊严与价值、人的理性、人类的命运等都变成它随意践踏的对象。作为两次世界大战的发起国和战败国，德国承受着更为深重的苦痛。整个社会愁云满布，人们感到前途渺茫，苦闷彷徨，消极悲观。战后，技术越来越发达，异化现象也越来越严重，人们由于无法摆脱这种不可捉摸的盲目力量

海德格尔认为世界上的一切事物都不能离开人而单独存在，所以，即使是无形的时间也会由时间老人来掌握和管理。图中的人物形象为维纳斯和时间老人。

而陷入忧虑、烦恼、恐惧和绝望之中，这就成为海德格尔存在主义产生的肥沃土壤。

学说内容

海德格尔自称是本体论哲学家，他的基本本体论是在反叛传统本体论的基础上建立起来的。存在问题是海德格尔全部哲学的核心。

海德格尔对"存在"和"存在者"进行了区分。他认为天地万事万物都是存在者，存在者就是已经具备了规定性的东西。而存在则意味着一种可能性，一种潜在的东西，是人的存在或自我存在。世界上一切东西都不能离开人而存在，世界存在的真正性就在于自我存在。

海德格尔指出，自我存在的最基本特征是它的"时间性"，它在时间上是有限的。它有自己的开始，有自己的终结，死亡则是自我存在的时间限制。时间正是个人存在的方式，自我存在就处于时间之中。

但海德格尔所讲的时间并不是客观的东西，而是主观的东西，是未来先于过去的时间。人总是不停地超越自身而趋向未来，总是在不停地谋划着，不断地提出新的目标和计划，趋向于新的可能性。这就是说，存在不断地超出自身，从而走在它自己的前面，存在只能当做可能性或未来来理解。

海德格尔进一步说明，由于自我存在的时间限制，人的存在就是在向死奔跑，死是"自我或存在的最高可能性"。在海德格尔眼中,死就是人如影随形的东西,就是一个深渊,在人生旅途中,随时可能跌下去。只有当人经受苦难和折磨,特别是面临死亡时,人们才会从世俗生活中摆脱出来,回到真正的自我。

在阐释"死亡本体论"的基础上,海德格尔建立了自己的人生哲学。他将人的生存状态分成三个相互联系的环节。

其一是"先行于自身",又叫"谋划"。海德格尔是把存在当做"未来"来理解的,人不断地超越自身而趋向未来。人的存在处于无限的可能性之中,他从不执着于当下的存在,他要按照自身的可能来谋划自己、设计自己、选择自己、超越自己。这样的存在是自由的,是自我的真实状态。

其二是"已经在世界之中",又叫"被抛"。每个人的出生并不经过自己的谋划,他被莫名其妙地抛向这个世界。他一生下来就碰到既定的种族、既定的时代、既定的国家、既定的家庭、既定的人际关系。他只能面对命中注定的环境,把现存世界当做自己活动的舞台。

其三是"此处的存在",又称为"沉沦"。人们面对异己的环境,但又无法制止它,只能把现存世界当做自己的家。他要有所作为,必须全身心地投入到现存世界和世俗事务中,忙忙碌碌地与各种各样的人、事、物等打交道,在这样的周旋应酬中丧失自我,让自己淹没在存在者的群体中。

这三者中,海德格尔认为,"先行于自身"是最本质、最重要的环节。人应该成为自己,按自己的本来面貌生活,按自己的意愿来创造自己。但在现实中,大多数人受着异己力量的控制和掌握,从属于别人的意志,而与自己的本质相疏远——"他人都是他人,而没有一个人是他本身"。

在海德格尔看来,人的异化、沉沦是由普通人的统治造成的。但人之所以陷入普通人中,还是由于自己的软弱造成的。要回到自我的本真状态,从普通人的主宰中挣扎出来,就必须意识到人的存在是"向死而存在"。人只有真正领会和懂得了死,才能领会和懂得生,才会从死亡中反跳出来,获得生的动力。所以,死并不在生存之外,而是在生存之中。海德格尔坚决主张"先行到死"。

海德格尔相当重视技术对人的生存状态的深刻影响,他对技术的反思构成了他晚年思想的主旨。

海德格尔认为,人们通常把技术理解为人为达到某一目的的手段,但这并不足以揭示现代技术的本质。在他看来,古代技术是人与自然的和谐共处,技术与自然保持一致。如古代的风车利用的是自然的能量，有风则转，无风则止，完全顺应自然。然而现代技术则不同，它常常将人类的意志强加于自然，迫使事物进入非自然的状态。例如，它让花卉植物等在暖房里催发、生长，完全不管自然的规律。

自然在技术的操作下，失去了自己原本的生存方式，成为技术的附属物。人们只看到自然物对技术的有用性，忽视了它的丰富内容。海德格尔把这种在技术系统中呈现出来的东西叫做"持存物"。每一件事物都丧失了独立性，沦为技术的奴隶。人也一样，必须按照技术的要求呈现自己，人也不可避免地成为持存物。

那么，现代技术为何具有如此强大的力量呢？海德格尔认为"现代技术的本质在于座架"。所谓座架，就是将人和物纳入某一规范系统而展现出来的方式。

西班牙名画《菲利普二世的梦》。

海德格尔对技术本质的追问是为了探讨技术和人的历史命运的关系。他认为人的生存是出于天命的要求，每个人都不是按照自己的愿望来到这个世界的，将人抛到人世间来的就是存在的天命。通过天命，一切事物的本质就被规定了，人的自由就是投入到天命中去。而存在天命的显示方式是多种多样的，比如，座架、技术就是天命的方式。所以，技术对人来说，是合理的。

海德格尔后来对古代东方思想很是推崇，热衷于禅宗佛学和老庄哲学，积极倡导人类在"天人合一"的境界中回到自己的本真。

确实，海德格尔的一生都在苦苦探寻着什么是存在、人是怎样存在的、又该如何存在的问题。他对人的关怀，生命的尊重都充满了由衷的热情与真诚。

学说发起人	学说发起时间	推荐理由
毛泽东	1928年	以毛泽东为代表的中国共产党人根据马克思主义的基本原理，从中国的国情出发，创造和积累了指导中国革命战争的独特经验，经过理论的概括，形成了中国人民克敌制胜的军事理论。

堪称农民革命运动军事理论宝库的毛泽东军事思想

背景搜索

毛泽东（1893年至1976年），字润之，湖南湘潭县韶山冲人，中国无产阶级革命家，中华人民共和国的缔造者，伟大杰出的马克思主义者，也是影响20世纪全球历史进程的世界性巨人，以其名命名的毛泽东军事思想为中国革命的胜利提供了最科学、最先进的理论武器。

任何一种科学理论的产生都离不开特定的历史条件，毛泽东军事思想是在中国革命战争的历史需求中产生的，并随着战争实践的推移不断发展。它形成于土地革命战争时期，成熟于抗日战争时期，并在解放战争和社会主义时期不断丰富和充实。

学说内容

什么是毛泽东军事思想呢？它是马克思普遍真理和中国革命战争具体实践相结合的产

井冈山会师标志着中国革命一个新的历史时期的到来。

物,是整个毛泽东思想科学体系中的重要组成部分,是具有中国特色的马克思主义军事理论,是中国共产党及其领导的革命军队集体智慧的结晶。

它是一个科学、完整的无产阶级军事理论体系,主要有以下五个方面的内容支撑:

一、战争观与方法论

毛泽东同志自觉运用辩证唯物主义和历史唯物主义观察和解决中国革命战争的基本问题,形成了具有自己特点的战争观和方法论。它是构成毛泽东军事思想的理论基础,是毛泽东军事思想的重要组成部分,可从多个角度加以把握:

首先,战争的本质观。

战争的真正根源正是阶级的产生和存在,私有制则为阶级的出现创造了前提和条件。而帝国主义与霸权主义的存在,则是现代战争的根源。

战争的本质就此可正确理解为"战争是政治的继续",是阶级斗争在一定发展阶段上的"最高的斗争形式","政治是不流血的战争,战争是流血的政治"。

接着,战争的性质。由于战争是政治的继续,战争的政治目的不同,就使战争的性质有了区别。区别战争性质,关键要看进行战争的阶级在社会中所处的地位。看他们通过战争要达到的政治目的,以及这种战争在历史发展中所起的作用。

其次,战争的规律。毛泽东认为战争的规律是客观的,不以人的意志为转移,可以分成两类：一般规律和特殊规律。正确地研究和指导战争，既要熟知和运用一般的战争规律，又要熟识所从事的具体战争的特殊规律，防止不分战争的性质和时间、地域等差别的教条主义和经验主义。

最后，战争的矛盾分析方法和全面的分析方法。

二、关于人民军队的思想

毛泽东军事思想科学地解决了在中国创建革命军队的问题，形成了系统的关于人民军队建设的理论。人民军队就是指中国共产党领导的，为保障广大人民的利益而建立、而战斗的无产阶级性质的新型军队。具体思想可分为以下几点：

首先，军队的宗旨。人民军队的唯一宗旨是全心全意为人民服务。

其次，军队的任务。人民军队担负三大任务——打仗、做群众工作和生产，通俗地可概括为战斗队、工作队和生产队。这是新型人民军队同其他军队的显著区别之一。

再次，党对军队的绝对领导。确立中国共产党对人民军队的绝对领导，是人民军队建军的一条根本原则。

最后，关于军队的建设。毛泽东认为革命军队应加强正规化、现代化建设，建立统一制度，不断用现代化武器和技术装备部队提高战斗力；应加强教育训练，提高官兵科学文化知识水平和军政素质，大力开展群众性练兵活动，培养合格军事人才；应加强对军事科学的研究，把自己的战争经验上升为理论，同时借鉴古今中外军事思想完善中国的军事科学。

三、关于人民战争的思想

人民战争是毛泽东军事思想的核心。什么是人民战争呢？它是指为了人民利益，为人民所拥护和支持，并有广大人民参加的战争。其具体主张由以下几点构成：

第一，战争的力量来源。毛泽东认为战争伟力之最深厚的根源存在于民众之中。

第二，战争的依托。毛泽东指出在政治、经济发展不平衡的中国社会条件下，要首先在反动统治力量薄弱的广大农村建立革命根据地，作为进行人民战争的依托。

第三，革命战争要以人民的利益为出发点。

第四，战争的组织与斗争形式。人民战争具有一套独特的组织形式和斗争形式。这就是主力兵团与地方兵团相结合，正规军与民兵、游击队相结合，武装群众与非武装群众相结合的组织形式，以及以军事斗争为主与其他各条战线多种斗争方式相配合的斗争形式。

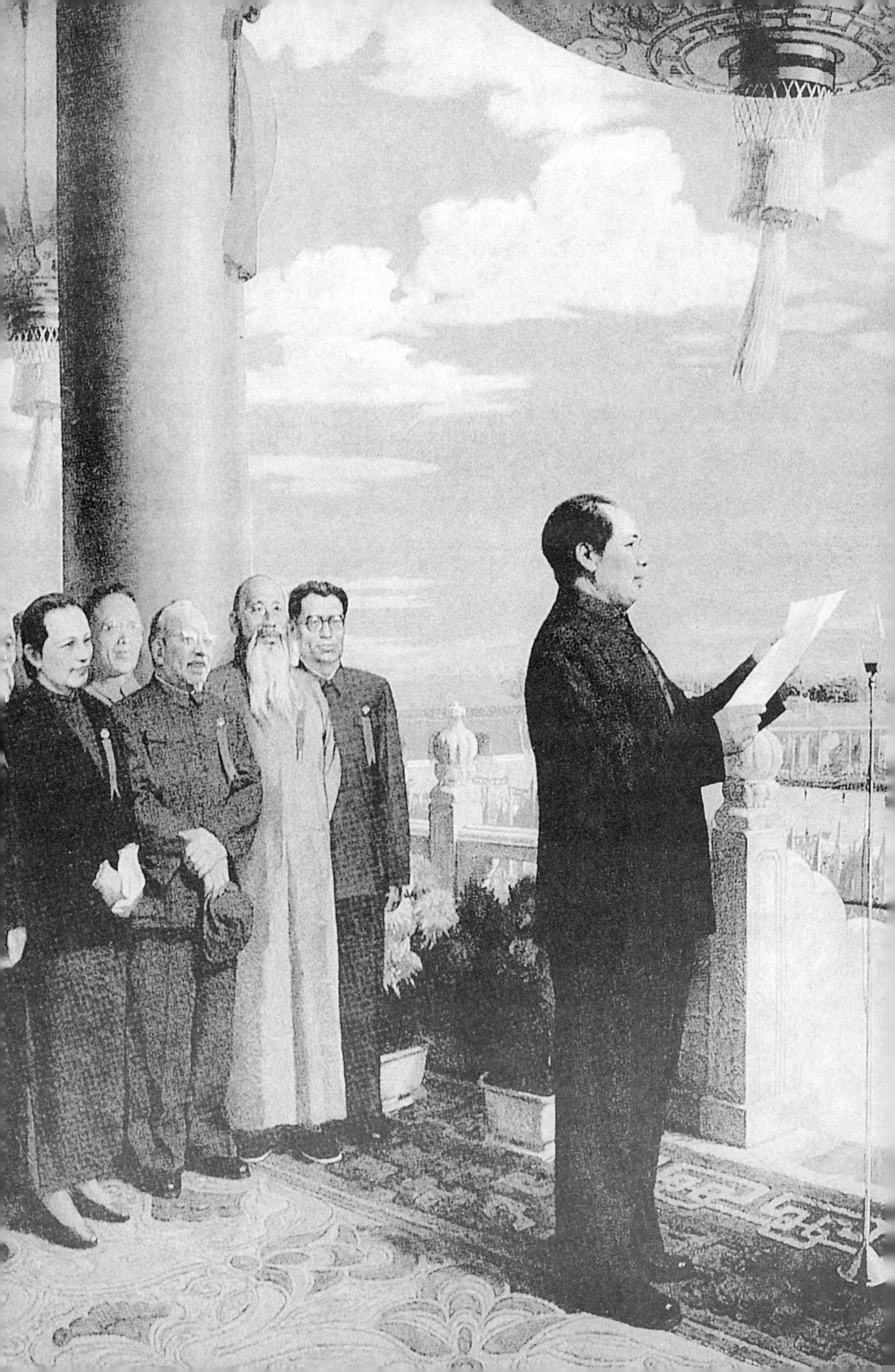

第五，人民战争应实行灵活机动的战略战术，确保战争的胜利。

四、关于人民战争的战略战术

毛泽东在长期的革命军事活动中创立了一整套人民战争的战略战术。其基本精神是：一切从敌我双方的实际情况出发，灵活机动，不拘一格，扬长避短，力争主动，利用矛盾，各个击破；进攻时反对冒险主义，防御时反对保守主义，退却时反对逃跑主义，有效地达到保存自己、消灭敌人的目的。

五、关于国防建设的思想

新中国成立之后，毛泽东在其军事学说中又添加了国防建设的重要论述。

他全力主张：发展国防现代化科学技术，加强武装力量建设，实行全民国防教育，增强战略后方、战场建设和物资储备。其间始终贯彻着这样的基本方针：国防建设服从经济建设，与国家经济建设协调发展；坚持独立自主，自力更生为主、争取外援为辅的原则；且军民结合，平战结合；坚持"两条腿走路"，尖端武器和常规武器并举。

同时，必须建设一支强大的现代化、正规化的革命军队。军队建设应保持适当规模，要提高质量，不断从低级阶段向高级阶段发展，建设多军种、兵种组成的国防军。

◀ 1949年10月1日，毛泽东在天安门城楼上宣告了中华人民共和国的成立。

学说发起人	学说发起时间	推荐理由
费弗尔、布洛克和布罗代尔等	1929年	年鉴学派是当今西方史学的一个主流学派，它不仅是当代法国史学的主流，而且深入渗透到西方史学研究的各个领域，对20世纪西方史学的发展产生了历久不衰的影响。

将历史的概念扩大到人类全部活动的历史学年鉴学派

背景搜索

1929年，费弗尔和布洛克联合创办了《经济与社会史年鉴》，标志着年鉴学派正式创立。吕西安·费弗尔（Lucien Febvre，1878年至1956年）出身于法国洛林地区南锡市的一个知识分子家庭，1902年毕业于巴黎高等师范学校，1911年获巴黎大学博士学位。费弗尔的主要著作有：《腓力二世与孔德省：政治、宗教和社会史研究》、《地理历史学导论》、《马丁·路德：一种命运》、《16世纪的不信神问题：拉伯雷的宗教》等。除此之外，费弗尔还出版了一本论文集，名为《为历史而战斗》，其中汇集了他1929年后在年鉴杂志上发表的大量关于史学理论的文章，全面系统地表达了年鉴学派的观点。马克·布洛克（Marc Bloch，1886年至1944年）出身于法国里昂的一个犹太人家庭，1908年毕业于巴黎高等师范学校，1920年在巴黎大学获博士学位，曾长期在斯特拉斯堡大学担任中世纪史教授。布洛克的主要历史著作有《创造奇迹的国王们》、《欧洲社会历史的比较研究》、《法国农村史的独特性质》、《封建社会》等。此外布洛克还有一本历史理论方面的著作《为历史而辩护：历史学家的职责》。

费尔南·布罗代尔（Fernand Braudl，1902年至1985年）是法国年鉴史学派第二代的宗师，被喻为20世纪尤其在第二次世界大战后最重要的史学家之一。他曾获牛津、剑桥、芝加哥等多所知名大学颁赠的荣誉博士学位，并于1984年当选为法国法兰西学院院士。布罗代尔于1902年出生在法国的一个教师家庭里，他的童年时代在洛林乡下度过，熟悉有关农业、植物、树木、家畜饲养等乡村生活。第二次世界大战爆发后，他应征入伍，在马奇诺防线上被德军俘虏，监禁达五年之久。在监狱生活的最后三年里，他与戴高乐支持者、法国犹太军官、67个法国神父、逃亡者、"法国军队的全部精华"、英国飞行员和荷兰、瑞典及波兰军官待在一起，也正是在那段时间，他用练习簿写成了第一本不朽的著作《菲利普二世时代的地中海世界》（以下简称为《地中海》）的草稿。1947年，出狱两年的布罗代尔完成了一千多页的论文答辩，获得了博士学位。《地中海》一书提出了关于三种历史时段的设想，成为年鉴派在历史认识论上的重要贡献。另外，《15至18世纪的物质文明、经济和资本主义》是布罗代尔的另一重要代表作，它为布罗代尔在当今历史学界中奠定了不朽的地位，并使某些史学家将注意力渐渐移转至物质文化和日常生活的研究上。

发动二战的希特勒和墨索里尼在向人群挥手。▶

学说内容

年鉴学派的发展大致经历了三个阶段：第一阶段从1929年至1945年，第二阶段从1945年至1968年，第三阶段从1968年至今。

吕西安·费弗尔和马克·布洛克是第一阶段年鉴学派的主要代表人物，他们的历史研究观点主要是：一是提倡总体历史学，主张把研究的触角伸入到人类历史的每一个细节中去；二是提倡对历史学进行跨学科综合研究，广泛应用历史学方法以外的社会学方法、心理学方法、计量方法和比较方法，并注意开拓史料的来源；三是对经济史、社会史和心理史给予足够的重视，其中经济史研究在一定程度上受到了马克思主义的启发；四是强调历史学与现实的联系，强调历史学家不断进取的精神；五是用问题史学代替传统的叙述史学，所谓问题史学即不是让史料自己说话，而是史学家带着现实中提出的问题进行研究，在语言表达形式上也由描述转向解释和分析。

第二次世界大战以后，年鉴学派进入其发展的第二阶段，其标志是原来的《经济与社会史年鉴》改名为《经济、社会与文明年鉴》，这一阶段的主要代表人物是费尔南·布罗代尔。布罗代尔认为，历史学之所以不同于其他社会科学，主要体现在时间概念上。布罗代尔将历史时间分为短时段、中时段和长时段三种。所谓短时段，也叫事件或政治时间，主要是历史上突发的现象，如革命、战争、地震等等；所谓中时段，也叫局势或社会时间，是在一定时期内发生变化形成一定周期和结构的现象，如人口的消长、物价的升降、生产的增减；所谓长时段，也叫结构或自然时间，主要指历史上在几个世纪中长期不变和变化极慢的现象，如地理气候、生态环境、社会组织、思想传统等等。他认为短时段现象只构成了历史的表面层次，它转瞬即逝，对整个历史进程只起到微小的作用；中时段现象对历史进程起着直接和重要的作用；只有长时段现象才构成历史的深层结构，构成整个历史发展的基础，对历史进程起着决定性和根本的作用。因此，历史学家只有借助长时段的观点，研究长时段的历史现象，才能从根本上把握历史的总体。这一观点成为布罗代尔全部历史思想的出发点。布罗代尔还强调地理因素对人类活动的极大限制作用,并把生态环境作为人类社会的一个系统引入历史研究领域,但他同时又反对地理环境决定论,认为人类生存发展的过程就是摆脱自然控制的过程。

　　1968年,史学家雅克·勒高夫和勒瓦·拉杜里接任《年鉴》杂志主编的职务,这标志着年鉴学派进入了第三个阶段。年鉴学派发展到第三阶段后,出现了一些新的变化:传统的年鉴学派提倡总体史学,把社会看成是一个有机联系的整体,而第三代学者却认为历史的间断性是决定一切的因素,同时,他们还十分重视历史人类学的研究。上世纪70年代以后,更多的学者开始转向精神形态史研究,涉及的问题更多、更广,如对生死观、对性和宗教的看法等,从而使跨学科的研究倾向得到进一步加强。

▼ "二战"后,盟军统帅麦克阿瑟在协议上签字,接受日本投降。

学说发起人	学说发起时间	推荐理由
弗洛姆	20世纪30年代	弗洛姆的人本主义学说力图克服和超越弗洛伊德泛性主义观念,与马克思的学说相联系,在更广泛的社会文化背景上关注人道主义的展开。

标志着人道主义进入新阶段的弗洛姆人本主义学说

背景搜索

埃里希·弗洛姆(Erich Fromm,1900年至1980年),当代美国著名的心理学家和哲学家。他出身于德国法兰克福的一个犹太家庭,早年在海德堡大学学习,获哲学博士学位,后来在德国法兰克福社会研究所工作,1934年因受纳粹政权迫害移居美国,并成为美国弗洛伊德学会的创始人。

弗洛姆的主要著作有:《逃避自由》、《为自己的人》、《健全的社会》、《爱的艺术》、《马克思关于人的概念》。他积极地回答了人性的问题,其所建立的人道主义学说成为西方人本主义学说的重要组成部分。

弗洛姆的思想无疑是对传统人本主义学说的继承与批判,但这不并是他随心所欲的选择,而是在对新时代有了清醒深刻认识的基础上,在丰富文化素养的自觉吸收下的成果。

在资本主义的巨大变化面前,很多西方思想家找寻着解决问题的方式和方法。弗洛姆在精神分析学、存在主义、哲学人类学等思想流派的影响下，试图把马克思的理论和精神分析的理论结合起来，将社会学和心理学糅合在一起，以解决资本主义社会中人们普遍异化的问题。所以，他一方面提出人的异化问题，对现代西方文明对人性的压抑发出强烈的抗议和批判，另一方面又充满理想主义精神，对人类的发展和未来始终抱有乐观态度，尤其对理性和爱充满信心，积极倡导"爱的艺术"，建构了一整套"爱的艺术"的理论。

学说内容

人性是什么？这是弗洛姆整个学说的思想起点。他分别考察了马克思和弗洛伊德关于人性的看法，再在综合他们二人观点的基础上提出了自己关于人性的见解。

弗洛姆认为，马克思主要关注的是人，他力图实现人的全面解放，但他过高地估计了经济和政治的作用，忽视了人的心理因素。正是在这一点上，弗洛伊德提供了补充。但弗洛伊德又过分强调人的生理、心理因素而忽视了人的社会性。弗洛姆感到，要全面认识人的规律，必须实现马克思和弗洛伊德思想的综合。

弗洛姆从生物进化论的立场解释了人性，认为人性是由人类生存的矛盾决定的。人类在进化的过程中，必然会遇到这样那样的生存矛盾，比如生与死，个体化与社会化等。

就在这些生存矛盾基础上产生了人类特有的生存需要。除了动物性的需要外，还包括爱的需要、超越的需要、自我意识的需要、献身目标的需要等。它们一起构成了人的全部精神力量的源泉，推动人们去适应环境、改造环境。

弗洛姆又从人与动物的区别来探索人性。他认为，人与动物的本质区别就是理性、自我意识和想象力，它们就是人的本性。

为了更好地说明人性，他提出了三个新范畴：

社会性格。这一概念是对弗洛伊德的性格概念的补充。它是指大多数社会成员性格结构的基本核心，是在人共有的生活方式和基本经验中发展起来的。社会为了自身的顺畅运行，将一套共同的要求施加在人们身上，人们为了在社会上生存下去，必将适应这些要求。于是社会性格就此形成。

社会无意识。这也是在弗洛伊德无意识概念的基础上修正得来的。它是指社会大多数

《麦琪的礼物》——一个关于爱的故事。

人所共同被压抑的经验,是决定人们行动的内驱力。它往往通过社会过滤器(语言、逻辑和社会禁忌等)将不符合社会要求的意识排斥在意识之外而生成。

社会自恋。这是弗洛姆将弗洛伊德的自恋范畴运用于群体而得出的结论。在他看来,种族、民族、国家、宗教、政党以及各种社会群体都具有自恋倾向,并常常通过强化这种集体自恋使群体得以生存和巩固。但弗洛姆更担心由此引起的灾难,而强调超越诸种集体组织,以人类社会为自恋对象。

可见,弗洛姆竭力将弗洛伊德的学说与马克思的学说调和起来创立自己的学说。在此基础上,弗洛姆提出人性毕竟是不同于动物本能的东西,它虽然不是永恒不变的,但它也有自身固定的要求,主要表现为:

人的相关性和自恋性,人一方面迫切需要建立与他人的相关性,另一方面人又都有维持自我而不与他人融合的自恋性;人的超越性,人要求超越自己消极的生物状态的强烈意愿;人的根性,人类丧失了与自然的密切关联,必须寻求新的命脉所在;人的认同性,也就是自我肯定和自我意识;人的理性和非理性并存于人性中。

在这些人性的固定需要中,最重要的是爱和工作。

所谓"爱",不是把自己迷失在别人那里,也不是占有别人,而是肯定自己、肯定他人,把自己和他人合为一体。爱之所以是人的重要需要,是因为只有爱才能使人摆脱隔离和孤独。

所谓"工作",不是为了逃避孤独,也不是为了主宰自然而做,它是一种创造,借着创造的行为,人和人合而为一。工作之所以成为人最重要的需要,原因在于它是人个性的发挥,是自我的实现。

所以,一个精神健全的人,具有爱与创造的能力和自我肯定的能力,是自己本身力量的主宰。他以爱、理性和信心生活着,既尊重自己也尊重他人的生命。而一个健全的社会就是培养这样的人的摇篮,必须与人性的需要相一致。这成为弗洛姆批判资本主义社会的武器。

资本主义社会普遍存在着异化的现象。它从根本上违反了人性的要求,人和人的关系堕落为物与物的关系,人自身堕落成自动化的机器。人们不能再去爱,不能再理性地面对这个世界,人的自我意识和生命尊严消失殆尽。这样的社会仿佛已离专事吞噬生命的地狱不远了。

那么该如何把人们从这个病态的社会中解救出来呢?这就需要建立一个真正以人为中心,真正满足人性需要的健全社会。

具体地说,该怎么办呢?弗洛姆反对暴力革命,他提出:"唯有在工业和政治组织上、在精神与哲学方向上、在个性结构上、在文化行动上同时有所改变,才能到达健全与精神健康之境。"这就是他提倡的经济、政治、文化和精神全面齐头并进的改革,他把这个社会改革方案称为"激进的人道主义"。只有这样,人才能摆脱异化,才有可能不会成为机器。

但弗洛姆又认为,所有这些改革都不能强制进行,必须要依靠人自身的彻底觉醒。那么,如何才能唤醒人的觉醒呢?弗洛姆求助于弗洛伊德的精神治疗原则。他说,通过精神分析,可以使人看清人性的需要和导致痛苦社会的症结,看清无意识的存在,从而摆脱那些非理性的和破坏性的欲望冲动,运用爱和理性的力量去发展人与世界的非异化世界,以此真正消除人的痛苦,获得自由与快乐。

从以上可以看出,弗洛姆的学说是着眼于对现实问题的解决而提出的,并不是无本之木、无源之水。

学说发起人	学说发起时间	推荐理由
霍克海默尔等	20世纪30年代	法兰克福学派,是20世纪60年代流行于西方的一个社会哲学流派,是当今西方世界中流行最广、影响最大的一个"西方马克思主义"流派。

"西方马克思主义"法兰克福学派的批判社会理论

背景搜索

　　法兰克福学派得名于1923年成立的"社会研究所"。该研究所始建于德国的法兰克福,是第一个以马克思主义为方向的研究中心,隶属于德国一所主要的大学。

　　1930年,霍克海默尔继任研究所第二任所长,他为该所的哲学理论——"批判的社会理论"奠定了基础,并将许多卓有才华的理论家——包括弗洛姆、马尔库塞、阿道尔诺——网罗在自己身边。在霍克海默尔的主持下,研究所试图发展一种跨学科的社会理论,用以作为社会改革的一种工具,其成果体现在他们的刊物——《社会研究杂志》上,这份杂志所刊登的大量文章和书评至今仍然值得一读。霍克海默尔时期,研究所的第一项主要计划就是系统地对权威加以研究,对那些服从于独裁政权的、非理性权威的个人进行调查研究。在20世纪30年代,法西斯主义是研究所主要关注的问题。由于研究所的大部分成员既是犹太人又是马克思主义激进分子,所以在希特勒掌权以后,他们不得不逃离德国,大多移居美国。多年以来,研究所把"批判理论"作为一个旗号,一直在试图寻求一种激进的、跨学科的社会理论。

第二次世界大战后,联邦德国政府于1949年至1950年间邀请社会研究所迁回法兰克福,而马尔库塞则继续留在美国,从此,该学派主要成员就在联邦德国和美国两地开展活动。上世纪五六十年代,在发达的资本主义国家里,出现了一个"新左派"潮流。在"新左派"运动中,法兰克福学派的一些著作,特别是马尔库塞于1964年发表的《单向度的人》和阿道尔诺在1966年发表的《否定的辩证法》被奉为经典,马尔库塞则成了新左派的"精神之父"、"先知"和守护神。到了20世纪60年代末,法兰克福学派达到了鼎盛时期。

学说内容

霍克海默尔在理论上的成就主要在于他所标榜的"批判的社会理论"。他认为第二国际的首脑们使马克思主义发生了从"批判性"到"科学性"的转变,使马克思主义逐渐失去了批判的精神。所以,他主张恢复马克思主义的批判精神,使之重新革命化。

在马克思主义理论方面,阿道尔诺受卢卡奇的《历史与阶级意识》影响很大,特别是卢卡奇的社会关系"物化"的概念,即马克思所说的"商品拜物教"成为阿道尔诺理论的出发点。他在与霍克海默尔合写的《启蒙的辩证法》中,详尽地描述了启蒙运动所倡导的"理性"走向自己的反面,变成了法西斯主义和帝国主义的过程。问题的核心是:在资本主义发展过程中,理性思维将自身对象化了,首先把自己变成数学公式,然后又转化为机械和工具,结果是废除了思想自身。在此过程中,人本身也异化了,成为物质生产操作体系中的一个节点。大工业的出现,使人和人的精神完全物化了。与此同时由于把物"生命化"了,反过来使人从属于物。现代科学所倡导的"系统分类"思想是完全符合工业社会利益的,它把人和物都变成重复出现和可以取代的过程和系统概念中的一个例证。最后,资产阶级也被集权的卡特尔大亨所剥夺。理性的批判将宗教和道德也化为乌有,代之以极权统治。政府必须控制人口,必须掌握一切可以消灭人的手段,以便在他们感到害怕时消灭他们,感到需要时增加人口。结论是,理性——反对权威的原则已经变成了他的反命题——反对理性。启蒙运动,一旦阻碍了占统治地位生产方式的发展,就会把自己消灭掉。在美学和艺术领域,阿道尔诺也贯彻了他的批判和否定精神。他提出了"反艺术"的概念,用以说明艺术坚持自己为艺术,反对把自己变为商品和消费品。他主张恢复自然美在美学中的地位,探讨了模仿与艺术表现的关系,充分论证了艺术与现存秩序的对立。

在法兰克福学派中,将批判的社会理论与弗洛伊德主义结合起来的首推弗洛姆。他赞赏弗洛伊德取得的成就,同时又批判精神分析学说的缺陷。他认为弗洛伊德代表理性主义的顶点,同时又给了理性主义一个致命的打击。作为精神分析学家,弗洛伊德深入了人的内心世界,但过分强调性本能的作用,缺乏社会分析的思想。作为社会学家,弗洛姆肯定了马克思主义对资本主义的批判及关于社会发展的理论,但认为马克思主义对人的内心世界缺乏了解。基于这种认识,他主张把弗洛伊德主义与马克思主义结合起来,从精神分析的角度探索社会文化问题。在政治上,弗洛伊德既反对人剥削人的资本主义制度,也反对苏联式的社会主义对人性的压制。他认为对人性的压制,有背马克思激进人道主义的初衷。

《爱欲与文明》一书是马尔库塞将弗洛伊德主义与马克思主义结合起来的一个尝试,也是马尔库塞思想发展的一个重要里程碑。在这本书里,马尔库塞把弗洛伊德的爱欲本质论与马克思的人类解放论相结合提出了爱欲解放论。马尔库塞认为资本主义的本质就是对爱欲的压制,人类的解放就是爱欲的解放。解放爱欲的关键就是解放劳动,使爱欲进入劳动领域,使人摆脱异化劳动的痛苦。只有把劳动和爱欲相联系,认识到人的劳动的解放就是爱欲的解放,才能使人在劳动中实现自己,获得快乐,从而获得解放。马尔库塞在《单向度的人》中进一步发展了他在前作中对现代资本主义社会的批判。马尔库塞在这本书里尖锐地批评了富饶和丰裕中的非人道和异化,劳动制度中的奴隶制,文化意识形态中的灌

输性，商品消费中的拜物教以及军事工业复合体中的危险和疯狂。他的结论是，尽管资本主义的成就非凡，但这个社会就整体而言是非理性的，它的生产率是对人类需要和功能的自由发展的破坏，它的增长有赖于对个人和国家之间的生存竞争真实可能性的压制。所谓"单向度的人"就是指在物质和技术的压制下变成只求物质、不讲精神，只顾当前、不问未来，只按技术合理性行动、没有批判性和创造性的人。而社会也就成了"没有反对思想"、"没有反对派"的"单向度社会"了，这就是"当代人的全面异化"。

　　与老一代法兰克福理论家相比，哈贝马斯与他们的区别主要在于他把激进主义引向改良主义，逐渐放弃了对现代社会的否定性的批判，更多地关心生活质量、人权、生态问题、个人的发展、消除社会冲突等问题。就其实质而言，哈贝马斯是把当代资本主义很难采纳的社会批判理论变成了可以接受的现代化理论。他的最终目的是提供一个能够容纳社会科学的不同态度和方法的理论框架，将意识形态批判的理论、行动理论社会系统的分析和进化理论融为一体。他通过历史分析和社会分析，对西方思想史、特别是法兰克福学派自身的历史进行了清理和批判，并在此基础上建立起了自成一说的"交往行为理论"。他还将合理性概念作为批判社会理论的主要概念，用"交往理性"代替"工具理性"，建立了以交往合理性为核心的批判社会学。

▽　被拆除的柏林墙。二战后德国被分成东德、西德。

学说发起人	学说发起时间	推荐理由
凯恩斯	20世纪30年代	凯恩斯的经济学说在西方经济学界气势浩荡地发起了一场规模宏大、推陈出新的"革命",是对整个传统西方经济学全方位的修正与变革。

开创现代西方经济学之先河的凯恩斯经济学说

背景搜索

约翰·梅纳德·凯恩斯(John Maynard Keynes,1883年至1946年),英国著名经济学家,现代西方经济学说的开山鼻祖。他的经济学说展开了对资本主义制度的再认识,对经济学分析方法的再探索,对经济理论的再阐述,对经济政策的再思考。

他的主要著作有:《印度的通货与财政》、《合约的经济后果》、《货币改革论》、《货币论》、《就业利息和货币通论》。而《就业利息和货币通论》一书是他的代表作,它确立了凯恩斯经济学说的根本理论体系,甚至被西方经济学家奉为给社会经济生活带来巨大深刻影响的三部经济学经典著作之一。

学说内容

凯恩斯的经济学说是对传统经济学,即新古典经济学在研究方法、理论、政策上的全面挑战与革命。

首先，凯恩斯在经济研究上创立了一套独特的方法：

宏观总量分析取代了微观个量分析。新古典经济学关心的不是经济总量而是单个经济单位的经济行为、个别商品市场的交换过程和相对价格的决定等问题。而凯恩斯经济学所要解决的是失业和危机这类宏观问题，他所关心的是各种经济总量的变动及其相互关系，特别是总支出带来的收入问题，因此采取了总量分析方法。

短期分析方法。凯恩斯研究经济问题时，只研究短期问题。他主张用解决短期问题的方法去解决长期问题。所谓"短期"是指在其期间，一部分生产投入要素固定不变，但另一部分生产投入要素可以变化，主要意思就是假定资本有机构成和社会结构不变。

比较静态分析方法。这种分析方法，属一种静态分析方法，就是考察从一个均衡到下一个均衡位置的各种因素，但不涉及时间关系。凯恩斯就是力图通过外生变量的投资额，来考察预期的国民收入和消费的变化情况的。

凯恩斯运用他独特的经济分析方法，创立了一套崭新的经济理论体系。

凯恩斯以前的新古典经济学派否认资本主义社会存在大规模失业。他们认为，在市场调节作用下社会能实现"充分就业"。虽然存在着由于短期或局部的摩擦所引起的摩擦性失业和由于工人嫌工资水平低不愿工作而引起的自愿失业，但这并不是真正的失业。但凯恩斯却指出除了这两种失业外，还存在着第三种失业——非自愿失业。它是那种即使工人愿意接受现行工资水平时仍无法找到工作而引起的失

◀ 20世纪最有影响力的经济学家凯恩斯。

业，且它是资本主义社会的必然现象。

在解释失业的原因上，凯恩斯也和新古典经济学派产生了分歧。凯恩斯认为，新古典经济学派所说的"供给创造需求"是错误的，真正决定就业的不是供给，而是需求。于是，他提出了有效需求原理来解释有关就业决定和失业存在的原因。

有效需求就是商品的总供给价格和总需求价格达到均衡状态时的总需求。总供给价格是社会上所有价格的总和，也就是诱使企业提供一定量产品的最低价格。总需求价格是企业预期社会购买全部产品时所愿意付出的价格总和。只有总需求价格等于总供给价格时，企业才会既不扩大生产也不减少生产，既不增加工人也不减少工人，从而达到均衡状态。这时的总需求就是有效需求，这种有效需求的大小就决定了产量和就业水平。

有效需求决定就业量，失业的存在就是由有效需求不足引起的。那么，引起有效需求不足的原因又是什么呢？凯恩斯为此给出了三大心理规律的答案。

凯恩斯把决定有效需求的因素归纳为五个：国民收入、消费倾向或边际消费倾向、预期利润率或资本边际效率、决定利息率水平的货币需

凯恩斯经济学说是在1929年至1933年的资本主义世界性大危机的背景下应运而生的，吸引着人们对华尔街金融动向的关注。

求与货币供给。在这五个因素中，假定国民收入和货币供给是不变的，因此，决定有效需求的就是边际消费倾向、资本边际效率和货币需求这三种因素了。三大心理规律就是要解释这三种因素如何引起有效需求不足的。

第一个规律是"心理上的消费倾向"，或称为"边际消费倾向递减规律"。消费倾向是指消费在收入中所占的比例。边际消费倾向递减规律是指，随着收入的增加，消费也在增加，但在增加的收入中，用于消费的部分所占的比例越来越小，即边际消费倾向是递减的。

第二个规律是"心理上对资产未来收益之预期"，或称"资本边际效率递减规律"。资本边际效率就是进行投资时的预期利润率。凯恩斯认为，资本边际效率是递减的，因为一来随着投资的增加，重置成本也在增加；二来随着生产增加，产品增加，产品的价格下降，从而使未来的收益减少。投资的成本增加而收益减少，资本边际效率也就递减了。

第三个规律是"心理上的流动偏好"。"流动偏好"又称为"灵活偏好"，它是指人们要以货币的形式保持其一部分资产的愿望。这种愿望的大小，即"灵活偏好"的强度决定了货币需求。

那么，在完全依靠市场调节经济的情况下，由于三大心理规律的作用，有效需求必然是不足的，有效需求不足必然引发经济危机和非自愿失业。

要解决这一问题就必须由政府当局来加以管理。也就是说，要由国家来干预经济。因为引起经济危机与失业的原因是有效需求不足，所以，国家对经济生活的干预就是由国家运用政策工具来刺激有效需求。这种政策包括刺激消费的收入政策、刺激投资的财政政策与货币政策，重点则是财政政策。

收入政策以调节收入再分配为指导思想。通过运用累进所得税和遗产税，减少富人的收入，增加穷人的收入，缩小收入差距，就能增加消费支出，从而达到增加有效需求、减少失业的目的。但消费支出和收入之间的关系，毕竟是比较稳定的。这一政策的作用是有限的。

货币政策主要通过增加货币供给量以降低利息率来刺激投资。但利息率的降低有一个最低限度，达到这个限度后，无论货币供给量如何增加，利息率也不会下降了。可见，这一政策的作用还是有限的。

凯恩斯更提倡财政政策，一方面国家应重点投资公共工程，另一方面应实行赤字财政。具体地说，国家可采用"相机抉择法"或使用"内在稳定器"的方法来干预经济生活。

学说发起人	学说发起时间	推荐理由
萨特	20世纪30年代	萨特的存在主义崇尚人的自我意识、人的自由和自由选择，主张人的命运在自身。它是积极昂扬的，是一种行动学说，对后世哲学产生了较为深刻的影响。

堪称"法国存在主义旗帜"的萨特存在主义学说

背景搜索

让·保罗·萨特（Jean Paul Sartre，1905年至1980年），法国著名的哲学家、文学家、政治评论家。他出身于法国巴黎的一个中产阶级家庭，1925年进入巴黎高等师范学校学习哲学，获博士学位。后赴德国留学，深受海德格尔思想的影响，1934到1939年任中学教师。"二战"爆发后，他英勇参战，不幸被俘，这个巨大的打击引起了他思想的剧大变化。战后，他参加了左翼政治运动，由于政治观点不合退出了"法共"。1964年他拒绝接受诺贝尔文学奖，并积极支持1968年5月法国学生造反运动。1980年，当萨特去世时，有六万人自动参加了他的葬礼，人们称赞他为"最有独创的思想家之一"。

萨特的存在主义，是在法国社会特定条件下的产物。

他的著述颇丰，仅哲学上的主要代表作就有：《存在与虚无》、《存在主义是一种人道主义》、《辨证理性批判》、《自我的超越性》等。萨特建立起了他宏大的学说体系，系统地表达出了他的哲学思想。

学说内容

萨特以研究人的存在为出发点，创立了他的现象学本体论。

在萨特看来，在过去的哲学中，唯物主义是用意识以外的物质来解释意识；唯心主义是由纯粹抽象的精神去认识意识，这样就形成了客体与主体相对立的"二元论"。萨特则提出了现象学一元论，取代使哲学感到困惑的"二元论"。

萨特以现象作为自己学说的逻辑起点。

他所说的现象，就是存在、本质的直接显现。现象显现什么，它就绝对是什么，并不存在什么抽象、超越现象的本质。现象就是对本质的启示、对本质的揭示，它本身就是本质。这样用现象作为"存在"的本质就是现象学一元论。

萨特根据两种不同领域、不同类型把"存在"细分为："自在的存在"和"自我的存在"。

萨特认为，"自在的存在"虽然是"在"，但是它的存在是封闭的，没有意义，没有目的，没有理由，无缘无故，杂乱无章，完全听凭偶然摆布；而"自我的存在"的"在"却不同，它是指意识的存在，人的存在，自我的存在。它本身具有主动性、活动性，是属于本源的东西，它不断超越自己又否定自己。

那么，萨特又是如何用现象学一元论来驳斥被他称之为"二元论"的呢？萨特认为，通过"反思前的我思"就可以消解"二元论"了。所谓"反思前的我思"是根本分辨不出主客体的"纯粹意识"。它本身就具有一种意向性，它指向外物，也指向自我，由此赋予外物以本质和意义，这样就克服了传统哲学所说的主、客体的分立，消除了"二元论"的弊病。事实上，这是萨特对胡塞尔的"现象学还原法"的一种借用。

萨特的现象学一元论为他解决人的本质问题铺平了道路，提供了有力的方法。

关于人的本质问题，萨特提出了一个有名的命题："存在先于本质"。这与传统哲学的主张正好相反。

萨特只承认传统哲学的看法是适用于物的。例如一把剪纸的刀，制造者在制造它之前就先规定好了剪刀的性质、用途等，也就是先规定好了剪刀的本质，这就是"本质先于存在"。

但是对于人的存在来说，却是"存在先于本质"的。也就是说人一开始是空无一物的，对于他的本质，即他的各种具体的规定，如才能、专长、职业、贡献等，是由人按自己的意愿自由创造、自由设计出来的。所以人首先要存在，然后才能有本质。

不仅如此，萨特还把人的本性同人的自由等同起来，并赋予这种自由以本体论的意义。

拒绝接受诺贝尔奖的让·保罗·萨特。

萨特认为，人就是自由，自由不是通过追求和选择得来的，而是人的存在本身就注定的，人必然所具有的。自由是人所不能逃脱的，人的自由是命定的。

萨特着重强调了自由的显著特征：自由不是遵循某种规律，顺应什么必然性而成为自由的，它是人自己决定自己的要求和行动。所以，自由是一种绝对的自由。

虽然自由是人命定的，但要实现它，就必须进行自主的选择。所以，真正的自由的实质就是选择的自由。对现实中的人类来讲，存在就是选择。人的一生就是不断进行选择。这种选择是一种纯粹的自由，与任何他物、他人都无关。

不过，思想上有了选择的自由，如果不把它变为行动，也不是真正的、有意义的自由。因此，萨特还提出把选择的自由变成选择的行动。

为了避免利己主义，萨特把自由选择与道德责任联系起来，认为一个人做出任何一个选择后，都必须对自己的选择承担责任。

由于人对自己的行为必须负责，这就必然会给人带来几种不可避免的情绪，即烦恼、孤寂、绝望。萨特把个人自由选择时所应负的责任和人的情绪联系起来，考察了人的生存状态。

在萨特看来，烦恼是源于人对自己、对他人和对世界的责任感。当人面临很多选择的时候都会产生，烦恼本身就是行动的一部分。逃避烦恼，就是逃避责任。这才是不正常的。

与萨特自由理论联系的是他的"行为哲学"。萨特认为，存在主义崇尚人的自我意识、人的自由和自由选择，它绝不是清净无为的哲学，也不是悲观消极的人生观，因为他主张人的命运在自身，它是积极昂扬的，是一种行动的学说。

就这样，萨特建构起了自己以人为中心的哲学体系。

学说发起人	学说发起时间	推荐理由
马斯洛	1943年	马斯洛是人本主义心理学的发起人和代表者，他的需要层次理论和自我实现理论成为人本主义心理学最重要的理论之一，对心理学尤其是管理心理学有重要影响。

发起人本主义心理学研究的马斯洛需要层次理论

背景搜索

马斯洛·亚伯拉罕·哈罗德（Maslow Abraham Harold，1908年至1970年），美国著名的社会心理学家、人格理论家和比较心理学家。他是人本主义运动的发起者之一和人本主义心理学的重要代表，也是"第三势力"的重要领导者。

1926年，马斯洛进入康乃尔大学，后来转到威斯康辛大学学习心理学并在此先后获得学士、硕士和博士学位。他于1967年被选为美国心理学会主席。他的主要著作有《动机论》、《自我实现的人》、《动机与个性》、《在人的价值中的新认识》、《科学的心理学》和《一种存在的方式》等。

学说内容

1943年，马斯洛在《人的动机理论》一文中提出了"需要层次论"（Hiberarchy of

人们在餐厅内用餐。

Human Needs Theory）。马斯洛的需要层次理论认为，人的各种需要可以归纳为五类，即五个层次，从低级到高级逐层排列，类似于金字塔的梯级形式。这五个层次分别是：生理的需要、安全的需要、社交的需要、尊重的需要和自我实现的需要。

一、生理需要。马斯洛说，在一切需要之中，生理需要是最优先的。这意味着，在某种极端的情况下，即在一个人生活上的一切东西都没有的情况下，很可能主要的动机就是生理的需要。"对于一个处于极端饥饿的人来说，除了食物，没有别的兴趣，就是做梦也梦见食物"。

无疑，在一切需要之中，生理需要是最优先的。一个缺乏食物、安全、爱和尊重的人，很可能对食物的渴望比别的东西更强烈。但是，最强烈的需要，也就是对自我实现来说最不重要的需要。

二、安全需要。如果生理需要并没有构成人的严重的问题，那么安全需要就在他的人格中成为支配力量。安全需要包括许多需要，全都与保持地位、保持次序和安全有关。譬如要求得到安全的需要、稳定的需要、保护的需要和依赖的需要。安全的需要也许以害怕的形式出现，害怕无知、害怕混乱、害怕模棱两可、害怕失败，人们也许会害怕失去对环境的控制，害怕受到攻击并且软弱，害怕不能满足新的生活需要。

三、爱的需要。假如生理需要和安全需要都很好地满足了，就会产生爱、情感和归属的需要，"现在，个人强烈地感到缺乏朋友、情人或妻子、孩子，也就是总的说来，他渴望在团体中与同事之间有着深情的关系。他将为达到这个目的而做出努力"。"爱的需要包括给别人的爱和接受别人的爱"。归属和爱还表现在，他渴望成为组织团体中的一个被接受的成员,为了一个他与别人共同的目标参与集体活动,他将为达到这个目标而做出努力。这时,他希望得到爱胜于其他的东西。应该强调的是,爱与性并不是同义的,性可作为纯粹的生理需要来研究。

四、尊重的需要。社会上所有的人(病态者除外)都希望自己有稳定、牢固的地位,希望别人的高度评价,需要自尊自重或为他人所尊重……这种需要可以分成两类:一是与自尊,自重,自我价值有关的需要;二是与别人的尊重有关的,即名誉、地位、社会成功、名气、荣耀等等的需要,要求有名誉或威望(可看成别人对自己的尊重、赏识、关心、重视或高度评价)。尊重的需要的满足,促使人有自信的感情,觉得自己在这个世界上有价值、有实力、有用处。而这些需要一旦受挫,就会使人产生自卑感、软弱感、无能感。

五、自我实现的需要。自我实现的需要就是指促使他的潜在能力得以实现的趋势,这种趋势可以说成是希望自己越来越成为所期望的人物,完成与他自己的能力相称的一切事情。为满足自我实现的需要所采取的途径是因人而异的。马斯洛说,音乐家必须演奏音乐,画家必须绘画,诗人必须写诗,这样才能使他们感到最大的快乐。是什么样的角色就应该干什么样的事,我们把这种需要叫做自我实现。

通过研究这五种基本需要,马斯洛得出结论:"我们把这些需要得到满足的人叫做基本满足的人。由此,我们可以期望这种人具有最充分、最旺盛的创造力。"

马斯洛认为,这五种基本需要之间的关系是复杂的。一般来说,在低层次需要得到满足后,高层次需要才会出现,但也有例外情况。同时,任何一种需要都不会由于高层次需要的产生而结束,只是对行为的影响力有所降低。各层次需要是相互依赖、彼此共存的。这五种基本需要在

◀ 西方爱神丘比特雕像。

人心理发展的不同阶段占有不同的地位。

1954年,他在《激励与个性》一书中又补充了两个需要层次,即在尊重的需要之后,增加了"求知的需要"和"求美的需要"。

20世纪五六十年代,以马斯洛、罗杰斯等人为代表的人本主义心理学派与精神分析学派和行为主义学派分道扬镳,形成心理学的第三思潮(人本主义反对将人的心理低俗化、动物化的倾向,故被称为心理学中的第三思潮),它受现象学和存在主义哲学影响比较明显。

人本主义心理学主张,心理学的研究应以正常人为对象,研究人类异于动物的一些复杂经验,诸如动机、欲望、价值、快乐、幽默、情感、生活责任、生命意义以及爱情、嫉妒、仇恨等真正属于人性各种层面的问题。人本主义对人性持乐观看法,认为人类本性是善的,而且人类本性中原本就蕴藏着无限的潜力。因此,人本主义心理学的研究,不只是了解人性,而且更进一步主张改善环境以利于人性的充分发展,以期达到自我实现的境界。罗杰斯与马斯洛同为人本主义论的创始人,同样主张自我实现是人性的本质。但在理论取向上,两人论点稍有不同。马斯洛主要是解释个体经由各种需求的获得与满足以臻于实现自我的历程,而罗杰斯主要是说明个体自我实现境界之不易达到的原因。

◀ 法国的埃菲尔铁塔,已成为巴黎塞纳河边的重要标志建筑之一。

学说发起人	学说发起时间	推荐理由
帕森斯和默顿	20世纪40年代	20世纪40年代中期至60年代中期，以帕森斯和默顿为代表创立的结构功能主义学派是美国社会学中占统治地位的理论流派，标志着现代社会学的开端。

标志着现代社会学开端的结构功能主义学派

背景搜索

第二次世界大战和战后世界政治格局的巨大变化，极大地冲击和震撼了资本主义各国的社会，在这种背景下，结构功能主义学派应运而生。战后，它首先在美国兴起，一直持续到上世纪六十年代。这种结构功能主义着重从功能上分析、研究社会系统的制度性结构，其主要代表人物是美国社会学家塔尔科特·帕森斯和罗伯特·金·默顿。

塔尔科特·帕森斯（Talcott Parsons，1902年至1979年）于1902年出生于美国的科罗拉多州，后毕业于麻省的安姆郝斯特学院社会学系，他是德国海德堡大学的硕士。1931年任教于哈佛大学社会学系，后任社会学系主任。1946年，他将社会学系改名为社会关系学系。帕森斯是功能理论的代表人物，他终生致力于能够解释所有人类行为的巨型理论的建构。帕森斯所处的时代正值美国处于世界经济危机的时期，因而他深受罗斯福新政的影响。帕森斯全部理论的总倾向是强调社会体系的协调一致与社会体系的和谐本性。帕森斯的主要理论倾向是建构宏大的社会理论。他一生笔耕不辍，写出了一系列不朽的著作，其主要的著作有:《社会行动的结构》《社会系统》《经济与社会》《关于行动的一般理论》《现代社会的结构与过程》《社会:进化与比较的观点》《现代社会体系》《社会演化》《行动理论与人类状态》《社会学理论与现代社会》《现代社会体系》等。他的成名作是 1937 年发表的《社会行动的结构》,此书奠定了他在美国社会学界的地位,被认为是对美国社会学理论的发展具有分水岭意义的经典之作。它显示了社会学理论研究的重要价值,使美国社会学从此步入了"黄金时期"。

罗伯特·金·默顿(Robert King Merton,1910 年至 2002 年),美国著名的社会学家,科学社会学的奠基人和结构功能主义理论的主要代表性人物。他于 1910 年 7 月 4 日出生于费城,1931 年毕业于坦普尔大学,随后进入哈佛大学,师从著名社会学家帕森斯等攻读研究生,1936 年获得社会学博士学位,毕业后在哈佛大学任教。1939 至 1941 年间在图兰恩大学任教。1941 年后一直在哥伦比亚大学任教,直到 1979 年退休。2002 年 2 月 23 日,默顿因患癌症逝世,享年 92 岁。

学说内容

社会科学中的功能主义有着长期的历史。孔德和斯宾塞在其著作中都有所论述,迪尔凯姆、拉德克利夫·布朗和马林诺夫斯基对功能主义也作了较为系统的阐述。现代社会学中的结构功能主义是在以往功能主义的思想基础上形成和发展起来的,它认为社会是具有一定结构或组织化手段的系统,社会的各组成部分以有序的方式相互关联,对社会整体发挥着必要的功能,并以平衡的状态存在着,任何部分的变化都会产生新的平衡。

帕森斯认为,社会系统是行动系统的四个子系统之一,其他三个分别是人格系统、文化系统和行为有机体系统,它们构成行动系统的四大要素。其中,社会系统是存在于一定情境(包括物质与环境)中的行动者互动的复数形式;人格系统是人的动机、需要和态度等心理构成因素;文化系统是价值观、信仰、规范及其他观念的总和;行为有机体系统则是人的有机体及其生存的自然环境。帕森斯认为,这些子系统相互牵制并制约人类的行动,而在每个子系统内部,社会规范、文化价值、心理活动和生理需要分别引导和控制人们的活动,从而形成一个平衡、协调的行动者的互动体系。在社会系统中,行动者之间的关系结构形成了社会系统的基本结构。社会角色以及由价值观和规范构成的社会制度,是社会的结构单位。他认为,社会系统为了保证自身的存在,必须满足四种功能条件:即适应（A）、达标（G）、整合（I）和维模（L），也就是帕氏著名的 AGILL 模式。其中，适应是社会系统适应环境的能力，它体现了社会与行为有机体系统之间的关系；达标是社会系统确定总体目标、调动系统能量以实现目标的能力，它体现了社会与人格系统之间的关系；整合是社会系统内部各部分相互联系并协调一致的能力，它体现了社会系统自身的内在联系；维模是社会系统维持终极取向的社会价值模式的能力，它体现了社会系统与文化

自由女神像早已成为美国的象征。

系统之间的关系。在社会系统中，执行这四种功能的子系统分别为经济系统、政治系统、社会共同体系统（法律、宗教等）和文化模式托管系统（家庭和教育以及宗教制度的某些成分）。这些功能在社会系统中相互联系，每个因素都相互牵制，并共同维持着社会系统的运行和发展。社会系统与其他系统之间、社会系统内的各亚系统之间，在社会互动中具有输入—输出的交换关系，而金钱、权力、影响和价值承诺则是一些交换媒介。这样的交换使社会秩序得以结构化。帕森斯认为，现代化的过程就是社会总体适应能力提高的过程。因为社会结构的存在方式是为了满足社会系统的功能，那么，当一个社会结构不能满足社会系统的功能时，社会结构的变迁就势在必行，决定社会结构的四个子系统就要发生

相应的变化，使社会结构向着满足社会系统功能需要的方向运动。这样，社会系统就可以保持稳定性，最后趋于均衡。

默顿是社会学功能主义的完善者，他发展了结构功能方法。社会学功能主义原是帕森斯从人类学引入、糅合近代欧洲社会思想的理论模型，这种理论无视社会的多种形态，认为社会是由政治、经济、文化等子系统组成，且每个子系统具有一定的功能。默顿很快发现帕森斯的理论过于宏大而不能用于指导经验研究工作。这种理论和当时欧洲的没有从哲学体系中分化出来的社会学思想一样，更适合于概念分析式的研究而不是经验研究。20世纪30年代，社会学作为独立的学科在美国大学里已经被接受，于是默顿提出建立中程理论。中程理论与宏大理论不同，它一开始的着眼点不在于建立一个包罗万象的社会学理论，相反，它着眼于建立可检验的研究假设，系统地归纳已知的关于社会行为、社会组织、社会变革的一致性，并且试图用假设合理地解释这种一致性。中程理论寻求较小范围内的一般化解释，并且把经验检验纳入到它的体系之中。中程理论的思想影响了社会学的每一个分支。

默顿也发现帕森斯的结构功能主义过于理想化，以至于无法解释人的行为和社会事件的多样性，如帕森斯设想社会各系统有机地结合在一起，发挥各自的独特功能并且互不冲突；人，即帕森斯提到的所谓的行动者亦受到统一的社会规范的影响，从而在行动上表现出相似性。默顿又提出了另外一个在社会学中广为人知的概念——失范，即在一定组织内，总有一些不符合规范的行为和犯规的人。默顿认为，它的出现是因为人们在社会组织结构中占据不同的地位，假如这些组织设定的目标和价值使有些人达不到，失范的现象就有可能发生。默顿对功能分析的贡献还在于他细致地研究了反功能和无功能现象，并且提出了显功能和隐功能的概念。默顿认为，在功能分析上，应该注意分析社会文化事项对个人、社会群体所造成的客观后果。他提出外显功能和潜在功能的概念，前者指那些有意造成并可认识到的后果，后者是那些并非有意造成和不被认识到的后果。进行功能分析时，应裁定所分析的对象系统的性质与界限，因为对某个系统具有某种功能，对另一系统就可能不具有这样的功能。功能有正负之分，对群体的整合与内聚有贡献的是正功能，而推助群体破裂的则是负功能。默顿主张根据功能后果的正负净权衡来考察社会文化事项。他还引入了功能选择的概念，认为某个功能项目被另外的功能项目所替代或置换后，仍可满足社会的需要。社会制度或结构对行动者的行为影响是默顿著述中的主题之一。

学说发起人	学说发起时间	推荐理由
冯·诺依曼	1946年	电子计算机的发明极大地促进了科学技术的进步，同时也极大地促进了社会生活的进步。而计算机内采用的"冯·诺依曼结构"，则是为了纪念数学家冯·诺依曼。

奠定现代电子计算机技术基础的冯·诺依曼计算机结构

背景搜索

约翰·冯·诺依曼（John Von Nouma，1903年至1957年），美藉匈牙利人，1903年12月28日生于匈牙利的布达佩斯。他的家境很富裕，父亲是一个银行家，十分注意对孩子的教育。冯·诺依曼从小聪颖过人，兴趣广泛，读书可以过目不忘，据说他六岁时就能用古希腊语同他的父亲闲谈。他一生掌握了七种语言，最擅长德语，他可以在用德语思考种种设想时以阅读的速度译成英语。他对读过的书籍和论文能很快地、一句不差地将内容复述出来，而且许多年后仍可如此。1911年至1921年，冯·诺依曼在布达佩斯的卢瑟伦中学读书期间，就已经崭露头角并深受老师的器重。1921年至1923年，冯·诺依曼在苏黎世大学学习，并在1926年以优异的成绩获得了布达佩斯大学数学博士学位，其时冯·诺依曼年仅22岁。1927年至1929年，冯·诺依曼相继在柏林大学和汉堡大学担任数学讲师，1930年，他接受了普林斯顿大学客座教授的职位，后西渡美国，并于1931年成为该校的终身教授。1933年，他转到该校的高级研究所，成为该校最初的六位教授

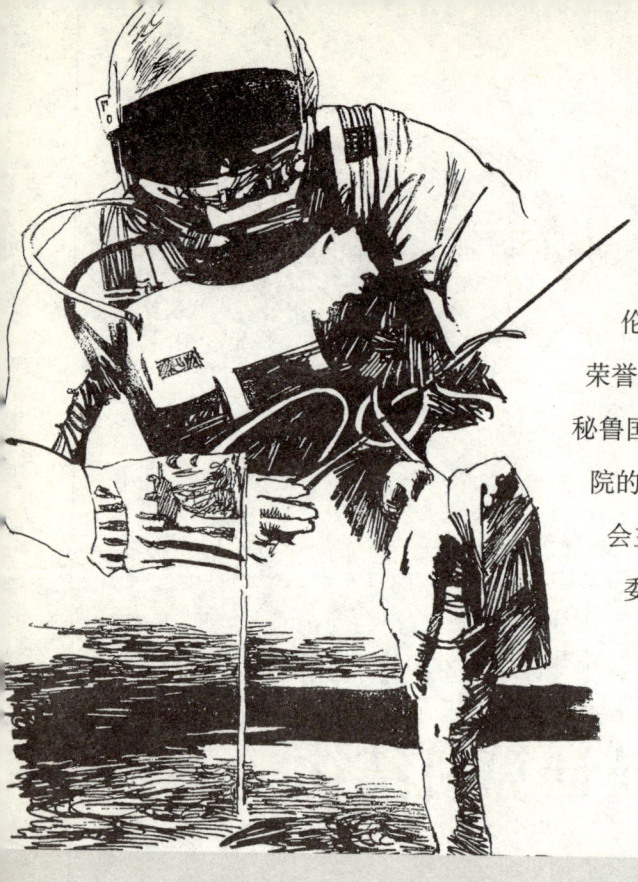

之一，并在那里工作了一生。冯·诺依曼是普林斯顿大学、宾夕法尼亚大学、哈佛大学、伊斯坦堡大学、马里兰大学、哥伦比亚大学和慕尼黑高等技术学院等校的荣誉博士，除此之外，他还是美国国家科学院、秘鲁国立自然科学院和意大利国立林且学院等院的院士。1951年至1953年，他任美国数学会主席；1954年，他担任美国原子能委员会委员。1954年夏，冯·诺依曼被发现患有癌症，1957年2月8日，他在华盛顿去世，终年54岁。

学说内容

1946年6月，冯·诺依曼在《关于电子计算机逻辑设计的初步讨论》中，提出了一个全新的方案，为现代电子计算机的发展奠定了基础，形成了著名的冯·诺依曼结构并一直沿用至今。其设计思想有以下几点：

一、计算机应包括运算器、控制器、存储器、输入和输出设备五大基本部件。各部分功能如下：运算器部件是计算机中处理数据的功能部件，它对数据的处理，主要包括数值数据的算术运算，如执行加、减、乘、除等运算，变更数据的符号等；也包括逻辑数据的逻辑操作，如完成与、或、求反、异或等运算。因此，实现对数据的算术与逻辑运算是运算器的核心功能。

控制器是对输入的指令进行分析，并统一控制和指挥计算机的各个部件完成一定任务的部件。在控制器的控制下，计算机就能够自动、连续地按照人们编制好的程序，实现一系列指定的操作，以便完成一定的任务。

存储器是计算机的记忆装置，主要用来保存数据和程序，因此存储器应该具备存数和取数的功能。存储器又可以分为内存储器和外存储器两种，中央处理器直接访问存储在内存储器中的数据，而外存储器中的数据只有先调入内存储器后才能被中央处理器访问和处理。

输入设备是计算机用来接收用户输入的程序和数据的设备。

输出设备是将计算机处理后的最后结果或中间结果,以某种人们识别或其他设备所需要的形式表现出来的设备。

二、计算机内部应采用二进制表示指令和数据。计算机使用二进制,一是因为易于表示(0和1),二进制数中只有0和1两个数,用于表示只有两个稳定状态的电子元件所处状态非常方便;二是因为运算规则简单,由于运算规则简单,使得运算器的结构简单,运算的控制也容易实现;三是适合于逻辑运算,用二进制数中的1和0可方便地表示逻辑代数中的真和假。

每条指令一般具有一个操作码和一个地址码,其中操作码表示运算性质,地址码能指

城市灯火辉煌的夜景。现代城市文明中的辉煌成就,与电子计算机的联系极为密切。

出操作数在存储器中的位置,指令的一般格式为:│操作码│地址码│。

三、计算机工作过程中是由存储程序控制的。将编好的程序和原始数据送入主存储器中,然后启动计算机,计算机在不需操作人员的干预下,应自动逐条取出指令和执行指令。

该思想也称为"存储程序",是冯·诺依曼结构的核心思想,其最主要的优点是结构比较简单、便于控制。

学说发起人	学说发起时间	推荐理由
维纳	1948年	维纳的控制论具有不同于以往数学、物理等基础科学的新兴风采。它充当了各种边缘学科、交叉学科的开路先锋，在科学的探索上具有极大的革命意义。

标志着横断科学兴起的维纳控制论学说

背景搜索

维纳（Norbert wiener，1894年至1964年），美国著名数学家，控制论的奠基人。他一生都真诚地热爱着自己的科学事业，取得了伟大的成就，做出了突出的贡献。他得到了当时美国总统约翰逊颁发的科学奖章和总统祝词，被人们尊称为"控制论之父"。他的控制论的出现，顺应了学科综合化的发展趋势，填补了历史的空白。

维纳从小被誉为"神童"，他四岁就开始阅读书籍，七岁时就能看但丁和达尔文的著作；九岁进入中学，十一岁写出了第一篇哲学论文《关于无知的理论》；十二岁进入大学，十四岁取得图夫特学院学士学位；十八岁获得哈佛大学哲学博士学位，并通晓十国语言；十九岁赴英国剑桥大学随罗素学习，深受罗素思想的影响；后来又赴法国、德国留学，1915年回国，在美国各大学讲授逻辑学和数学；1917年至1919年曾做过新闻记者；1919年后到马萨诸塞理工学院任教，他的数学研究成果享有很高声誉；1935年至1936年，曾在中国的清华大学电机系和数学系任客座教授。

美国炮火击落一架日军飞机。

　　维纳从小对数学、物理等许多学科都有兴趣。在研究随机物理现象——布朗运动时，他逐步形成了统计理论思想,而控制论研究对象的特点恰恰在于根据随机的环境来决定和调整自己的行动。他在研究电滤波器的噪声与信息问题时，又对信息产生了深入的认识，这也与他的控制论思想关系密切。

　　在第二次世界大战中，维纳参加了解决高射炮、雷达、飞机的联动和瞄准问题。他研究成功了高射炮自动瞄准装置来代替人工操作。

　　在预测飞机的飞行方向和速度问题上，他用了统计学的观点来解决。为了得到飞机在下一刻的准确位置，他用调和分析的数学方法来处理飞机轨道的时间序列，这就可以从时间序列的过去数据推算出未来飞机可能出现在哪里，这种方法后来被称为"维纳滤波理论"。他还把控制和通信统一起来处理问题，把信息作为研究控制和通信过程的关键因素。

坦克已成为现代陆战中的主力武器,被称为"陆战之王"。

为了找到一种机械方法来模仿炮手手动瞄准飞机,而且还要尽量减少人为和其他偶然因素的影响,增强瞄准的准确度。维纳把火炮打飞机和狩猎行为做了一个类比,提出了反馈这个重要的概念,他认为把活动的信息反馈到控制器中,就可以有效地调节或控制系统的运行了。

通过这两种主要的方式,维纳指出了解决火炮自动控制这个难题的途径,其中信息和反馈在自动控制中发挥了关键作用。

在这个过程中,维纳发现人和机器有着惊人的相似之处,他联想到人的神经活动也有反馈现象。他和神经生理学家罗森勃吕特合作证实了自己的想法。在对动物和机器的类比研究中,他们还发现无论是动物的神经控制还是机器的自动控制都与系统对外界的信息传递有关。于是,他们又把控制、信息、反馈联系在一起。

1943年,维纳和罗森勃吕特、别格罗三人合写了《行为、目的和目的论》一文,他们从"随意活动中的一个极端重要的因素是反馈作用"出发,用负反馈定义了目的行为,认为"一切有目的的行为,都可看做为需要负反馈的行为"。这样,一切有目的的行为,都可借助负反馈的不断调节来实现,就可以让机器模仿动物的行为了。这是他的第一篇关于控制论的论文。

维纳的新思想一经传播,马上引起了神经生物学、心理学、通信工程、自动控制与计算机等学科许多专家的兴趣,他们也纷纷投入到这个新的研究中。1943年和1944年,维纳发起了多次探讨控制与通信问题的讨论会，专家们热情四溢，各抒己见。1946年，在纽约又举办了反馈问题的讨论会。控制问题成了大家共同关心的话题。

1948年，维纳的专著《控制论》发表，维纳还给这本书加了一个副标题"关于在动物和机器中的控制与通信的科学"，不再认为动物是活的肌体而机器是死的东西，不再认为二者是毫不相干的。控制论这门新学科的含义也更加明确起来：控制论就是从功能行为的相似性出发，把动物和机器内部的控制机制进行类比，从中找出一切通信和控制系统的共同规律的学科。后来，维纳又发表了《控制论与社会》、《控制论新章》等，他的控制论思想逐渐成熟起来。

学说内容

维纳的控制论是个很完整的学说，主要由系统观点、信息观点、反馈观点和调控观点四部分构成。

维纳的系统观点要求从整体上把握事物，他把事物看成是一个由若干部分组成的系统。对这个系统，一方面要弄清楚它自身内部各个组成部分的作用和相互之间的关系，另一方面也要弄清它与其他外部事物的联系；既要明白外界对它产生了什么影响，又要清楚它对外界发生了什么作用。

对于信息的观点，维纳认为对系统的控制必须占用大量信息，没有信息就没法认识事物，更谈不上对事物的控制了。信息论主要是对信息进行描述和度量，控制论主要是在信息论的基础上，对信息加以处理和控制。信息的变换过程，可以简单地表述为：信息——输入——存贮——处理——输出——信息，而这个过程中又离不开反馈信息。

反馈的观点，在维纳看来，作为一种方法和原则，它被广泛地应用于控制论中，几乎一切控制都带有反馈。系统输送出的信息作用于被控制对象，然后被控制对象又把自己的反应输送回来，对以后信息的再输出发生影响，这个过程就叫反馈。

反馈存在着正反馈和负反馈两种。凡是反馈信息与原输入信息起到相同作用的，就叫正反馈；凡是反馈信息与原输入信息起到相反作用的就是负反馈。反馈的原理就是原因和结果不断地相互作用，最后共同完成一个功能目的。这是控制论的核心。

对于调控的观点，维纳也给予了足够的重视。他认为控制论最终是为了要达到对系统的最优控制，这就需要根据反馈原理，调整各部分的功能，以达到系统的最佳状态、最佳效果。

学说发起人	学说发起时间	推荐理由
伽莫夫	1948年	1948年4月1日，美国核物理学家伽莫夫和他的学生阿尔法在美国《物理评论》杂志上发表了一篇题为《化学元素的起源》的论文，认为宇宙起源于一次大爆炸。

推演宇宙演化标准模型的伽莫夫大爆炸宇宙假说

背景搜索

　　大爆炸宇宙假说的建立有着坚实的理论基础和来源，其中最重要的基础之一就是宇宙膨胀理论的建构。

　　宇宙膨胀理论的建构来源于爱因斯坦的广义相对论。爱因斯坦是现代宇宙学的奠基人，1917年他发表的广义相对论被誉为"最伟大的科学发现"。爱因斯坦利用自己伟大的发现提出了一个假设——宇宙中的物质在空间大尺度上的分布是均匀的和各向同性的。

　　这个理论假设就是我们今天所说的宇宙学原理。这其实是一个在广义相对论基础上建构起来的全新宇宙模型。我们根据这个模型还可以得出宇宙空间各点的曲率是处处相同的。

　　但是，爱因斯坦并没有直接提出宇宙膨胀的理论，因为他受传统宇宙观的影响，认为宇宙在大尺度上是应当保持不变的。直到1922年，苏联数学家、物理学家弗里德曼（Friedmann,

1888年至1925年），利用爱因斯坦的宇宙学原理，认真研究了宇宙空间结构。他发现，不随时间发生变化的空间是不存在的。随着时间的推移，空间或者变大或者变小。在这一发现的基础上，弗里德曼建立了一个动态的宇宙模型，做出了宇宙正在膨胀的惊人预言。

弗里德曼的宇宙模型，演示了宇宙在演化过程中的三种不同途径：其一，当宇宙物质的平均密度小于某一临界值时，星系以极快的速度互相分离，速度之快连它们之间的引力都无可奈何，这种状况就导致了宇宙会无休止地膨胀下去；其二，当宇宙物质平均密度大于临界值时，星系则以相对缓慢的速度互相分离，这就使得它们之间的引力作用不断加强，直到导致互相分离的运动终止。这时，宇宙膨胀至最大尺度后便开始坍塌；其三，当星系之间的分离速度正好达到可以避免其坍塌的临界值时，宇宙膨胀的速度变为零。

宇宙膨胀理论建立之后，他又取得了天文科学观测的支持，这就是星系谱红移的发现——这一发现是由美国天文学家哈勃在1929年完成的。哈勃通过观测发现，河外星系的光谱线都有向红端位移的现象，并且距离我们越远的星系，红移量就越大。河外星系的这一红移与距离的关系，被天文学家称为"哈勃定律"。

大多数天文学科学家认为，星系的红移是多普勒效应引起的。所谓多普勒效应，即是在1842年，奥地利物理学家多普勒发现，声波的声源在接近观测者时，波长变短，频率变高，反之，则波长变长，频率变低。这个效应即被称为多普勒效应。

后来科学家们又发现，观测光的多普勒效应的最好方法是测量谱线在光谱上的位移。光源在向着观测者运动时，谱线在连续光谱上向紫端移动，而远离观测者时，则谱线在连续光谱上是向着红端移动的。

根据多普勒效应，弗里德曼断定整个宇宙是处于膨胀之中的。哈勃发现的红移现象说明，已经观测到的宇宙不仅有结构，而且还是整体运动着的。星系的退行运动，就是宇宙膨胀的一种观测效应。举个例子来说，宇宙就好像是一个气球，上面布满了小圆点。当气球被充气膨胀时，上面的每个小圆点与其它圆点之间的距离就会逐步增大。当然，这只是利于人们理解的一个比方，气球上的小圆点会随气球的膨胀而膨胀，而宇宙中实际存在的星团是不会随着宇宙的膨胀而膨胀的。

现在，由星系红移的多普勒效应的观测事实出发，大多数天文学家都接受了广义的膨胀宇宙模型。

广义相对论的膨胀宇宙模型，是大爆炸宇宙论建立的理论基础。既然宇宙是不断膨胀

哈勃望远镜是在轨道上环绕地球的宇宙探测设备。

的，那么早期的宇宙则可能是一种非常密集的状态。沿着这条思路走下去，必然就会涉及到宇宙的开端问题。1931年，比利时物理学家勒梅特（1894年至1966年）从宇宙膨胀理论出发，提出了"原始原子爆炸"假说。但由于当时缺乏足够必要的物理证明，这个假说并没有引起人们的重视。不过，正是这个"原始原子爆炸"的设想，后来成为伽莫夫创立真正的"大爆炸宇宙论"的思想渊源。

学说内容

伽莫夫（1904年至1968年）是弗里德曼的学生，而弗里德曼又是相对论宇宙膨胀理论的创立者之一。伽莫夫正是通过选修弗里德曼的"相对论的数学基础"，从而了解到了相对论的宇宙学说。

在1948年前后，伽莫夫和同事连续发表了《膨胀宇宙和元素》、《化学元素的起源》、《元素的起源和星系的分离》等文章。通过这一系列的基础研究，伽莫夫从中建构起了大爆炸宇宙论的较完整的框架。这个理论认为：宇宙起源于一个高温度、高密度的"原始火球"，这个火球经历了一段从密到稀、从热到冷的演化史。在这个演化过程中，宇宙迅猛膨胀，开始时膨胀的速度极快，如同一次规模巨大的爆炸，也正是基于这种特点，伽莫夫等才称这个宇宙模型为"大爆炸宇宙模型"。

伽莫夫的这个大爆炸宇宙模型的建立，成为现代宇宙学中最有影响的学说。这个模型向我们提供了宇宙自大爆炸开始直至今天的演化过程。

宇宙在早期，是一个温度达到100亿度以上的巨大火球。这时，宇宙中只有质子、中子、光子、中微子等一些基本粒子。随着整个宇宙体系的不断膨胀，温度也会随着下降，当温度降到10亿度时，中子失去了自由存在的条件。此时，中子或者会衰变为质子和中微子，或者与质子结合为氦、氢及其他质量较轻的元素。化学元素正是从这一时期开始形成的。

当宇宙的温度下降到100万度时，这个形成化学元素的过程便结束。这时宇宙中主要弥漫的是气体，而且由于引力的不足，有些地方的气体凝聚为气体星云，气体星云再进一步凝缩而成为星系和恒星，从而就成为我们今天所看到的宇宙了。

伽莫夫还认为，如果宇宙是开始于过去遥远的某种又密又热的状态，那么就应该留下某种从这个爆发点开始的一些辐射。这种辐射虽然会随着宇宙的膨胀而不断减退，但它到今天为止应该是仍然存在的。

作为地面主要的接收设备，卫星信号接收塔负责接收来自地球卫星的信号。

直到十几年以后，经过众多天文学家——彭齐亚斯、威尔逊、皮尔斯等人的研究，观察到宇宙背景辐射温度大约为2.7K，即人们常说的3K微波背景辐射，这与伽莫夫等人的预言非常接近。宇宙背景辐射的发现，为伽莫夫的大爆炸宇宙假说提供了极为有利的证据。

宇宙微波背景辐射，是来自宇宙空间背景上的各向同性的微波辐射。美国射电天文学家彭齐亚斯与同事威尔逊，在1964年的一次天文试验中发现了一种无法消除的背景辐射，他们把这一发现于次年公布于世，这便是宇宙背景辐射。宇宙背景辐射的发现确定了大爆炸宇宙模型的"正统"地位，从而被大多数的宇宙学家所接受，被称为是"标准宇宙模型"。大爆炸宇宙假说也成为20世纪最热门的一个科学假说。

学说发起人	学说发起时间	推荐理由
克里克和沃森	1953 年	DNA双螺旋结构的提出,阐明了生物遗传物质的结构,标志着分子生物学的诞生,也标志着人类在揭示生命遗传奥秘方面迈出了具有里程碑意义的一步。

堪称"分子生物学最杰出贡献"的DNA双螺旋结构

背景搜索

　　20世纪50年代初,有两个知名的研究小组从事DNA分子结构的研究工作:一个在美国加州理工大学,由当时知名的量子化学家鲍林领导,他在1950年成功发现了蛋白质的α螺旋结构,即DNA三链结构。另一小组是伦敦皇家学院的威尔金斯和富兰克林小组,威尔金斯战时曾参加研制核武器的曼哈顿计划,战后是最早开始用X射线分析DNA晶体结构的物理学家;而富兰克林则于1951年底拍到了一张十分清晰的DNA的X射线衍射照片,他们所提供的X射线照片成为美国生物学家沃森、英国生物物理学家克里克发现双螺旋结构最重要的实验根据。沃森看出了DNA的内部是一种螺旋形的结构,他立即产生了一种新概念:DNA不是三链结构而应该是双链结构。他们继续循着这个思路深入探讨,将有关这方面的研究成果集中起来。根据各方面对DNA研究的信息和自己的研究和分析,沃森和克里克得出一个共识:DNA是一种双链螺旋结构。他们认为,必须由两股核苷酸碱基的任意排列顺序,来决定高度有序的DNA三维结构。这是一个成

DNA双螺旋结构电脑合成图

功的模型,它由两条右旋但反向的链绕同一个轴盘旋而成,活像一个螺旋形的梯子,生命的遗传密码就刻在梯子的横档上,这个模型就是我们今天在挂图上和生物实验室看到的那个样子。就这样,沃森和克里克在富兰克林和威尔金斯等人研究成果的基础上,首先建立了DNA的双螺旋结构模型,并提出了DNA的复制机制。

詹姆斯·沃森(James Dewey Watson,1928—),美国分子生物学家。1928年4月6日生于芝加哥,1947年毕业于芝加哥大学,获得学士学位,后进印第安纳大学研究生院深造,1950年获得博士学位后去丹麦哥本哈根大学从事噬菌体的研究,1951年至1953年在英国剑桥大学卡文迪什实验室进修,1953年回国,1953年至1955年在加州理工大学工作,1955年去哈佛大学执教,先后任助教和副教授,1961年升为教授。在哈佛期间,主要从事蛋白质生物合成的研究。1968年起,沃森任纽约长岛冷泉港实验室主任,主要从事肿瘤方面的研究。1951年至1953年在英国期间,他和克里克一起揭示了DNA结构的奥秘。沃森还是美国科学院院士,著有《基因的分子生物学》、《双螺旋》等书。此外,他还获得了许多科学奖项和不少大学的荣誉学位。

弗朗西斯·克里克(Francis Harry Compton Crick),英国分子生物学家。1916年6月8日生于北安普敦,1937年获伦敦大学学士学位。第二次世界大战期间参加英国海军制造磁性水雷的工作。1947年至1949年在剑桥斯特兰奇韦斯实验室工作。1949年至1953年,在剑桥大学卡文迪什实验室工作。在此期间他和沃森合作,提出了DNA双螺旋学说。1953年获剑桥大学博士学位，1953年至1954年去美国布鲁克林工业学院工作，后回到英国医学研究委员会剑桥分子生物学实验室工作。1976年去美国索尔克生物学研究所任研究教授，主要从事脑的研究。他是英国皇家学会会员，写有《分子和人》等著作，还获得了许多科学奖和不少大学授予的荣誉学位。

沃森、克里克的模型正确地反映出DNA的分子结构。实际上，对DNA双螺旋结构的发现做出巨大贡献的科学家除了克里克、沃森、威尔金斯外，女科学家富兰克林所做的贡献也是至关重要的，但由于她的过早去世，1962年，诺贝尔生理和医学奖只授给了克里克、沃森和威尔金斯。

学说内容

今天，我们了解的生物学最基本的常识是：细胞核之中有DNA，DNA在染色体内；DNA结构是一个螺旋，螺旋的外侧就是脱氧核糖和磷酸组成的骨架。中间是碱基，他们按照A－T、C－G配对，而这个常识对于20世纪50年代之前的人们来说则还是一个未解之谜。

1953年，沃森和克里克合作，根据X射线对DNA晶体的衍射研究结果、DNA分子中碱基组成的规律性（查伽夫规律）和其他一些实验数据，提出了DNA的双螺旋结构学说。他们认为，DNA分子是由两条多核苷酸链相互绕在一起构成的一个双螺旋，两条链的走向相反，都是右手螺旋，由脱氧核糖和磷酸构成的骨架在外侧，碱基在内侧，两条链的碱基由氢键联系，总是腺嘌呤核苷（A）和胸腺嘧啶核苷（T）配对，鸟嘌呤核苷（G）和胞嘧啶核苷（C）配对，在B型的DNA分子中碱基对平面垂直于螺旋轴，两个相邻碱基的距离为3.4埃，每10对碱基构成一个完整的螺旋，螺旋的宽度为20埃。这个学说不但阐明了DNA的基本结构，并且为一个DNA分子如何复制成两个结构相同的DNA分子以及DNA怎样传递生物体的遗传信息提供了合理的说明。

沃森在生物学方面受过基本训练，他对DNA是遗传的物质基础有深刻的信念，而克里克则是学物理的，他熟悉晶体结构的测定方法，他们两人的合作相得益彰，因此取得了这项重大的成就。

学说发起人	学说发起时间	推荐理由
托夫勒	1970年	美国著名的未来学家、社会学家和经济学家阿尔温·托夫勒,在经济学和预测学、社会学方面对人类做出过重大的贡献。

对人类未来做出的科学预测
托夫勒未来学说

背景搜索

未来学说的代表人物——美国的未来学家、社会学家、经济学家阿尔温·托夫勒（Alvin Toffler），于1928年10月4日出生在美国布鲁克林，其祖籍是波兰犹太人移民，其家庭出身是资本家。托夫勒的父亲是一个经营皮货的商人，虽然没有念完高中，但是他求知好学，喜欢思考，对托夫勒产生了很大的影响。

1965年开始，托夫勒开始到美国新社会学研究院讲授《未来社会学》的课程，这是一门新兴的学科，是社会学和未来学的交叉学科。托夫勒利用他十几年积累的经验和资料，颇为创造性地讲授了这门课程。同时，他在《地平线》杂志上发表了一篇题为《作为一种生活方式的未来》的文章，成为公认的未来学家。

在这篇文章中他首先提到了"未来冲击"这个概念，后来他又以此为名写了一本书。接着，他又到康奈尔大学担任客座教授，讲授技术和价值的关系，继续研究未来社会学，形成了一套比较系统的观点。

学说内容

托夫勒长期生活在科学技术发达的美国资本主义社会,他思想敏锐,看到了科学技术的新发展将引起社会的大变化,由此,他从多方面预测未来的发展趋势,从家庭到社会、从物质到精神、从人际关系到国际关系,在一定程度上反映了现代科学技术发展在社会生活各方面所引起的后果和发展变化的趋势,并提出了应对未来的挑战所应采取的战略和策略。他的这些看法带给我们大量新的信息,开阔了我们的思路,促使我们去研讨很多新的问题。

托夫勒认为,人类迄今为止,依次经历了农业文明和工业文明,现在正经受着第三次浪潮的冲击,而每种文明取代前一种文明都要经过一番斗争。第一次浪潮是历时数千年的农业革命,第二次浪潮是工业文明的兴起,第三次浪潮的变革可能只要几十年就能完成,而我们正生活在这急剧变化的时刻,正经受着第三次浪潮的全面冲击。

第一次浪潮虽然在17世纪末尚未完全完成,但工业革命在欧洲爆发,激起了全球性变革的第二次浪潮,迅猛异常,遍及各国和各大洲。这样两个不同变革的进程以不同的速度同时在全球发展起来。

当第二次浪潮在欧洲、北美以及其他一些国家仍极具活力的时候,第三次浪潮已经波涛汹涌而来,因此,许多国家同时受到两个浪潮,甚至三个浪潮的冲击。完全不同的变革浪潮,以不同的速度和不同的程度的能量,在他们中间发展着。

今天所有技术水平高的工业国家,都被第三次浪潮与第二次浪潮陈旧的经济和制度之间的冲突搞得头晕眼花,在这种文明与文明之间的碰撞中,人类将会进入一个什么样的阶段呢?

对于未来的前景,托夫勒认为,我们正在经历的第三次浪潮,有着高度的科学技术,它将带给我们新型的生活方式,是有史以来第一次具有人性的文明。

在第三次浪潮中能源基础将不再是不可再生资源,它将大部分采用再生的、而不是消耗性的物质,这种变化有利于减少浪费。同时新兴的工业将取代老式的、耗能量大的传统工业,并迅速在量子电子学、信息论、分子生物学的综合科学理论上发展起来,这些新的科学使得我们能够超越时间和空间的概念,进而熟充满着未来气息的艺术雕塑《大速度》，给人以无限遐想的空间。

练地解决问题。

第三次浪潮正急剧向非群体化和多样化转变。有线电视迅猛发展，这种传播工具的非群体化也将使我们的思想非群体化，使人们对瞬息万变的文化袭击泰然自若。

计算机正逐渐渗透到经济领域，它的智慧正在以极高的速度扩散着，使得我们的工作环境越来越"精明"，而我们也注定要改变自己的思想，我们甚至会改变自己大脑的物质组织和化学性质。

在未来工厂里工作的大多数是工程师、程序编译员和技术员，雇佣工人的比例将不断下降，越来越多的一般性制造业将转移到发展中国家去。在生产过程中，将出现完全定制化的产品，顾客将越来越多地参与生产过程，以至于人们很难分清，究竟谁是顾客，谁是生产者。

而未来的家庭也将进行一场革命。在第三次浪潮的冲击下，家庭将变成工作的地点，未来就是以家庭为中心的社会，人口中的任何一部分转移到家庭中工作，都可能意味着更大的稳定。

而未来也不是完美的，人们将随时随地受到来自各方面的冲击。在书中，托夫勒指出在未来可能出现的一些问题，也是很值得人们深思的。